中國學術思想

研究輯刊

二二編

林慶彰 主編

第18冊

本心與善政：陸九淵政治思想研究

孫 華 著

花木蘭文化出版社

國家圖書館出版品預行編目資料

本心與善政：陸九淵政治思想研究／孫華 著 -- 初版 -- 新北市：
花木蘭文化出版社，2015〔民 104〕
目 2+168 面：19×26 公分
（中國學術思想研究輯刊 二二編；第 18 冊）
ISBN 978-986-404-375-0（精裝）
1.（宋）陸九淵 2. 學術思想 3. 政治思想
030.8   104014689

ISBN-978-986-404-375-0

9 789864 043750

中國學術思想研究輯刊
二二編　第十八冊　　　　　　　ISBN：978-986-404-375-0

本心與善政：陸九淵政治思想研究

作　　者	孫華
主　　編	林慶彰
總 編 輯	杜潔祥
副總編輯	楊嘉樂
編　　輯	許郁翎
出　　版	花木蘭文化出版社
社　　長	高小娟
聯絡地址	235 新北市中和區中安街七二號十三樓
	電話：02-2923-1455／傳真：02-2923-1452
網　　址	http://www.huamulan.tw 信箱 hml810518@gmail.com
印　　刷	普羅文化出版廣告事業
封面設計	劉開工作室
初　　版	2015 年 9 月
全書字數	158601 字
定　　價	二二編 22 冊（精裝）新台幣 40,000 元

本心與善政：陸九淵政治思想研究

孫 華 著

作者簡介

孫華，女，1979 年出生，遼寧瀋陽人。2006 年畢業於遼寧大學哲學與公共管理學院哲學專業，
獲碩士學位，研究方向爲中國哲學。2010 年畢業於吉林大學行政學院政治學專業，獲博士學位，
研究方向爲中國古代政治思想。

提　要

　　陸九淵是宋代儒家著名的思想家。但在以往對陸九淵的研究中，大多局限在對他的哲學思
想和教育思想的研究，而他的政治思想往往被人們所忽視。陸九淵提出了「心即理」、「宇宙即
是吾心，吾心即是宇宙」等著名論斷，而這些論斷的核心概念即是「本心」。人們認爲陸九淵正
是以「本心」爲基礎構建了自己的理論體系，但卻很少探究「本心」的具體內涵或者把「本心」
作爲一個不可分解的概念來使用。本文正是從不可分解處入手，對陸九淵思想體系的基石 ──
「本心」的內涵給予了清晰明瞭的界定。並由此出發，全面且系統的闡釋陸九淵的「本心」概念，
特別是「本心」的倫理道德思想。陸九淵的政治思想是「本心」在政治領域的體現，他提出
「民爲邦本、憂國之心」和「君之心，政之本」的民本思想，並在民本思想的基礎上，提出
了一系列國家治理的構想和措施，對後世產生了深遠的影響。本文試圖通過解讀陸九淵「本心」
概念，在政治的層面上深入理解陸九淵的「心學」，進而對陸九淵的政治思想的理論價值及其局
限做出恰如其分的評價。

鳴　謝

　　當出版社郵寄來校對稿件時，才有了論文真的要出版的感覺，畢業整整五年了，此書的出版權作爲對一段難忘時光的紀念吧。

　　難忘記憶，更難忘師恩。本書能夠出版完全得益于寶成關老師的大力推薦，想說感謝，但有時總感覺能用語言言說的都略顯蒼白，都表達不了自己真摯情感之萬一，對寶老師的感謝即是如此，對師母的感謝亦是如此。難忘那寒冷的冬夜，師母把我送到車站的情景，坐在車上的自己一路上都被感動包圍著，想像著師母是如何在昏暗的路燈下，一個人深一腳淺一腳的走回去，許多年過去，還是會經常想起，隨之而來的是那份暖暖的感動……讓我記憶和感動的事情很多，老師和師母就如對待自己的孩子般想我所想、急我所急，感情就在這一點一滴的遞進中恣意成汪洋，家人一般彼此牽掛著，緣分真的很奇妙，得遇老師和師母，是我的幸運。

　　畢業五年，工作和生活都發生了好多變化，但不變的是那份出發時的本真和初衷，不變的是對人與事要保有的那份善良與寬容，不變的是在喧囂中內心那份寧靜而又向上的生活態度……變與不變，心都在漂泊，在漂泊中找尋前進的方向，從迷茫到清晰。

　　一路走來，內心充滿著感恩，對家人、對師長、對朋友、對知己。不喜歡用「何德何能」來形容自己，也許是認爲自己雖沒什麼「大能」，至少還有些做人的「小德」吧，但面對那麼多不求回報的無私與純粹時，自己真的想說，自己到底何德何能來承受這麼多的關懷與幫助，絲絲都扣敲著我的心弦，讓我張開嘴巴卻無法言謝。感恩所有的人，陪我成長，陪我努力，陪我向前。前行的路上有大家的陪伴，真好！

　　對出版社各位素未謀面的編輯和老師的辛苦付出，我深表感謝，是您們讓我擁有一本專著的夢想變成現實，欣喜而無憾。

　　在此鳴謝，被感謝的人並不一定知曉，但知曉與否，對於他們來說也許並不重要，重要的是對自己說，不要忘記！

孫華

2015.05

目

次

緒 論

一、問題的提出

　　羅素曾經說過，一部世界史，試將其中的十餘人抽出，恐局面將全變。與此話相類似，梁啟超說：「試思中國全部歷史如失一孔子、失一秦始皇、失一漢武帝……其局面當如何？佛學界失一道安、失一智顗、失一玄奘、失一慧能；宋明思想界失一朱熹、失一陸九淵、失一王守仁，清代思想界失一顧炎武、失一戴震，其局面又當如何？」〔註1〕由此可見，陸九淵在中國古代思想史上的重要地位。宋代經濟與社會發展的同時，出現了一大批卓識超群的思想家，創造了儒家思想繼先秦之後的又一座高峰，在中國思想史上佔有舉足輕重的地位。宋代儒家思想被冠以道學、宋學、理學等名稱，現今大多被人們與明代思想合在一起稱為宋明理學。在宋之前，由於佛教思想的傳入和興起，儒家思想進入了一個低谷時期，經過了唐代韓愈、李翱等思想家崇儒排佛的努力，儒家思想的地位逐漸回升。及至北宋時期，周敦頤、張載、二程等人繼承了先秦以來的儒家傳統思想，尤其是其中的倫理道德思想，在不斷排斥佛家思想的同時，也不可避免的吸收了佛家和道家思想中的元素，由此創建儒、釋、道融合的獨具特色的思想體系，奠定了宋代理學思想的基礎。到了南宋時期，朱熹和陸九淵繼承並發展了北宋的理學思想。朱熹繼承了二程思想成為了宋代理學思想的集大成者，與二程思想一起被稱為程朱理學。

〔註1〕梁啟超，中國歷史研究法〔M〕，北京：中華書局，1936：113。

而陸九淵以繼承先秦孟子的正統儒家思想自居，以「本心」爲核心，開創了有別於程朱理學的心學一派，陸九淵思想爲明代的王陽明所繼承和發展，與王陽明一起被稱爲陸王心學。可以說，陸九淵與朱熹爲宋代理學思想的標誌性人物，代表了理學發展的兩大方向，二者如同鳥之雙翼，共同構築了南宋儒家思想的主體，對後世思想的發展和走向影響巨大。

陸九淵思想對他之後的許多思想家產生了深刻的影響，尤其到了明代，與王陽明合稱爲陸王心學後，陸九淵思想爲更多的人所認識和接受。但到了明末清初，劉宗周稍作終結之後，就悄然的從歷史舞臺上隱退了。其後在清朝長達兩百年的統治中，一直是程朱理學獨居統治地位。直到十九世紀中期，鴉片戰爭的爆發引發了中華民族的生存危機，也重新喚起了人們對心學的研究興趣。這種民族存亡的危機一直持續到二十世紀，面對外來侵略與國內連年內戰的局面，整個中華民族陷入了前所未有的危難之中。在危難面前，學者們紛紛回溯到傳統思想中去找尋支撐民族信念、振奮民族信心的精神力量，以求有助於擺脫中華民族所面臨的苦難困境，因此對中國傳統思想的反思成爲了當時學術界的研究方向。正因爲陸九淵思想中的「心即理」、發明「本心」、「先立乎其大」等易簡思想暗合了當時面臨危機和解決危機的思想需要，再加之西學東漸的影響，使學者們對占主流地位的程朱理學思想產生了置疑，而在清代備受指責與遺棄的陸王心學思想，成爲了當時學者們的首要選擇。「清代以來，陸學幾無解人。民國以還，熊十力先生論及象山，時有發人深省之言。後徐復觀先生撰《象山學述》，對象山學之精神面目，頗有發明。而牟先生撰《象山與朱子之爭辯》一長文，表達象山之學，尤爲鞭闢入裏。」〔註2〕正是因爲國家和民族的生死存亡的政治問題，使人們重新關注陸九淵的思想，也在二十世紀的前半期曾經出現過一段小小的研究熱潮期。這種思想的回溯，也說明了在陸九淵的思想中蘊含著一種力量，一種看不見的思想力量，一種在逆境中支撐人們面對困難並戰勝困難的力量，一種救國救民的精神力量，這也是陸九淵思想的魅力所在。

陸九淵不主張著書立說，《陸九淵集》也只是其弟子對他的一些書信和講述的整理，所以顯得有些零亂而不系統，而且各種書信之間還存在著交叉與重複的現象。這種雜亂無章的狀況加之陸九淵思想本身具有很難捉摸的特

〔註 2〕蔡仁厚，宋明理學・南宋篇〔M〕，長春：吉林出版集團有限責任公司，2009：174。

性，也就加大了人們對其思想進行研究的難度。與研究朱熹的著述相比，對陸九淵研究的著作要少很多，而且有很多對他的提及也只是由於其思想的不可迴避性而散見於一些思想史或學說史的編纂中，而且大多占的比例較小，研究其思想的有見地的著作並不多。他的思想複雜與不系統也造成了「仁者見仁，智者見智」的局面，各種理解有一致也有矛盾之處。例如在陸九淵的學脈傳承問題上，有人認為其源於二程，有人認為源於禪宗，有人認為直承孟子，而且都找出自己的論據，各持己見。而且對於陸九淵的思想，人們大多談論他的哲學思想，近些年，對其教育思想也有一定的研究，但他的政治思想卻鮮有提及。例如：在蕭公權、劉澤華、曹德本等先生對中國政治思想史的著述中都沒有涉及到對陸九淵政治思想的研究。人們對陸九淵的政治思想的描述，大多只是對其政治經歷的一種簡單陳述而已，並沒有認真的去審視他所具有的政治思想，甚而產生一種對陸九淵是否有政治思想的置疑。陸九淵經過科舉考試，歷任過縣主簿、敕局刪寫、將作監丞、知荊門軍等官職，這些從政經歷都是對其思想的政治踐行，尤其是在知荊門軍時期，取得了很多卓有成效的政績，可以說，沒有「荊門之政」等政治實踐，就沒有真實的陸九淵。既然承認陸九淵在儒家思想史上的地位，就不能單一的只研究其哲學思想，更應全面瞭解其所處的歷史環境、背景和活動，由此不可避免的要瞭解其所持有的政治思想。陸九淵講「本心」，講「心即理」、「吾心即是宇宙」，但他同時也由此出發講德行，講修身，講育人，講治國。如果「本心」只是作為單一哲學範疇來看的話，其餘各項就不再是簡單的哲學問題，更多的是對政治、對社會的關注。陸九淵的思想主旨即是立心、明理、做人，這與儒家思想的正心、修身、齊家、治國、平天下的路徑是一致的。

中國臺灣評論家南方朔說：「已故後殖民大師薩依德所謂的『東方主義』——強者對弱者永遠有說三道四的權力，反之則不然。它最嚴重的後果，乃是弱者會被教育得產生『自認劣等意識』，而使崇洋媚外成了不假思索的第二天性。早前當代英國主要學者透納（Bryans Turner）希望人們對自己的歷史文化保持『精神的冷靜與慷慨』，拋棄掉東方主義賴以存在的人們自認劣等的前提，要東方主人對自己的歷史文化保持慷慨不挑剔，那不是千難萬難？在 17 世紀時中國猶為世界最富裕的國家，而後即每況愈下，不斷內憂外患，到 1970 年代中期，中國人均所得只有歐洲的 0.75%，中國已徹底失去了『知識權力位置』，被人說三道四成了西方理所當然的特權，而再拷貝外國的說法則是中國

知識分子的主流價值，中國似乎有一種『中國性』這種較為劣等的元素存在，它是中國落後、停滯的原因。隨著中國國力的不斷提升，人們對西方話語的引進也更加審慎，對中國古代思想的反思也更加冷靜。」〔註3〕雖然當今的時代與陸九淵所處的南宋時期的政治環境有很大的差異，但在政治發展過程中所遇到和需要解決的問題還是具有一定的相似之處的。陸九淵談「本心」，並在「本心」的基礎上談政治，而這種政治其基礎即是對「本心」的倫理道德思想的發展，一種對個體，對自我，對人的關注。陸九淵主張民本思想，民為國家之根本，這種思想在當今社會依然適用，陸九淵反對「師古」，主張「變而通之」的思想是與社會轉型時期的求變革、求創新意識相契合的。在如此背景之下，對陸九淵政治思想的研究也就更顯出其理論與現實意義。

陸九淵思想無論在當時還是於現在看來，都具有非常鮮明的個性，他的特色之處在哪裏？人們在談到陸九淵思想時會說他創立了宋明心學一派，會說他的思想核心即是「本心」，「本心」似乎是一個最基本而不可分解的概念，但「本心」真的不可分解嗎？它的真正內涵到底是什麼？陸九淵的思想僅僅是哲學思想、教育思想嗎？他的政治思想是什麼樣子的，是否有一個完整的政治思想體系？本文試圖以其哲學思想為基礎，去解讀陸九淵的政治思想，嘗試著把其哲學思想的核心與政治思想相結合，梳理出一個清晰可見的脈落，以得出客觀公正的判斷和結論。

明代傅文兆曾作序曰：「先生之學益彰，當必有知而好之者。」〔註4〕《論語》有言：「子曰：『知之者不如好之者，好之者不如樂之者。』」〔註5〕「好之」與「樂之」為本文寫作的出發點，而「知之」是本文所要追求的目標。

二、國內外研究現狀簡介及文獻綜述

（一）國外學者對陸九淵思想的研究

在國外，日本學者對陸九淵思想研究所取的成果相對較為突出。而其中最具有代表性是吉田公平，他著有 1985 年出版的《陸象山研究序說》、1989年出版的《南康之會後陸象山對朱熹的批判》、1990 年出版的《陸象山與王陽明》、1998 年出版的《陸象山何以成為理學之主要人物》等等。吉田公平對陸

〔註 3〕南方朔，2010 年，東方主義話語方式改變的契機〔J〕，南風窗，2010（1）：102。
〔註 4〕陸九淵，陸九淵集〔M〕，鍾哲點校，北京：中華書局，1980：544。
〔註 5〕劉寶楠，諸子集成論語正義〔M〕，北京：中華書局，1954：126。

九淵的思想評述側重於陸九淵與朱熹的思想異同，以及陸九淵與王陽明之間
的思想關聯方面。此外，小路口耽的《〈陸象山語錄〉譯注》，對陸九淵弟子
等所記載的陸九淵語錄作了譯注，此譯注分四次出版，在譯注中，小路口耽
加入了自己對陸九淵的思想的理解和闡發，爲陸九淵思想在日本的傳播做出
了貢獻。再者，福田殖著有《陸九淵心學的特質 —— 生命哲學和庶民性意
向》，他把陸九淵心學定義爲對生命進行深層次思考的庶民性質的學說。不但
如此，他於 2008 年與中國人民大學的張立文教授主編了《走向世界的陸象山
心學》，由人民出版社出版。再者，疋田啓祐《陸象山與幕末思想家池田草
庵》，海老田輝已的《陸象山對貝原益軒的影響》等著作大多把陸九淵的思想
與本國思想家思想作以比較研究。此外，石田和慶、橋本敬司等日本學者都
撰寫過有關陸九淵的論著。

　　除了日本以外，在美國和韓國也有些學者對宋代思想有些研究，但針對
於陸九淵的專門研究很少。由於語言和理解方式等方面的限制，國外的大多
研究也是參考了國內資料進行的，所以國外研究成果相對有限。

（二）國內學者對陸九淵思想的研究

　　上個世紀的前二十餘年，針對於陸九淵思想的研究，是伴隨著資產階級
試圖尋找解決中華民族所面臨危機的思想出路而展開的。當時的許多學者致
力於對宋明心學體系的研究，而陸九淵思想作爲其中必不可少的組成部分被
闡發和論述。這一時期的成果頗多，有多部著作問世。其中，成果最多是國
學大師錢穆先生，他撰寫的《宋明理學概述》、《國學概論》、《中國思想史》、
《中國學術思想史論叢》等著作都對陸九淵的思想進行了卓有見地的闡述。
此外，錢穆還著有《朱子學提綱》、《朱子新學案》、《中國近三百年學術史》、
《宋代理學三書隨箚》等對朱熹思想深入研究的著作。錢穆先生通過對整個
中國思想，尤其是宋明理學思想的梳理，在朱熹與陸九淵的比較中更好的把
握陸九淵的思想。在他著作的部分章節內有對陸九淵與朱熹的學術異同有專
門論述，他認爲朱陸之間的不同並未使二者交惡，而是兩家的門人把他們的
思想推向兩端，使二者處於爭鋒的趨勢中。同時，錢穆先生表現出傾向於朱
熹的思想，認爲朱熹爲學的規模宏旨，要高於陸九淵。錢穆先生的著作所引
資料翔實，論理深刻。與錢穆同時代的學者還有胡適、馮友蘭、侯外廬等，
分別著有非常有影響力的《中國哲學史大綱》、《中國哲學史》、《中國思想通
史》等，其中都對陸九淵的思想有所闡發。這一時期的研究是清代之後對陸

九淵思想闡釋的最初階段，在某些方面似乎爲陸九淵思想研究定了基調。

　　上個世紀的二十至四十年代，學者開始側重於陸九淵思想學理方面的研究。對陸九淵思想的傳承與影響、朱陸的異同、以及對思想中的概念、命題作了定性分析。馮友蘭認爲，「陸九淵與朱熹同屬於道學，只是在道學中另立心學一派，其思想與明道（程顥）極相近」〔註6〕。陳鍾凡也認爲，「南宋朱陸學派之分，源於北宋二程，把陸九淵思想定性爲『惟理一元說』，是『合惟理主義，惟心主義，而有心即理之言；更歸結爲惟我主義』，打破了程朱的二元說」〔註7〕。在朱陸異同方面，陳鍾凡認爲，「兩家之學，一主惟理，一綜理氣二元；一貴循序漸進，一求頓悟；一以德性爲先，一以學問爲要」。〔註8〕關於陸學的特質，學者們開始剖析了其命題的內涵，尤其是陸九淵的「心即理」。陳鍾凡認爲，「這是『九淵學說根據』，『心即理』的理由，即先天稟賦、良知良能、性善與氣質」〔註9〕。呂思勉認爲，「象山與陽明學皆以心爲主，固有心學之稱」〔註10〕。這一時期，人們在關注陸九淵思想學術淵源的同時，也認爲陽明之學是陸學的繼承和發展，並充分肯定了陸王心學對後世的巨大影響。

　　上個世紀的五十年代至八十年代，臺灣學者和大陸學者都對陸九淵思想有了進一步的認識。臺灣學者沿襲了前期對陸九淵思想研究的思路，成果頗爲豐碩。徐復觀的《象山學述》，收錄在其《中國思想史論集》中，是對陸九淵思想進行綜合性研究的著作。林繼平的《陸象山研究》，從陸九淵的家世、南宋初期的學術思想特色、以及陸九淵的「本心」理論入手，對陸九淵的哲學、倫理、教育、政治等方面都有所涉獵，對陸九淵的思想評價很高，觀點獨到且有說服力，但其著作最後與現實聯繫部分還是標有那個時代的烙印。徐紀芳的《陸象山弟子研究》，則專論了陸九淵弟子中槐堂諸儒和甬上四學者對陸九淵思想的闡發。林徐二人的著作配合在一起，會對陸九淵及其後學思想有個大體的瞭解。牟宗三的《從陸象山到劉蕺山》，從心學的哲學內涵和朱陸學術異同方面來闡釋陸九淵思想。蔡仁厚的《宋明理學・南宋篇》和後居於美國研究朱子學說的大學者陳榮捷的《朱子新探索》等著作都是研究陸九

〔註6〕馮友蘭，中國哲學史〔M〕，上海：華東師範大學現出版社，2000：928～929。
〔註7〕陳鍾凡，兩宋思想述評〔M〕，北京：東方出版社，1996：256～263。
〔註8〕陳鍾凡，兩宋思想述評〔M〕，北京：東方出版社，1996：269。
〔註9〕陳鍾凡，兩宋思想述評〔M〕，北京：東方出版社，1996：260～262。
〔註10〕呂思勉，理學綱要〔M〕，北京：商務印書館，1934：118。

淵思想不能忽視的研究成果。除此之外，還有曾春海的《陸象山》、羅光的《中
國哲學思想史》、陳德仁的《象山心學之比較研究》、甲凱的《宋明心學評述》
等著作都對陸九淵思想進行了深入的研究，他們大多認爲，朱陸之間的異同
是宋代理學發展的內在必然結果，客觀地認爲在朱陸雙方的辯論過程中，朱
熹對陸九淵的批評，實比陸九淵對朱熹的批評要嚴刻得多。七、八十年代，
臺灣學者對陸九淵思想的研究達到了一個高峰，有多本專門論著出現。

　　相比較之下，同一時期的大陸學者雖然對陸九淵的研究很廣泛，但專著
較少。1984 年崔大華的《南宋陸學》和 1985 年李之鑒的《陸九淵哲學思想研
究》是當時少有的專門論述陸九淵思想的著作。這一時期對陸九淵的研究主
要集中在哲學思想方面，大多散見於思想史和哲學史方面著作的章節中。例
如：侯外廬的《中國思想通史》和《宋明理學史》、馮友蘭的《中國哲學史新
編》、張立文的《宋明理學研究》等等。但在這些思想史中，涉及到陸九淵的
內容所佔篇幅還不是很多，主體還是哲學方面的闡述。這一時期研究的另一
大特點，是具有著鮮明的時代特色，很多學者以馬克思主義哲學的視角來開
展研究，在某種程度上還以主觀唯心主義爲陸九淵貼上標籤。例如：侯外廬
等認爲「陸九淵心學從哲學基礎、方法論到最終目標都貫穿著主觀唯心主義
精神」〔註 11〕。楊向奎認爲「陸王是主觀唯心主義者，而大程沒有脫離客觀
世界而談理，雖然《二程語錄》中有『心與理一』的提法，但不是捨心無理，
不能因爲他們都是唯心主義一元論者，就認爲是一脈相承，雖然前後的影響
是存在的」〔註 12〕。馮契也認爲「陸九淵是『從右邊來批判朱熹』，『是主觀
唯心主義的理論，不同於朱熹以理爲第一原理的客觀唯心主義』」〔註 13〕。另
外，這一時期尚有不少發表於哲學研究刊物上的論文，例如：趙士林的《從
陸九淵到王守仁 —— 論「心學」的徹底確立》、焦克明的《陸九淵哲學本體論
的性質》、安京的《試析陸九淵的思想結構》等等都是從哲學研究的角度闡發
陸九淵思想，論述其心學的本體論、認識論等範疇。這些論文的發表對於陸
九淵思想研究從簡單的學派辨別到客觀學理分析的轉變起到了一定作用。這
一時期最主要的成果則是中華書局於 1980 年出版《陸九淵集》，包遵信作了

〔註11〕侯外廬，邱漢生，張豈之，宋明理學史〔M〕，北京：人民出版社，1997：570
　　　　～571。
〔註12〕楊向奎，中國古代社會與古代思想研究〔M〕，上海：上海人民出版社，1965：
　　　　735～736。
〔註13〕馮契，馮契文集〔M〕，上海：華東師範大學出版社，1997：127～154。

《陸九淵哲學思想批判》代爲《前言》，可以看作是那個時期對陸九淵思想研究特點的集中反映，其中具有著較大程度上的階級批判的意味，這也爲後來人們客觀公正的對陸九淵思想進行研究設定了一些障礙。但《陸九淵集》出版本身爲陸九淵思想研究提供了寶貴而全面的文本資料，實爲此領域的一大幸事。

上世紀九十年代，學者對陸九淵思想的研究視野更加開闊，所涉及的領域更加拓寬、所取得的研究成果也隨之更加豐富，各方面都比八十年代的研究上了一個臺階，陸九淵思想的研究進入了一個新的歷史時期。1992 年，中華書局出版了張立文先生的《走向心學之路──陸象山思想的足迹》，認爲陸九淵思想繼承了程顥思想，書中對陸九淵的哲學和政治思想等都有所論述，呈現了陸九淵心學思想發展成熟的整個脈絡，雖打破了以往對陸九淵研究僅限於哲學思想的局限，但整本著作的論調依舊以哲學爲主。南京大學 1998 年出版的祁潤興先生的《陸九淵評傳》，在書中採用了大量現代新學科的學術用語和研究方法，深刻挖掘了陸九淵的心學理論，尤其是陸九淵思想中的倫理道德思想，並認爲陸九淵開創了心學。這一時期對陸九淵思想的研究，突破了哲學的局限，研究趨向多元化的重要表現就是對陸九淵教育思想的研究。陸九淵確實對教育非常重視，著作中經常可以看到陸九淵對於爲學問題的詮釋，但前期的研究中卻很少被提及。袁徵於《宋代教育》中，專門列出章節論述陸九淵的教育思想，並稱之爲「頓悟教學法」。此外郭齊家、顧春合著《陸九淵教育思想研究》，該書對陸九淵的教育思想進行了系統的論述，客觀並充分的肯定了陸九淵在中國教育思想史上的地位。徐梵澄的《陸王學述：一系精神哲學》、劉宗賢的《陸王心學研究》等依然延續著前期的哲學視角。王心田的《陸九淵知軍著作研究》對陸九淵在荊門知軍期間的思想作以注釋和分析，此著作更可以作爲研究陸九淵思想的一本工具書。何忠禮的《南宋史稿》則是從歷史和對史實考證的角度來進行研究。南開的韓立紅出版了《石田梅岩與陸象山思想比較研究》，把陸九淵思想與國外人物作以比較，雖然日本學者曾經做過這方面的嘗試，但在我國國內還是鮮見的。這一時期的論文，也有了新的研究視角，有代表性的如：鄧樹英的《陸九淵主體意識探微》、姜廣輝的《陸學的立世精神》、陳來的《南宋的心學與佛教》等等，人們對於陸九淵的主體意識、立世精神、個體的自我關注等積極方面有了更深刻的理解，

這也反映出社會對主體意識認識的提高，直接在思想研究領域有所顯現。總之，這一時期，學者們的思路開闊了許多，並且進行了許多探路型研究工作，給人耳目一新的感覺。人們開始更多的認識到陸九淵思想中的合理而積極的方面，並且對陸九淵的地位和影響都作出了比以前更爲公允的評價，有別於前期存在的對陸九淵思想的簡單派別劃分。

　　本世紀初的十年裏，對於陸九淵思想研究的論著更加豐富。2008 年由人民出版社出版的張立文先生的《心學之路 —— 陸九淵思想研究》是在原有研究的基礎上的更加系統化、全面化的著作，從各個方面對陸九淵思想加以論述。迄今爲止，是筆者認爲對陸九淵研究相對較爲全面的一本書，其中的許多觀點與以前出入不大，更加充實和完善了，但仍然以哲學研究作爲主體。這一時期可以檢索到兩篇專論陸九淵的博士論文：一是刑舒緒的《陸九淵研究》，於 2008 年人民出版社出版，從歷史敘事的角度呈現出了一個陸九淵的成長脈落，進行了更多的史實的詳敘和考證。一是王新營的《本心與自由 —— 陸九淵哲學思想研究》，把「本心」與自由相結合，獨闢蹊徑地從自由的角度來詮釋陸九淵哲學思想，不失爲一種新的嘗試。在論文方面有代表性的：饒國賓的《陸九淵主體思維芻議》、楊柱才的《陸九淵心學的兩個根本觀念》、謝遐齡的《「心即理」辨》、蘇潔的《陸九淵「吾心即是宇宙」的認識論意義》、劉化兵的《陸九淵「六經注我，我注六經」本義辨析》等等，人們開始關注陸九淵思想中的各個命題、概念或是論斷，並對它們進行分解，以其更深刻的挖掘陸九淵思想中不同方面的內涵，雖然所研究的範圍在縮小，但研究卻更顯深度。

　　綜合以上資料，不難看出，對於陸九淵的研究大多集中在哲學思想方面，其他方面相對薄弱，尤其是對其政治思想的研究只是散見於一些思想史的角落裏，且大多做些史實性的陳述，並不成系統。陸九淵雖然沒有做過權傾朝野的大官，但他同樣有著北宋許多士大夫那樣憂國憂民的思想，有著對理想社會的憧憬，有著像王安石那樣的改革思想，有著對時弊的思考和足以稱道的政治實踐。對於陸九淵的政治思想與實踐，似乎尚未受到學術界應有的重視。不但如此，有些學者的論點也存在諸多相異之處，這更需要自己從文本出發，掌握第一手資料，用心分析，做出自己合乎邏輯的判斷。

三、本文的研究方法、結構安排及較有新意之處

（一）本文的研究方法

對於版本選擇問題的說明，本書的撰寫主要以 1980 年中華書局出版的，由鍾哲點校的《陸九淵集》為寫作的依照。陸九淵，生於 1139 年，卒於 1193 年，其著作被後世不斷整理。宋開禧元年（1205 年）六月，陸九淵的長子陸持之編遺文為二十八卷，外集六卷，楊簡為之序。開禧三年（1208 年）九月，撫州守括蒼高商老刊先生文集於郡齋。嘉定五年（1213 年）八月，張衎季悅編遺文成，傅子雲云為之序。同年九月，陸九淵的學生、江西提舉袁燮，刊先生文集，並自為序，序中云：「先生之沒，遺言炳炳，精神猶在，敬而觀之，心形俱肅，若親炙然。臨汝嘗刊行矣，尚多闕略。先生之子持之伯微裒而益之，合三十二卷，今為刊於倉司。」〔註 14〕可知袁燮刊刻的是陸持之編集本，由原先的三十四卷合為三十二卷。《年譜》云：「理宗黃帝嘉元年丁酉，秋七月既望，泉使陳塤刊先生語錄，自為序。……云：見同門所錄訓語，編未入梓，感感以請。再拜三復，乃授工鋟勒焉。」〔註 15〕由此說明該刻本是以前刻本的補充。明萬曆時人周希旦重刻《陸九淵文集》，《傅文兆序》中云「先生生於金溪青田之鄉，吾家子雲與先生同里，其受知先生為最深，故愚亦得竊聞其緒焉。《文集》已經七刻，殊無善本。友人周希旦氏，孝友人也，慕先生之高致，乃求全集而刻之金陵，以廣其傳。且聖朝道學大明，而先生之學益彰，當必有知而好之者。《集》中不敢刪削一字，雖其瑕瑜不相掩，然去聖益遠，論人於千百載之下，求其如先生人品之高，心學之正，亦不可多得。」〔註 16〕經過不斷的收集和刊刻，陸九淵《文集》越來越臻於完善。中華書局於 1980 年出版的由鍾哲點校的《陸九淵集》，該本以上海涵芬樓影印嘉靖本為底本，並參考了其他各種版本，相對比較是最優選擇，此版本於 2008 年 9 月中華書局進行了二次印刷，中華書局的編審王國軒，曾兼任中國哲學史研究副主編作了前言，代替了包遵信前言。他從「本體與工夫」的角度入手，認為陸九淵的學術宗旨即為「發明本心」。筆者對於這種看法表示贊同，實是抓住了陸九淵思想的關鍵所在，即「本心」。王國軒認為，要想讀懂陸九淵的書，需要具備多方面的知識，一是孟子思想，一是大程思想。不但如此，還應具備四

〔註 14〕陸九淵，陸九淵集〔M〕，鍾哲點校，北京：中華書局，1980：537。
〔註 15〕陸九淵，陸九淵集〔M〕，鍾哲點校，北京：中華書局，1980：526。
〔註 16〕陸九淵，陸九淵集〔M〕，鍾哲點校，北京：中華書局，1980：544。

書五經方面的知識，瞭解陸氏的生平、交遊、他提出的各種概念的內涵以及與其他流派的差異，還要從政治、經濟、歷史等各層次加以探索。本書所引用陸九淵的文獻，皆出自此版本。

本文試圖以古本爲依據，對前人研究中尙較薄弱的地方加以用功，因而用力點主要集中在以下兩個方面：一是探究陸九淵思想學術淵源的同時，把不可分解的核心概念「本心」進行研究和分析，而不是停留在「本心」釋「本心」的層面。「本心」不但是陸九淵思想的出發點，也是其政治思想研究的哲學基礎。二是對陸九淵政治思想作了比較深入和系統的探討。陸九淵不僅僅是哲學家和教育家，更是一位具有政治抱負的封建士大夫。他的一系列政治主張、政治業績，政治構想，是他的整個政治思想體系的重要組成部分。本文將對此進行較爲詳盡的闡發和論述，一方面希望能有補於前人之缺，另一方面也希望能使人們對陸九淵政治思想有更全面、系統的認識。

（二）本文的結構安排

本文除緒論和結論外共分爲五章，分別從陸九淵的生活經歷與學術淵源、核心概念：「本心」、存養「本心」以達於善政、謀求善政的思想主張和理論價值與局限五方面加以論述。

第一章，陸九淵的生活經歷與學術淵源。生活經歷方面主要從身世、講學與從政實踐方面加以背景介紹。陸九淵出生在沒落的士大夫家庭，家庭環境對其思想的早期啓蒙和形成起到了重要作用。講學是陸九淵思想不斷成熟的表現，講學分爲從政講學和辭官講學。二是陸九淵荊門知軍的從政實踐。陸九淵人生的最後階段是在荊門知軍的任上度過的，並卒於任上。這一時期是他最重要的一段從政經歷，在荊門，陸九淵整飭軍備、進行財政改革、修葺郡學、發展教育、改善民生，把他的政治思想淋漓盡致的應用於實踐之中，取得了良好的政治業績。學術淵源方面主要從與思孟學派、伊洛之學和禪宗的關係三方面來加以闡述，本文認爲陸九淵思想受伊洛之學與禪宗思想的影響，但主要源於思孟學派的思想。

第二章，陸九淵思想的核心概念：「本心」。此章爲論文的主體部分。首先是「本心」概念的提出。其次，主要闡述什麼是「本心」，從惻隱之心、羞惡之心、恭敬之心、是非之心四個方面來說明「本心」的內涵，並把「本心」與「心」作以區分。以「本心」爲基礎展開陸九淵宇宙觀和倫理觀的思考，即「吾心即是宇宙」和「心即理」。最後，是「本心」倫理道德應用的問題，

如何實踐「本心」。主要從「格物即格心」、「直指『本心』，自作主宰」和「易簡工夫終久大」來說明如何發明「本心」；從「存心去蔽」、「切己自反，改過遷善」來說明如何存養「本心」；和從何謂「大者」、如何「立」來說明「先立乎其大者」。從這樣三個方面來全面闡釋「本心」的倫理道德問題。

　　第三章，存養「本心」，達於善政。此章為論文的主體部分。首先，對陸九淵的「政之寬猛」論加以闡釋，由此得出他對善政與惡政的區分和他對善政的價值判斷。「三代之治」是他勾勒的理想社會，也是他善政的理想摹本。善政的核心是他所堅持的民本思想，並對民本思想進行的心學詮釋。他主張民為邦本，並認為憂國之心的關鍵在於愛民。在堅持孟子的「民為貴、社稷次之、君為輕」的同時，也認為「君之心」為「政之本」。他認為君主應為聖賢之人，並把善政的實施與君主的道德自覺聯繫在一起。

　　第四章，立本求變：謀求善政的思想主張。此章為論文的主體部分，主要闡發陸九淵的政治主張問題。「民為邦本，憂國之心」的民本思想是其政治主張的立足之本，但其思想求本，政治主張卻求變。主要從對王安石變法的態度來看陸九淵的改革傾向，這種改革傾向充斥在他的其他政治主張之中。他堅持以改善民眾生存條件為核心的經濟改革，主張從嚴治吏以改良政治過程，而且對科舉制度持批判的態度。

　　第五章，陸九淵政治思想的理論價值及其局限。分為三部分，首先從陸九淵後學，尤其是楊簡對其政治思想的傳承和王陽明對其政治思想的發展來闡明陸九淵政治思想的理論價值。其次，筆者從自己的理解視角出發，從陸九淵對主體意識和道德實踐的關注以及所具有的疑而有進的革新精神三方面來闡釋陸九淵善政理念的意義。最後，陸九淵政治思想是在南宋社會大的背景下產生的，也相應具有著社會歷史局限。

（三）本文較有新意之處

　　在之前的對陸九淵研究的著作中，「本心」都被當作是一個最基礎的概念加以使用，牟宗三先生對心學思想有很深的研究，曾經說過，「象山之學並不好講，因為他無概念的分解，太簡單故；又因為他的語言大抵是啟發語，指點語，訓誡語，遮撥語，非分解地立義語故。在此種情形之下，若講象山學，很可能幾句話即完，覺其空洞無物，然亦總覺似若不能盡其實者。」〔註 17〕

〔註 17〕牟宗三，從陸象山到劉蕺山〔M〕，上海：上海古籍出版社，2001：1。

象山之學的不好琢磨之處，在論文的寫作過程中亦有所感覺。「無概念的分解」意為概念已至最終無分解之程度，牟先生在這裏所講的無法分解的概念，指的即是「本心」。人們看上去似乎知道「本心」是什麼，但卻又無法真正的說出「本心」的內涵。本文試圖從分解不可分解的概念入手，即從分解陸九淵之最核心的「本心」概念入手，來理解其思想內涵和延伸出來的政治思想。

陸九淵思想的內容比較抽象，人們往往從哲學角度來研究他的思想，很少有人談及他的政治思想，只有少量學者把他的政治經歷作以史實性的概括和描述，沒有人把他的政治思想進行系統的研究。本文試圖從文本出發，對陸九淵的政治思想作以細緻的梳理，以期全面而系統的詮釋陸九淵政治思想。

陸九淵主張「六經注我，我注六經」，本文的寫作亦是發揚如此之精神。本篇論文是筆者按照自己的理解方式構思寫作的，不盲目參考資料，不祖述堯舜，從文本出發，去表達一個我所理解的陸九淵，去闡釋我對陸九淵思想的認同。本文由「我」為出發點，無論從本文的立意、邏輯結構和所闡發的思想內容，都是「我」之「本心」的產物，不人云亦云。雖受自己能力限制，有些理解稍顯稚嫩，卻是自己的真實詮釋，也可以算是一種嘗試吧。

第一章 陸九淵的生活經歷與學術淵源

　　陸九淵，字子靜，號存齋，生於宋高宗紹興九年（公元 1139 年），卒於宋光宗紹熙三年（公元 1193 年），江西撫州金溪人（今江西臨川）。與其兄陸九齡並稱爲「江西二陸」，中年以後，曾講學於貴溪象山，自稱爲象山翁，學者多尊稱其爲象山先生。

第一節 陸九淵的生活經歷

一、身世與講學

　　據《宋史》本傳、《象山學案》等記載，陸九淵祖上原爲官宦世家。陸九淵在《全州教授陸先生行狀》中，曾對其家譜有過詳細的描述：先祖爲齊宣王少子通，被封於平原般縣陸鄉，因以姓陸。至唐代末年，其八世祖希聲，曾爲唐昭宗時期的宰相，論著頗豐。五代末年戰亂，希聲之孫陸德遷、陸德晟爲躲避戰亂，遷居於江西撫州金溪縣，遂成爲金溪陸氏的始遷之祖。在遷居金溪之初，「置田治生，貲高閭里」〔註1〕尚有宰相世家的風範，成爲當地較爲顯赫的大戶人家。但從其高祖陸有程到其父陸賀時，陸家已開始衰敗，陸賀有六個兒子，爲九思、九敘、九皋、九韶、九齡，九淵，其中陸九淵最爲年幼。

〔註1〕陸九淵，陸九淵集〔M〕，鍾哲點校，北京：中華書局，1980：479。

陸九淵出生時，其家況已與往日相去甚遠，當時的家境並不富裕，主要依靠藥肆、種植和教書等所得的收入來貼補家用。陸家雖然家境普通，但卻是一個比較典型的宗法家庭，其家庭結構及管理是嚴格的宗法等級制和家長制。並由於「家道之整，著聞州里」〔註2〕受到孝宗皇帝的讚揚。家況雖不太好，如「田僅充數月之糧，卒歲之計，每用凜凜」〔註3〕，「聚族之眾，終歲之，未免於饑」〔註4〕等等，但陸家在社會上尚存有一定的政治力量，不僅手握郡縣倚重的鄉社保伍，還掌管社倉，而且九皋「授徒家塾」，率領其弟九韶、九齡、九淵，相與講經論道，從而成為全鄉之文化中心，具有一定的文化影響力。

陸家是一個父子相傳，讀書識禮的書香世家。陸九淵尚不滿三歲時，生母饒氏便離世，他主要由父親撫養長大。陸家共有兄弟六人，其中陸九淵的二哥總理藥肆來貼補家用，其它五人皆專注於讀書、應舉與講學，並在當時享有很高的聲譽。四兄九韶（號梭山居士）終生隱居不仕，但人稱其學問淵博，曾講學於梭山。而五兄九齡進士出身，入太學時已經頗負盛名，當時的很多知名之士也以師禮尊之。不僅如此，九齡還曾在家鄉組織鄉伍以防禦流寇，並嘗試改革地方稅法，收效也很顯著。陸九淵在許多方面深受五兄九齡的影響，二者在思想上許多相似之處。所以，人們常把二者並稱為「二陸」，有時也將四兄九韶與二人合在一起，稱之為「三陸」。

陸九淵少年時代就表現出了與眾不同之處，《年譜》中記載「幼不喜弄，靜重如成人」。《象山先生行狀》中記載，陸九淵在三四歲時，突然有一天問父親：「天地何所窮際？」父親並未作答，而小小的他竟然陷入苦思冥想當中，以至於廢寢忘食。八歲時，他就感到程頤的言論與孔子、孟子的思想不相符合，並開始懷疑程頤的學說。到十五、六歲時，「覺與人無徒，遂稍放開。及讀三國六朝史，見夷狄亂華，乃一切剪了指爪，學弓馬，然胸中與人異，未嘗失了。」〔註5〕此時他已表現出強烈的愛國主義情感和高遠的政治抱負。陸九淵少年已學有所成，對世界和社會開始有了自己的一些深刻思考，並抱有遠大的志向，但直到二十四歲時，在別人的強烈勸說下，以《周禮》注籍，

〔註2〕陸九淵，陸九淵集〔M〕，鍾哲點校，北京：中華書局，1980：479。
〔註3〕陸九淵，陸九淵集〔M〕，鍾哲點校，北京：中華書局，1980：306。
〔註4〕陸九淵，陸九淵集〔M〕，鍾哲點校，北京：中華書局，1980：134。
〔註5〕陸九淵，陸九淵集〔M〕，鍾哲點校，北京：中華書局，1980：469。

參加了第一次鄉試。雖然通過了鄉試，但由於父親的去世，失去了入京參加省試的機會，第一次參加科考的經歷就這樣結束了。此後，直到孝宗乾道七年（公元 1171 年）秋天，三十三歲的陸九淵再次參加了科舉考試。

　　乾道八年，陸九淵進士及第後，開始了一段短暫的為官生涯。淳熙元年（公元 1174 年），三十六歲的陸九淵被授迪功郎的頭銜，任隆興縣（今江西省靖安縣）的主薄（位在縣令、縣丞之下，縣尉之上）。淳熙六年（公元 1179 年），陸九淵調任建寧府崇安縣主薄，1181 年，有人把陸九淵推薦給宋孝宗，六月得旨，都堂審察陞擢，但他沒有前往。1182 年，又有人推薦陸九淵，就任國子正。秋初上任，赴國學當了一名主講教授。1183 年，四十五歲的陸九淵升為敕令所刪定官，在這個崗位上工作了三年一直沒有得到陞遷，所以朋友勸其求退，但他還想留任為朝廷做點貢獻，但他並未如願。同年十一月二十九日得旨，主管台州崇道觀（今浙江臨海縣內），但這是個可以不去的祠祿官，於是陸九淵便回到了自己的家鄉，開始了他獨樹一幟的象山講學。陸九淵的講學生涯並不局限於辭官歸鄉以後，而是包括了他短暫為官前後的很長一段時間。

　　從乾道八年（公元 1172 年）至光宗紹熙二年（公元 1191 年），為陸九淵講學時期，主要分為三個階段：

　　第一階段：乾道七年（1171 年）秋天，陸九淵科舉考試合格，於次年五月參加了廷試，考取了第五甲，賜同進士出身，隨後陸續有浙江的學子前來拜訪他，其較著名的弟子楊簡便在這時投入其門下。楊簡是陸九淵親傳弟子中成就最大的一個，後來為陸學在浙東一帶的傳播，做出了很大的貢獻。七月，陸九淵回到了家鄉金溪，因「遠近聞風而至，求親炙問道者益盛」〔註6〕。於是，陸九淵把故居的東偏房——槐堂辟為講習之所，開始正式講學的生涯。由此時至淳熙九年（1182 年），雖有幾次短暫的外出（鵝湖之會、南康之會等都發生在這一時期），但陸九淵大部分時間都是在槐堂講學中度過的。

　　第二階段：淳熙九年（1182 年），因被授予國子正的實職，陸九淵來到了行都臨安，這既是他的政治表演舞臺，也是他新的講學場所。他不喜人浮於事的辦事作風，很快就投身於實際工作中。八月，他即到國學（即太學）講課，第一次講《春秋》六章。陸九淵選擇《春秋》這部以「微言大義」來論

〔註6〕陸九淵，陸九淵集〔M〕，鍾哲點校，北京：中華書局，1980：389。

興亡得失的史學經典為講學內容，是與當時的內政外交等時勢政治有密切關係的。次年，陸九淵又三次登上國學講臺，總共講了《春秋》十八章，闡明了他對《春秋》的理解。淳熙十年（1183年），陸九淵遷為敕所刪定官，並於次年得到了面見宋孝宗奏對的機會，他寫了五篇奏箚，開始了對當時最高統治者的講學活動。五篇奏箚內容相互關聯，從君臣之道到施政措施，表達了陸九淵對政治的獨特見解。宋孝宗對其奏箚雖然「讚歎甚多」，但最終並未採用。

第三階段：淳熙十四年（1187年），陸九淵回到家鄉撫州。《年譜》中記載：「學者又以一小牌書姓名年甲，以序揭之，觀此以坐，少亦不下數十百，齊肅無嘩。首誨以收斂精神，涵養德性，虛心聽講，諸生皆俯首拱聽，非徒講經，每啓發人之本心也。間舉經語為證。音吐清響，聽者無不感動興起。〔註7〕這樣的盛況堅定了陸九淵辦書院講學的決心，於是，陸九淵主動去臨川拜訪了倉使湯思謙。臨川之行，使其結識了一些朋友，得到了一些理解和支持，為其辦學打下了一個好的基礎。恰在此時，門人彭世昌物色到了一塊辦學的理想之地——貴溪縣的應天山，在此建成了書院。陸九淵登山居住後，因山形似象，故改名為「象山」，書院也因此得名象山書院。陸九淵在此進行了長達五年的講學，講學盛況空前，不但加強了他對問題的思考深度，同時也培養了大批的弟子，為其思想的傳播奠定了堅實的基礎。

二、荊門的從政實踐

從光宗紹熙二年（1191年）至光宗紹熙三年（1193年），為陸九淵荊門施政時期。淳熙十六年（1189年），宋孝宗在位二十七年，因倦於政事，傳位給兒子宋光宗趙惇，自己當上了太上皇，宋光宗在政治上本無建樹，但是為了顯示新政，所以重新啓用了一些德高望重的老臣，陸九淵就在這個時候被詔知荊門軍（今湖北當陽）。宋光宗即位，即紹熙元年，詔陸九淵知荊門軍，但因「未有為吏之興」，著力於著書而遲遲沒有下決心去上任，直到宋光宗紹熙二年（1191）六月，陸九淵已經五十二歲了，再次得旨，疾速赴任。同年九月三日才初領郡事。紹熙三年十二月十四日（1193年1月18日），卒於任所，結束了他頗具思想的一生。陸九淵去世後的第二年春天，他的孩子護柩回到

〔註7〕陸九淵，陸九淵集〔M〕，鍾哲點校，北京：中華書局，1980：501。

原籍。紹熙五年（1194 年），楊簡爲陸九淵寫傳記《象山先生行狀》。開禧元年（1205 年），陸九淵文稿由其子陸持之編成二十八卷，外集六卷。陸九淵死後二十三年後，由其弟子上表請諡，經過幾次反覆的斟酌和評議後，於嘉定十年（1217 年），由皇帝下旨賜陸九淵諡號爲「文安」，代表了當時的最高統治階層對陸九淵一生的評價。

　　陸九淵所處的知軍之所是荊湖北路的荊門軍。荊門位於我國中部，江漢平原的西北，處在荊州、襄樊、宜昌三地區的結合部。人們通常認爲，荊門因荊門山而得名。還有一種說法認爲，荊門是「荊楚門戶」，由此定名。「古代楚國的別稱爲荊，楚故都在江陵的紀南城。自蜀國大將關羽治理荊襄九郡，開闢荊襄古道之後，荊門逐漸成爲南來北往和入蜀的陸路交通要衝。從這方面來說，荊門是荊楚都城的北大門是當之無愧的。」〔註 8〕荊門重要的戰略地位是不容忽視的。

　　南宋行政隸屬關係圖：

　　宋代的軍有直屬於路的，與府、州、監同級者，其地位與下州相垺，同轄於路；又有隸屬於州的，與縣同級者，即縣治置軍，由知縣兼軍使。從上圖可以看出荊門軍是直屬於路的。由此，說明荊門軍地位之重。「不但如此，歷屆荊門知軍均由皇帝親自頒詔任命，由朝廷委派京、朝官管理車郡事，稱

〔註 8〕王心田，陸九淵知軍著作研究〔M〕，武漢：武漢大學出版社，1999：454。

「知荊門軍事」，表示全權管理本州的軍、民之政。知軍可直接向朝廷奏事，多用文人，並經常調換。」〔註9〕

　　淳熙十六年（1189 年）二月，孝宗內禪，太子趙惇即位，是爲光宗。陸九淵由宣義郎轉宣教郎，六月又轉爲奉議郎，並且受光宗詔知荊門軍（今湖北荊門）。因「未有爲吏之興」〔註10〕，故一時還拿不定主意，所以拖了下來。紹熙二年（1191 年）六月，光宗又下詔令陸九淵疾速上任，陸九淵只好暫停在書院的講學生活，於紹熙二年（1191 年）七月四日攜帶家眷由家鄉出發，一路風塵僕僕，趕赴荊門。經過一番艱難跋涉，陸九淵於九月三日到達荊門。陸九淵到達荊門最初，荊門的實際情況並不樂觀，在他的書信中是這樣描述的：「自外視之，眞太平官府。然府藏困於連年接送，實亦匱乏。簿書所當整頓，廬舍所當修葺，道路當治，田萊當闢，城郭當立，武備當修者不少。」〔註11〕「然事當料理者眾，潛究密稽，日不暇給，外殊不見其形也。財計亦以連三年接送，占壓多，卒未有還補之策。考其實與言者殊不相應，元章交割時公庫緡錢萬八千有奇，今所存僅五千緡耳。歲入倚漿肆，所以爲來歲資者，又當取諸其中。軍次庫尤爲匱乏，其勢未至於不可爲，然不爲之樽節，則日蹙矣。」〔註12〕從這些描述中，不難看出，陸九淵所到任的荊門是一個已陷於困乏的邊遠小郡，如何進行整頓和治理，是擺在陸九淵面前的一個大問題。陸九淵到任當天，就立刻開始接手繁忙的政務。一年後病故於任上。陸九淵受命伊始，身體已然抱恙，但病情稍有好轉，依然堅持赴任，從中不難看出，陸九淵的報國之心，以及對其所肩負的政治責任的看重。古語云「學而優則仕」，陸九淵高傲的性格，淵博的學識，常有才能不得施展之感，雖然荊門之職只是一個小官吏，但也是其一展所學和政治才能的一個舞臺。陸九淵治理荊門的一年時間內是頗用心思的。他曾自述道：「不少朝夕，潛究密考，略無少暇，外人蓋不知也，眞所謂心獨苦耳。」〔註13〕荊門地處抗金前線，陸九淵爲了抵禦侵略，改革稅務，整飭軍隊，安定民生，雖然眞正的從政實踐時間並不長，但卻頗有政績，《宋史·本傳》稱其「政行令修，民俗爲變」。各級主管部門紛紛列舉陸九淵在荊門的卓越政績上報朝廷，益國公、左丞相周

〔註 9〕 王心田，陸九淵知軍著作研究〔M〕，武漢：武漢大學出版社，1999：460。
〔註10〕 陸九淵，陸九淵集〔M〕，鍾哲點校，北京：中華書局，1980：169。
〔註11〕 陸九淵，陸九淵集〔M〕，鍾哲點校，北京：中華書局，1980：197。
〔註12〕 陸九淵，陸九淵集〔M〕，鍾哲點校，北京：中華書局，1980：198。
〔註13〕 陸九淵，陸九淵集〔M〕，鍾哲點校，北京：中華書局，1980：197。

必大曾強調，荊門軍治理成效突出，可以作為其它地方長官「躬行」的榜樣。他從政的不俗表現在一個側面表現了他憂民救國的政治抱負，和一個真正儒生的本色。

陸九淵談到春秋魯國之政時，曾為「政」下了定義，「政者，正也」。他在去荊門上任之時，「學者問：『荊門之政何先？』對曰：『必也正人心乎。」〔註14〕「人心」是「正」的內容，「正人心」是陸九淵為政的原則。他堅持以民心為己心，提出了「不忤人心」的治荊方略。「某夏中拜之任之命，適感寒伏枕，幾至於殆。月餘少蘇，又苦腸痔。七月四日始得離家，九月三日抵二泉，即日交割。是間素號間靜，至此未嘗有一字揭示，每事益去其煩，事至隨手決之，似頗不忤於人心。」〔註15〕而在《與薛象先》篇亦重複了這一觀點：「此月三日抵二泉，即日交割。公文諒久已徹視。諸事皆仍舊貫，到此並無一字揭示，無隨行人，一榜亦吏呈舊比從之，戶庭頗壅塞，事至隨手決之，似頗不忤於人心。」〔註16〕「此間形勢，正直積粟積兵。」〔註17〕陸九淵上任之初面臨的情形，兵不屯，粟不積，民貧郡困，一日甚過一日。如果這種狀況不有所改變，一旦邊事驟起，那麼國家則處於危險之中；百姓日益貧困，竊賊頻起，社會安定和百姓生活得不到保障。面對如此窘境，陸九淵開始實行了一系列的政治舉措，經過陸九淵的苦心經營，荊門面貌得到了徹底的改觀。

陸九淵著手的第一項政務就是整飭武備。荊門在南宋時期是金人南侵的必經之地，在《荊門到任謝表》中陸九淵認為此地「豈惟古爭戰之場，實在今政守之要」〔註18〕。但即使是這樣重要軍事要地，卻沒有城池可守，倉廩府庫也是可以隨便進出的，連城垣都沒有。面臨這種情況，陸九淵發動軍民吏卒，並且親自到工地現場監督修築了堅固的城牆。

荊門是南宋極為重要的軍事戰略要地。「南捍江陵，北援襄陽，東護隨、郢之脅，西當光化、夷陵之衝。荊門固，則四鄰有所恃，否則，有背脅腹心之虞。由唐之湖陽以趨山，則其涉漢之處，已在荊門之脅。由鄧之鄧城以涉漢，則其趨山之處，已在荊門之腹。　自此之外，間道之可馳，漢津之可涉，

〔註14〕陸九淵，陸九淵集〔M〕，鍾哲點校，北京：中華書局，1980：425。
〔註15〕陸九淵，陸九淵集〔M〕，鍾哲點校，北京：中華書局，1980：197。
〔註16〕陸九淵，陸九淵集〔M〕，鍾哲點校，北京：中華書局，1980：198。
〔註17〕陸九淵，陸九淵集〔M〕，鍾哲點校，北京：中華書局，1980：199。
〔註18〕陸九淵，陸九淵集〔M〕，鍾哲點校，北京：中華書局，1980：225。

坡陀不能以限馬，灘瀨不能以濡軌者，尚多有之。自我出奇制勝，徼敵兵之腹脅者，亦正在此。」〔註 19〕「基玉維州，沮、漳在境，擁江帶漢，控蜀撫淮，豈惟古爭戰之場，實在今攻守之要」〔註 20〕荊門是古今兵家必爭之地，佔據此地，則擁有了進攻和防守的有利地理位置。荊門的鞏固和安然無恙就會讓四鄰有所憑倚，否則就會面臨腹背受敵的威脅。陸九淵深知此中的厲害關係，在赴任前遂遽言之曰：「如此則荊門乃次邊之地，某當挈家以往，未免少遲。若以單騎，卻似某有所畏避也。」〔註 21〕陸九淵赴任之前已經對荊門的情況作好了心理準備，軍政改革勢在必行。

第一，確立保伍制。宋代軍制，挑選州兵壯勇者爲京師的禁兵，其餘留在本州的爲廂兵，而廂兵大多是由招募而來，無戰事時，並沒有軍事訓練，唯供勞役。宋代有戰鬥力可言的只是皇帝身邊的禁兵，所以有戰事時，地區廂兵不堪一擊，大臣多主張御駕親征也是有原因的。由此不難想像，荊門的軍隊狀況，和其所處的戰略位置極爲不符，也極爲危險。「保伍」在《宋史·薛季宣傳》中記載：「縣多盜，季宣患之。會有伍民之令，乃行保伍法。五家爲保，二保爲甲，六甲爲隊，因地形便合爲總，不以鄉爲限。總首、付總首領之。」所謂的「保伍」即是保甲組織，逐級負責，統一管理，相互監督，可以更好的控制和組織隊伍。在當時特殊的歷史條件和環境下，廣行保伍之制，確實對抵禦金兵的侵擾起到了作用。陸九淵曾舉例說明宋高宗時期的保伍制：「建炎間，盜賊蜂起，所在爲保伍以自衛。郡每被寇，必檄以捍禦。臨川爲寇衝，虜騎侵軼亦嘗及城下，皆賴鄉社以免。」〔註 22〕陸九淵到荊門之後，整頓鄉社保伍，「賊盜之少，多賴其力」〔註 23〕加強了對內部的安全治理的同時，也確實起到了抵禦「虜騎侵軼」的作用。

第二，修築城池。荊門城郭破舊不堪，是防禦的巨大隱患。針對於這一情況，歷任郡守也多有所考慮，但很難籌到經費，故久置未辦。陸九淵云：「某竊謂郡無城郭，使在內地，尚且不可，況其在邊？平居形勢不立，局鑰不固，無以繫民心，待暴客。脫有緩急，區區倉庫之儲，適足以啓戎召寇，患害之致，何啻丘山。權今費役，曾不毫末。借毫末之費，忽丘山之害，難以言智。

〔註 19〕陸九淵，陸九淵集〔M〕，鍾哲點校，北京：中華書局，1980：225。
〔註 20〕陸九淵，陸九淵集〔M〕，鍾哲點校，北京：中華書局，1980：225。
〔註 21〕陸九淵，陸九淵集〔M〕，鍾哲點校，北京：中華書局，1980：422。
〔註 22〕陸九淵，陸九淵集〔M〕，鍾哲點校，北京：中華書局，1980：329。
〔註 23〕陸九淵，陸九淵集〔M〕，鍾哲點校，北京：中華書局，1980：217。

一旦有警，誰執其咎？」〔註 24〕郡無城池保護，在內地都是不可以的事情，況且是在南宋邊陲上可能隨時受到金兵侵擾的荊門呢？無城池的保護，也就沒有辦法保證民眾之安全，修築城池是民心所嚮往的事情，也是抵禦侵擾的迫切需要解決的首要問題。雖說築城要花一大筆錢，但與固國安邦相比，這些花費卻是微不足道的。「城壁一新，形勢壯；奸宄沮謀，民心有賴，實爲無窮之利。」〔註 25〕防九淵的修築城池之奏請，終究取得了朝廷的同意。於是，體察民情後，趁農閒時破土動工。《年譜》中有這樣的記載：「先生審度決計，召集義勇，優給庸直，躬自勸督」，「督役官吏，布衣，雜役夫佐力，相勉以義，不專以威」，「役者樂趨，竭力功倍，二旬訖築。」〔註 26〕陸九淵對築城一事很重視，親自督辦，而且使官吏、布衣、雜役皆參與其中，對民不施以威，而勉以義，所以民皆樂於此事，深得民心，受到民眾的擁護，築城之事也很快就得到了解決。

第三，嚴邊防。築城的同時，陸九淵開始嚴肅軍紀，主張獎懲並重。逃卒問題很複雜，現在看來逃卒的人，不能說皆是壞人，但因爲南宋的連年戰禍，逃卒問題十分嚴重。但從陸九淵的立場說，嚴肅軍紀也無可厚非，因爲逃卒問題已經嚴重威脅到了邊防的鞏固。「荊州逃卒視州郡爲逆誘，周流自如，莫知禁戢。平日若此，緩急安能防閑？比方稍修其籍，革頂名之弊，圖致請於大府，丐與鄰郡爲約，以絕逃逸之患。適得公移，甚愜下意，即已行下巡尉義勇等，嚴其迹捕。近有襄陽逃卒投募在此，捕者尋至，即令擒去矣。敝邑自某入境，逃卒亦不少，有未獲者，恐在府下。徑差人迹捕，或恐此輩群黨，欲丐移文兵官、巡尉、義勇等，爲之應援。倘蒙捕獲，亦可懲後也。」〔註 27〕針對於荊州的逃卒問題，陸九淵有著自己的理解和一套行之有效的措施。陸九淵認爲，嚴重的逃卒問題不但威脅到了南宋的軍事防衛，而且逃卒很容易結成郡黨，危害社會治安。所以陸九淵採取了與鄰郡組成聯盟的辦法，聯合周邊的相鄰郡縣，協同治理，發現逃卒不包庇，相互加強聯繫，形成逃卒引渡制度。與此同時，陸九淵對於捕獲逃卒者給予獎勵，並給予逃卒相應的懲罰。逃卒的捕獲和對逃卒不放任自流的態度，對有意圖作逃卒的人起到

〔註 24〕陸九淵，陸九淵集〔M〕，鍾哲點校，北京：中華書局，1980：225～226。
〔註 25〕陸九淵，陸九淵集〔M〕，鍾哲點校，北京：中華書局，1980：226。
〔註 26〕陸九淵，陸九淵集〔M〕，鍾哲點校，北京：中華書局，1980：509。
〔註 27〕陸九淵，陸九淵集〔M〕，鍾哲點校，北京：中華書局，1980：203。

威攝作用，遏制了日益嚴重的逃卒問題繼續漫延，收到了較好的效果。不但如此，陸九淵還提出獎勵軍民練武的主張，並曾多次親臨練兵場，「郡民得與，中者均賞」。在其的大力鼓勵下，士兵和民眾的熱情被激發，「相與悉心弓矢，逸者絕少」，荊門的軍容軍貌煥然一新，致使在湖北路閱兵之時，荊門軍紀嚴整尤為突出，受到上府的好評。

陸九淵的第二項政務是進行財政改革。在陸九淵之前，知軍是黃黼。黃黼，字元章，浙江餘杭人。黃黼也是一名知識分子官員，很能體察民情。「民陵（今江蘇常州市）民饑，取槽秕雜草根為食，郡縣不以聞。先生取民食以進，乞捐僧牒緡錢濟之，全活甚眾。」他在荊期間也做了不少工作，為陸九淵的治荊打下了一定的民眾基礎。但同時也在財政上留下了大量的超支缺口，為陸九淵的治荊增添了難度。在黃黼與陸九淵進行交割的時，說庫存緡錢萬八千有奇，但卻多為常平倉占壓，而實際能夠應用到實處的，不過五千。所以荊門的財政狀況可想而知。又由於荊門地處次邊，商業不發達，經濟來源瀕於枯竭。在這種情況，陸九淵只能著手進行財政改革。

荊門的財政收入大多依靠商人所提供的商稅，在陸九淵上任之前，各種官稅很多，對商人盤剝情況非常嚴重，部分官吏卻從中收取賄賂，造成了實際官府稅收寥寥無幾。而另一方面，商人卻因要付出高額的賦稅，大多繞道而行，不走荊門，所以荊門的稅收變得越來越少。陸九淵到任後，下令「罷三門引、減援例」〔註28〕（「三門引」即「小吏伺商人於門，檢貨給引，然後至務，務唯據引入稅，出門又復視。官收無幾，而出入其費已多」〔註29〕，「援例」又稱「成例」，即正稅之外多收的，已成為慣例的部分。）這樣實行之後，就減免了許多關卡和手續，減小了官吏剋扣稅費的機會，落到商人身上的稅費也就相應減少了。種種舉措受到商人的歡迎，於是商人間「私相轉告，必由荊門」，荊門的稅收大大增加。

陸九淵對荊門的幣制進行了整頓。荊門以往使用銅錢，後來因係近邊，改用鐵錢，禁止銅錢。但百姓繳納稅收時，卻又要分納銅錢，官府因此要百姓以會子來換購銅錢，卻向他們收取百分之三十的利息，胥吏們趁機進行盤剝，實際成為一種變相的苛捐雜稅。陸九淵以為這種做法擾民甚深，「斷然因民之請而盡罷之」，廢除了這種做法。

〔註28〕陸九淵，陸九淵集〔M〕，鍾哲點校，北京：中華書局，1980：392。
〔註29〕陸九淵，陸九淵集〔M〕，鍾哲點校，北京：中華書局，1980：392。

　　陸九淵的第三項政務就是修葺郡學，發展教育。陸九淵到任後非常重視教育問題，首先對郡學貢院、客館官舍等基礎設施加以修葺。「朔望及暇日，詣學講誨諸生。」〔註30〕每逢朔望及政務之餘的閒暇時間，他便親自趕赴郡學與學生一起談經論道，為學生講學。「郡有故事，上元設齋醮黃堂，其說曰為民祈福。先生於是會吏民，講洪範斂福錫民一章，以代醮事，發明人心之善，所以自求多福者，莫不曉然有感於中，或為之泣。」〔註31〕荊門原有的風俗是每年正月的上元節，郡府都要設「齋醮黃堂」，並舉行祭禮，其目的是為民眾祈福。而陸九淵改變了這種做法，集會吏民，講解《洪範》的《斂福錫民》一章，以此代替齋醮的有神化色彩的祭祀典禮。陸九淵教化民眾要發明「本心」，認識人心中的善端，向外在的神或不知明的上蒼祈福，倒不如向內在自我的「本心」祈福，教育人們要行善才能得到福報，許多真正理解他講學內涵的人感動而哭。

　　《荊門軍上元設廳皇極講義》中記載了陸九淵在荊門的一些講學內容，主要是以為民祈福入手，來講解《洪範》。「實論五福，但當論人一心，此心若正，無不是福，此心若邪，無不是禍。世俗不曉，只將目前富貴為福，目前患難為禍。不知寶貴之人，若其心邪，其事惡，是逆鬼神，悖聖賢之訓，畔君師之教，天地鬼神所不宥，聖賢君師所不與，忝辱父祖，自害其身。靜時回思，亦有不可自欺自瞞者，若於此時，更復自欺自瞞，是直欲絕於其本心也。」〔註32〕陸九淵教育百姓，「本心」是得與善等福的來源，人們要保有自己的「本心」，「此心若正」，則福至；若迷失「本心」、自欺自瞞，絕於其「本心」，則禍至。「即是以此心敷於教化政事，以發明而庶民天降之衷，不令陷溺。而庶民能保全此心，不陷邪溺，即為保極，可以報聖天子教育之恩，長享五福，更不必別求神佛也。」〔註33〕陸九淵主要是以「本心」教化百姓和從事政事，使「庶民能保全此心，不陷邪溺」。陸九淵以百姓容易接受的祈福方式來對百姓實行倫理道德之教化，荊門的講學是陸九淵對於「本心」的一種傳播。隨著陸九淵對教育的重視，荊門原先閉塞的民風和鄙陋習俗得以顯著改變。

〔註30〕陸九淵，陸九淵集〔M〕，鍾哲點校，北京：中華書局，1980：392。
〔註31〕陸九淵，陸九淵集〔M〕，鍾哲點校，北京：中華書局，1980：392。
〔註32〕陸九淵，陸九淵集〔M〕，鍾哲點校，北京：中華書局，1980：284～285。
〔註33〕陸九淵，陸九淵集〔M〕，鍾哲點校，北京：中華書局，1980：285。

南宋與金對峙時期，南方的經濟技術繼續發展，明顯超過了北方。由於民族矛盾比較嚴重，北方人民大量遷往南方，南方人口增加，大量南遷的北方人也使得南北在生產技術上有所交流，對南宋的經濟發展起到了促進作用。加上南方天然資源相對豐富，氣候相對溫暖，擁有大量的湖泊和水利資源，加上大量吃苦耐勞的南宋人民共同努力，南宋的經濟得到了很大的發展。荊門也和南宋其它地方一樣，經濟上有所發展。但荊門也與其它地區存在很大差距，陸九淵到達荊門後，首先考察了農業的發展情況，並把荊門與江東本的田土進行了比較。「江東、西田土，較之此間，相去甚遠·江東、西無曠土，此間曠上甚多」〔註34〕「疆土雖稍廣闊，然山童田蕪，人踵希少，戶口不能當江、浙小縣。」〔註35〕荊門人口較少，其在籍人口只相當於江浙的一個小縣，土地相對比較貧瘠，雖然與人口相比，土地很多，但「曠土甚多」。以農業生產為主的社會，農業生產決定了人民的生活水平，由此不難看出，與南宋其它經濟富足地區相比，荊門是個比較貧弱的地方。

陸九淵進行的第四項政務就是改善民生。荊門是個多災的地區，南宋時期有記載的水災和旱災就有十幾次之多。荊門先是春季旱災，「諸鄉皆有少損，而南鄉頗甚」。陸九淵正在組織生產，挽回損失之時，不曾想近兩月間，長江、漢水三次暴漲，所種之田，與蔬茄麻粟，皆為烏有，水漬成災，顆粒無收。為使百姓能夠安全度過災年，他想盡辦法：一是，「逐時發常平以賑之」，賑災救民；二是，根據倉臺指示，「趁時糴米」，以備明年春荒更大的賑濟。三是，屢議出賞榜禁米舟下河，防止泄米外流，確保本軍用糧。在很大程度上穩定了軍心，確保了百姓的生活，把災害帶來的損失減到了最低。在荊期間，陸九淵特別注重調查研究，以知軍之貴，嘗有「與僉判、教授、知縣，人以一馬數卒，行視田間」〔註36〕，或「分委同官，四出檢視」，反映了陸九淵體察民情的務實精神。而且，他外出調查研究，僅「一馬數卒」，不擾民，以反映了封建官吏少有的廉潔作風。據臺灣學者林繼平先生考證，陸九淵還開設了官辦醫院，這可以說是地方政府設立醫院之始。此舉使荊門上下一致的歡迎，收到了皆拍手稱快的效果。

陸九淵並非死讀書本或空談理論之輩，他更是一個務實的實踐者。荊門

〔註34〕陸九淵，陸九淵集〔M〕，鍾哲點校，北京：中華書局，1980：205。

〔註35〕陸九淵，陸九淵集〔M〕，鍾哲點校，北京：中華書局，1980：216。

〔註36〕陸九淵，陸九淵集〔M〕，鍾哲點校，北京：中華書局，1980：206。

施政，好比說陸九淵是荊門的一方君主，朝堂輪對，沒有被皇帝所採納的建議，都在自己的力所及之範圍內得到了嘗試，用實踐眞正檢驗了他所堅持的理論思想，並取得了很好的效果。他對社會、對國家、對民眾都懷著著強烈的責任感和使命感，非常贊同范仲淹的「先天下之憂而憂，後天下之樂而樂」的論點，他把自己的理論與做人、做事、做官的社會實踐相結合，用參政的實際行動踐履著他的「本心」政治。陸九淵死後，被賜諡「文安」，代表了當時最高統治階層對其一生的評價。「象山在治事爲政上所表現的作爲，是從『本心』發用流露出來。從『本心』（內在的道德心）流露出的作爲，亦就是道德自身的建構。因爲不安不忍的本心，必然要通出去，以與社會生民、天地萬物渾然而爲一體，這是儒家學問的血脈所在，而象山之學正緊切地把握了此一精神。故象山之心學，一面表現爲建立個人與國家社會之必然關聯，一面發爲人人對國家社會負責之生命力的發皇。此即象山學之實踐性及其所以爲正大之所在。」〔註37〕

第二節　陸九淵思想的學術淵源

　　任何一個人的思想皆是有源之水，陸九淵的思想也不例外。由於陸九淵的思想並無直接師承，所以後人對其學術淵源頗有爭議。這些爭議主要集中在三個方面：一者是以黃宗羲、全祖望等爲代表的，認爲陸學直承伊洛之學；一者是以朱熹爲代表的，認爲陸學即爲禪學；一者是來源於陸九淵的自述，認爲自己直承孟子。既然有這樣三種不同的說法，也就說明陸九淵的思想與這三者有著密切的關聯。

一、陸九淵心學與思孟學派的關係

　　陸九淵與孟子生活的時代相距甚遠，但在學脈傳承問題上，陸九淵以繼承孟子學說爲己任，並多次直接表達了自己的思想來源於《孟子》。《語錄》篇中：「某（詹子南）嘗問：『先生之學，亦有所受乎？』曰：『因讀《孟子》而自得之於心也。』」〔註38〕在他的心目中，認爲歷史上的儒者，只有孟子的

〔註37〕蔡仁厚，宋明理學・南宋篇〔M〕，長春：吉林出版集團有限責任公司，2009：174。
〔註38〕陸九淵，陸九淵集〔M〕，鍾哲點校，北京：中華書局，1980：476。

思想與其相應，陸九淵在給路彥彬的信裏，也說：「竊不自揆，區區之學，自謂孟子之後，至是而始一明也。」〔註39〕牟宗三先生說陸九淵哲學「無概念的分解，其分解全在《孟子》，他是預設《孟子》以爲本據者。他是『因讀《孟子》而自得之』；他是孟子後唯一能懂孟子與孟子相應者。」〔註40〕朱熹曾說過，先聖之統，自孟子沒而遂失其傳。陸九淵並不否認這種觀點，認爲能光大孟子之學者，即象山自己。明代王陽明更提出，「聖人之學，心學也」〔註41〕，並認爲陸九淵的「本心」，是孟子心性論思想發展的內在要求，並把孟子心性之學推向了一個新的階段。

根據《韓非子》中記載，孔子去世之後，儒家被一分爲八，其中孟氏之儒、孫氏之儒分別以孟子和荀子爲代表，二者是孔子思想的主要繼承者，前者主性善論，後者主性惡論。孟子是從子思上接曾子，而源於孔子。曾子的思想，在《論語》中時有反映。曾子時常進行自我反思，具有強烈的使命感和責任感，認爲人應當「仁以爲己任」，注重人的內在修養，與些同時能夠做到「以能問於不能，以多問於寡；有若無，實若虛，犯而不校」，虛懷若谷、謙虛好學是每個人自身修養所必備的品格。子思的思想，沿襲了曾子的反省之路，進一步導引了儒家思想向著重視人的「心性」方面發展。今人把《中庸》篇作爲子思思想的反映，他的道德主體論、天命德性論、「誠」論、中庸等思想都體現了子思對人的內在修養的重視。子思的這些思想對孟子的心性學說具有重大的影響。在孟子看來，天道有常，人道有本，「盡心知性知天」，盡其心——知其性——知其天，描繪了一個由小我或本我出發，而認識客觀世界的藍圖。孟子認爲，統治者將自己的「不忍人之心」〔註42〕，推及百姓，即在治理國家的問題上，實行「仁政」。孟子認爲，人人都有「不忍人之心」，聖人如堯、舜等皆有此心，賢人和普通人皆有此心，此心是人的本性，即人皆有善心，皆性善。孟子的「仁政」思想即是在其「心性」學說基礎上提出的。

孟子主張人皆有「四心」，「惻隱之心，人皆有之；羞惡之心，人皆有之；恭敬之心，人皆有之；是非之心，人皆有之。惻隱之心，仁也；羞惡之心，

〔註39〕陸九淵，陸九淵集〔M〕，鍾哲點校，北京：中華書局，1980：508。
〔註40〕牟宗三，從陸象山到劉蕺山〔M〕，上海：上海古籍出版社，2001：2。
〔註41〕陸九淵，陸九淵集〔M〕，鍾哲點校，北京：中華書局，1980：538。
〔註42〕焦循，諸子集成孟子正義〔M〕，北京：中華書局，1954：138。

義也；恭敬之心，禮也；是非之心，智也。仁義禮智，非由外鑠我也，我固有之也，弗思耳矣。」〔註43〕人人皆有惻隱、羞惡、恭敬、是非之心，而且惻隱、羞惡、恭敬、是非之心並非是外界所賦予我的，而是人「心」所本來就有的。「惻隱之心，仁之端也；羞惡之心，義之端也；辭讓之心，禮之端也；是非之心，智之端也。人之有是四端也，猶其有四體也。有是四端而自謂不能者，自賊者也；謂其君不能者，賊其君者也。凡有四端於我者，知皆擴而充之矣，若火之始然（燃），泉之始達。苟能充之，足以保四海；苟不充之，不足以事父母。」〔註44〕仁、義、禮、智人皆有之，它們就好比人所擁有的四體一樣，是不可或缺的。由此，把倫理道德思想作爲人的本性，根源於人心之中。孟子的「四端」或「四心」是陸九淵「本心」的內涵所在。袁燮之子袁甫曾言，「先生之學，得諸孟子，我之本心，行明如此。未識本心，如雲翳日，既識本心，元無一物。先生立言，本末具備，不墮一偏，萬世無弊。」〔註45〕

　　孟子心性論思想認爲人性本善，「仁義禮智，非由外鑠我也，我固有之」，「萬物皆備於我」「反身而誠」。孟子主張 「盡心、知性、知天」，「不動心」、「存心」、「養心」、「養浩氣」、「養心莫善於寡欲」，「求放心」等觀點，都在陸九淵思想中也得到了相應的反映。陸九淵強調「心即理」，人們不斷認識客觀世界的同時，是對自己「本心」的認識過程，即「發明本心」，並屢次提出「存心、養心、求放心」的觀點，主張「存心去欲」、「切己自反」和「改過遷善」等，這些觀點都與孟子的心性思想有異曲同工之處。孟子重視人的主體性，把具有主體性的人稱之爲「大丈夫」，而此種「大丈夫」在孟子看來，是具有自己獨立人格的，是「善心」或「良知」充分表達出來後所達到的一種理想人格的境界。陸九淵也主張要「先立乎其大」、「立大志」，做君子，這些都與孟子的「大丈夫」思想是相契合的。「包揚作先生贊云：『辟蔓蝕眞，會當一正，劃百家僞，藥千古病。發人本心，全人性命，一洗佛老，的傳孔孟。』」〔註46〕

　　雖然陸九淵明確提出了自己的思想直承《孟子》，及到明代，王陽明作序

〔註43〕焦循，諸子集成孟子正義〔M〕，北京：中華書局，1954：446。
〔註44〕焦循，諸子集成孟子正義〔M〕，北京：中華書局，1954：139～140。
〔註45〕陸九淵，陸九淵集〔M〕，鍾哲點校，北京：中華書局，1980：524。
〔註46〕陸九淵，陸九淵集〔M〕，鍾哲點校，北京：中華書局，1980：518。

與陸九淵的自述是一致的，也認爲陸學源於《孟子》，但他的思想理論體系卻不是單一的，《論語》、《大學》、《中庸》、《易經》等著作中的思想在他那裏都有所顯現，所以他的思想乍看上去又略顯龐雜。「垂象著明者，先生之著明；寒暑變化者，先生之變化。書者，先生之政事；詩者，先生之詠歌；禮者，先生之節文；春秋，先生之是非；易，先生之變易。」〔註 47〕陸九淵思想來源，不僅僅局限於孟子一人，而是主要思想直承孟子。陸九淵在繼承和發展了孟子心性論思想的同時，把「本心」作爲了自己的思想核心。「先生之道，精一匪二，揭本心以示人，此學門之大致。」〔註 48〕由「本心」推衍開來，把孟子的仁政思想與南宋的現實政治狀況相結合，提出了一系列有針對性的政治措施。

二、陸九淵心學與伊洛之學的關係

　　黃宗羲、全祖望所編撰的《宋元學案》中認爲陸九淵思想是繼程門謝良佐之後，經由王蘋、張九成、林季仲發展而來。「象山之學，先立乎其大者，本乎孟子，足以砭末俗口耳支離之學。但象山天分高，出語驚人，或失於偏面不自知，是則其病也。程門自謝上蔡以後，王信伯、林竹軒、張無垢至於林艾軒，皆其前茅，及象山而大成。而其宗傳亦最廣，或因其偏而更甚之。」〔註 49〕這段話作爲了象山學案的案語，可見它的重要性。這段話，前面是對象山的批評，後面是說明象山的學脈，是由二程一系發展而來。但只從「先立乎其大」一句，來看象山之學的全貌，即可知全祖望並非深刻的瞭解陸九淵思想。臺灣學者林繼平認爲，「嚴格的說，黃梨洲、全謝山，並非理學家；他們只是理學化的史學家。」〔註 50〕林繼平先生的評價雖然有些尖刻，但前番全祖望的案語確有偏頗之處，並未完整、眞實、客觀的評價陸九淵的思想。黃、全二人思想受社會的主流思想的影響較大，從時代流行的角度來看待陸九淵思想。「上蔡以下信伯諸人，世多指其入禪，猶以橫浦爲甚，全祖望『皆其前茅』及特地注明張橫浦爲陸學之先的說法，無疑是受了朱陸異同的影響，不特對象山學術的淵源無所說明，且徒增加後人誤解。」〔註 51〕雖然，學者

〔註 47〕陸九淵，陸九淵集〔M〕，鍾哲點校，北京：中華書局，1980：516。

〔註 48〕陸九淵，陸九淵集〔M〕，鍾哲點校，北京：中華書局，1980：523。

〔註 49〕黃宗羲，宋元學案〔M〕，北京：中華書局，1986：1884。

〔註 50〕林繼平，陸象山研究〔M〕，臺北：臺灣商務印書館，1983：145。

〔註 51〕徐復觀，中國思想史論集〔M〕，臺北：臺灣學生書局，1979：14。

對此種觀點多有置疑，但黃宗羲、全祖望的觀點卻流傳很廣泛。

　　二程之間思想存有差異已為學界的共識，很多學者由二程的分歧和宋代儒家思想的發展來看，認為陸九淵的所謂「心學」與朱熹的「理學」是分別繼承了程顥和程頤的思想。認為自二程之後，程頤之學由楊時、羅從彥、李侗而傳至朱熹；程顥之學則由謝良佐、王蘋、張九成、林季仲傳到陸九淵，由此開啟了「理學」與「心學」兩大派別。但前者，由程頤至朱熹尚有師承關係可以考證，而由程顥至陸九淵的師承關係卻無法考證，大多出於推斷。陳來教授認為：「程顥不像陸九淵那樣強調心即是理，也不像王陽明那樣主張心外無理，他對內向體驗的注重僅意味著他所追求的精神境界與程頤不同，而境界的差別並不是南宋『心學』與『理學』的根本分歧，因此，程顥代表的方向並未造成現代哲學所理解的心學與理學的差異。」〔註 52〕陸九淵與程顥所立足的根本理論是有差異的，雖在外在表現形式上有些許相似之處，但並不能說明程顥是陸九淵思想的來源。

　　陸九淵對於其思想源於伊洛之學的說法，並未直接承認，但也不否認自己思想與他們之間的聯繫。「蓋北宋儒者中，最能與孟子精神相應的，莫過於明道，可是明道畢竟由於時代的關係，他仍處於北宋由《易傳》、《中庸》逐漸趨向於《論》、《孟》的過程中，他的精神與心態雖與孟子相應，義理內容仍屬於北宋理學的一部分，所以他仍是理學家，而不是心學家，是理學家中最靠近心學的一個。」〔註 53〕陸九淵曾說：「韓退之言：『軻死不得其傳。』固不敢誣後世無賢者，然直到伊洛諸公，得千載不傳之學。但草創未為光明，到今日若不大段光明，更幹當甚事？」從此段話中，我們不難看出，陸九淵認同了二程對孟子思想的傳承，得繼儒家正統，但也只是處於草創階段，而草創階段也就意味著需要深入探究之意，所以需要「我」（陸九淵）去深刻挖掘其內涵並發揚光大。陸九淵在《語錄》篇中曰：「二程見周茂叔後，吟風弄月而歸，有『吾與點也』之意。後來明道此意卻存，伊川已失此意。」陸九淵的思想在某些方面確與程顥的思想更為接近。而且從陸九淵的言詞中，其對二程的態度確有褒貶不同之處。可以看出，陸九淵的「心學」思想雖非師承伊洛學派，但對二程思想確是有所借鑒和吸收的。

〔註 52〕陳來，宋明理學〔M〕，上海：華東師範大學出版社，2004：70。
〔註 53〕韋政通，中國思想史〔M〕，上海：上海書店出版社，2003：823。

三、陸九淵心學與禪宗的關係

陸學即為禪學的觀點頗為流行，尤其在南宋和明代。《語錄》中有所記載：「先生言：『吳君玉自負明敏，至槐堂五日，每舉書句自問。隨其所問，解釋其異，然後從其所曉，敷廣其說，每每如此，其人再三稱歎云：『天下皆說先生是禪學，獨某見得先生是聖學』。」〔註54〕天下人皆認為陸學為禪學，可見，這種觀點的普遍性。甚至深居宮中的宋孝宗，在陸九淵輪對時，亦提及其為禪學的觀點：「讀第二劄論道，上曰：『自秦漢而下，無人主知道。』甚有自負之意。其說，甚多禪。答：『臣不敢奉詔，臣之道不如此，生聚教訓處便是道。』」〔註55〕對於孝宗稱其為禪學的觀點，陸九淵予以了否定。把陸學認為是禪學的觀點始於朱熹，朱熹主要從陸學的為學風格和修養方法等方面與禪學有相似之處，由此引申認為陸九淵的思想「陽儒陰釋」，雖然依然承認陸九淵思想中有儒家思想的成分，但認為其實質是佛家思想。「宗朱者詆陸為『狂禪』，宗陸者以朱為俗學，兩家之學成門戶，幾如冰炭矣。」〔註56〕這種門戶之爭，加入一些自己的感情色彩而產生偏見亦在情理之中。由於南宋程朱理學正統地位的確立，這種觀點在當時乃至其後的很長一段時間內都是學術界最盛行的一種看法。

唐代韓愈、李翱已經開始的排佛尊儒思想一直延續到宋代，宋代思想家對佛家思想的態度，依然是排斥的。正因如此，佛家思想在不同程度上不可避免的影響著宋代的各個思想家。而陸九淵在如此思想背景下，自然也受到了佛家思想的影響。陸九淵八歲時與其兄陸九齡進疏山寺讀書，其間每天還參與寺內早課，也常聽僧人允懷講授佛經。成年後的陸九淵與當時的一些高僧也有過個人之間生活上的交往，陸九淵體弱多病，在臨安時和清長禪師相交甚好，清長禪師歸南嶽後，還託人饋贈藥物於他。陸九淵在《與王順伯》篇中提及自己「雖不曾看釋藏經教，然而《楞嚴》、《圓覺》、《維摩》等經，則嘗見之。」〔註57〕而《楞嚴》、《圓覺》、《維摩》皆是佛家思想的經典之作。陸九淵曾在兩首小詩中提及其學佛的經歷。《贈化主》：「學佛居山林，往往儀狀野。道人翩然來，禮節何爾雅。職事方悾悾，言論翻灑灑。安得冠其顛，

〔註54〕陸九淵，陸九淵集〔M〕，鍾哲點校，北京：中華書局，1980：425。
〔註55〕陸九淵，陸九淵集〔M〕，鍾哲點校，北京：中華書局，1980：447。
〔註56〕黃宗羲，宋元學案〔M〕，北京：中華書局，1986：1886。
〔註57〕陸九淵，陸九淵集〔M〕，鍾哲點校，北京：中華書局，1980：19。

公材豈云寡。」〔註58〕《題慧照寺》：「春日重來慧照山，經年詩債不曾還。請君細數題名客，更有何人似我頑。」〔註59〕由陸九淵所作的詩中，不難看出，他確是對佛家思想有過學習和研究，也透露出自己對佛家那種愜意、自在生活的喜愛。他也不反對門下弟子參究佛家思想。「在接引弟子時，陸九淵往往採取禪宗高僧式的直契學者本性，使其開悟，最著名的是開悟楊簡的扇訟公案。」〔註60〕陸九淵對佛家思想採取了一個包容的態度，而不是像朱熹等人那樣，只是簡單的將佛教稱為異端。

把陸學定性為禪學，有些過於絕對。「陸九淵心學和禪宗在根本精神上是不同的，就是禪宗的『心』（或性或理）的內容是不同的，概言之，禪宗的心性是一種無任何規定性的、無善無惡的、本然的存在（禪宗名之曰『空』），而陸九淵的心性是一種具有倫理道德內容的、本質是善的、具體的存在（他名之曰『理』）。」〔註61〕陸學的內容是與禪宗不同的，其所要闡發的旨歸也是與禪宗相異的。「禪宗作為中國化佛學的重要派別，主要是由佛教教義的思想內容、論證教義的理論形式與宗教修煉方法三部分組成。」〔註62〕不否認陸學對禪宗的修煉方法在認識「本心」的過程中有所借鑒，但佛學教義與陸學儒家思想內涵的不同，決定了陸學不可能是禪學。張君勱曾說過：「僅僅在方法論的層面，陸象山才可被稱為一個禪學信徒。象山身處在禪學鼎盛的時代，而禪宗視讀書、博聞與思想的追索為不急之務，只專心一致於內在自我的實現與領悟得道。象山不由自主地受到這些觀念的影響，他捨棄禪宗否定人生的態度，並保留其尋求本心的方法。在方法論上，採用禪宗『見心成性』的方法，以配合儒家道德至善的學說。就這點而言，我倒相信朱熹所謂象山是禪信徒的看法。然而，象山所運用的心靈淨化的方法，卻與一般的佛教，或禪宗都沒有關係。」〔註63〕徐梵澄也認為，「不單是由儒而悟道，由他道或其它宗教皆有證悟之事。籠統皆指為禪悟，是謬見、誤解。」〔註64〕僅以外

〔註58〕　陸九淵，陸九淵集〔M〕，鍾哲點校，北京：中華書局，1980：300。
〔註59〕　陸九淵，陸九淵集〔M〕，鍾哲點校，北京：中華書局，1980：303。
〔註60〕　趙偉，「天下皆說先生是禪學」：陸九淵與禪學〔J〕，東方論壇，2008（1）：91。
〔註61〕　崔大華，南宋陸學〔M〕，北京：中國社會科學出版社，1984：57。
〔註62〕　張豈之，中國思想學說史（宋元卷）〔M〕，桂林：廣西師範大學出版社，2008：277。
〔註63〕　張君勱，新儒家思想史〔M〕，保定：河北大學出版社，1996：303。
〔註64〕　徐梵澄，陸王學述：一系精神哲學〔M〕，上海：上海遠東出版社，1993：60。

在形式或修養方法來斷定陸學為禪學確實有失公允。

陸九淵曾把儒釋加以比較：「某嘗以義利二字判儒釋，又曰公私，其實即義利也。儒家以人生天地之間，靈於萬物，貴於萬物，與天地並而為三極。……某教之所從立者如此，故曰義、曰公。釋氏以人生天地間，有生死，有輪迴，有煩惱，以為甚苦，而求所以免之。……故其言曰：『生死事大。』如兄所謂菩薩發心者，亦只為此一大事。其教之所從立者如此故曰利、曰私。惟義惟公，故經世；惟利惟私，故出世。」〔註65〕陸九淵以「義」和「公」來定義儒，而以「利」和「私」來定義釋，可見，他對二者的態度和取捨。「故某嘗謂儒為大中，釋為大偏。以釋與其他百家論，則百家為不及，釋為過之。原其始，要其終，則私與利而已。」〔註66〕陸九淵認為佛家思想只講個人的解脫煩惱，涅槃成佛，卻不想承擔家國之責任，其實質是利和私的表現，並把釋定義為大偏。陸九淵崇尚的是儒家倫理道德中的公與義的思想，這種思想不但在他的「本心」中有所體現，而且在他的政治思想中表露無遺。陸九淵主張立大志、成君子、做大人，皆是儒家思想，與佛家思想是相悖的。

陸九淵尊崇儒家思想，反對佛家思想的態度，充分說明了他的思想不可能源於禪宗思想。「陸九淵可以說是一個僅在方法上的禪宗思想信奉者。陸九淵不得不受這種觀念的影響。不過，他棄絕禪宗的出世態度，只保持其內求本心的方法。他在方法上應用禪宗的技巧，在道德生活的完成與儒家思想的展開上直接訴諸本心。」〔註67〕這種論斷應該更為客觀公正，具有可信性。「故吾嘗斷以陸氏之學，孟氏之學也。而世之議者，以其嘗與晦翁之有同，而詆以為禪。夫禪之說，棄人倫，遺物理，而要其歸極，不可以為天下國家。苟陸氏之學而果若是也，乃所以為禪也。今禪之說與陸氏之說、孟氏之說，其書具存，學者苟取而觀之，其是非同，當有不待於辯說者。而顧一倡群和，剿說雷同，如矮人觀場，莫知悲笑之所自，豈非貴耳賤目，不得於言而勿求諸心者之過歟？」〔註68〕王陽明為《陸九淵集》作序中如是說，在否定陸學與禪學之間淵源關係的同時，也認為陸九淵思想源於孟子。

簡而言之，任何一種思想的形成，都離不開當時所處的特定歷史年代、

〔註65〕陸九淵，陸九淵集〔M〕，鍾哲點校，北京：中華書局，1980：17。
〔註66〕陸九淵，陸九淵集〔M〕，鍾哲點校，北京：中華書局，1980：20。
〔註67〕張君勱，新儒家思想史〔M〕，保定：河北大學出版社，1996：259。
〔註68〕陸九淵，陸九淵集〔M〕，鍾哲點校，北京：中華書局，1980：538。

家庭、經歷及社會背景，陸九淵思想的形成也不例外。他在主要繼承思孟學派心性論思想的基礎上，吸收百家之言、伊洛之學，並借鑒了禪宗的思維方式和修養方法，從而形成了他別具特色的思想體系。他以「立心、明理、做人」爲宗旨，踐履儒家的「修身，齊家，治國，平天下」的政治取向。

第二章　陸九淵思想的核心概念：
「本心」

第一節　「本心」的概念

「本心」這一概念並不是由陸九淵第一個提出的，孟子就曾有過「失其本心」的說法，孟子云：「鄉為身死而不受，今為宮室之美為之；鄉為身死而不受，今為妻妾之奉為之；鄉為身死而不受，今為所識窮乏者得我而為之，是亦不可以已乎？此之謂失其本心。」〔註1〕孟子雖然涉及到了「本心」的提法，但「本心」的涵義並未進一步展開論述。「本心」還在《春秋繁露》和《資治通鑑》中出現過，如《資治通鑑》中：「朕昨大醉，非其本心。」「本心」在此也僅僅作「本來」、「本意」講。直到佛學傳入中國，「本心」才有了更多的蘊義。禪宗有「直指本心」之說，把「本心」看作是心體的最初狀態，但這種最初狀態，佛家大多指向的是「無」、「空」和一種超脫的境界。《雲笈七鑒》中：「本心清淨，猶如水鏡，照用無礙，萬物俱現，名為現形。」「本心」之清淨，猶如清澈透明不起波紋的水一樣，萬事萬物在「本心」上的反映只是一種呈現。「本心」是空無的，佛家也主張要超脫對人世和外物的執著，而回歸到虛無的「本心」狀態。佛家之「本心」雖然有心本性的意味，但與儒家所言之「本心」的意思相甚遠。而到了宋代，理學家對概念、範疇的研究投入了極大的熱情，「天」、「理」、「性」、「情」等都成了研究的主題，在解釋

〔註1〕焦循，諸子集成孟子正義〔M〕，北京：中華書局，1954：463。

本有之含義的同時，宋代理學家又賦予了這些範疇以新的更豐富內涵，而「心」更成了無法迴避的一個關鍵範疇。

北宋時期，程顥和程頤兄弟提出了天理論思想，試圖為儒家的倫理道德找尋形上學的本體依據。二程提出「天者理也」〔註2〕、「天為萬物之祖」〔註3〕，認為天是宇宙萬物的主宰和最終根源，而以天為理，理即具有了天所具有的本體意義。二程認為天就是理，並常常把天與理二者合稱，稱之為天理。天理是獨立於人之外的萬物存在的根源。「天理云者，這一個道理，更有甚窮已？不為堯存，不為桀亡。人得之者，故大行不加，窮居不損。這上頭來，更怎生說得存亡加減？是它元無少欠，百理具備。」〔註4〕天理本身是無窮盡的，是無虧欠，無加損的，但卻包含了世間的萬事萬物，「萬物皆只是一個天理」。〔註5〕二程把天理凌駕於客觀物質世界之上，認為先有理後有物，有理才有物，「實有是理，故實有是物」〔註6〕。天理上陞為宇宙本體，成為最高範疇是二程的首創。故程顥曾云：「吾學雖有所受，天理二字卻是自家體貼出來。」〔註7〕

在二程的理論體系中，心是主體範疇與本體範疇的統一。「心作為主體範疇，其認識對象是理；心作為本體範疇，其涵義與理、性、命相當。」〔註8〕二程認為，心作為主體範疇來說，「心所感通者，只是理也。知天下事有即有，無即無，無古今前後。」〔註9〕心對理的認識，沒有時間先後的區分。心與理是相感通的，心能感知到理。程頤曰：「聖人視億兆之心猶一心者，通於理而已。」〔註10〕萬眾之心被聖人視之為一心，是因為通於理的緣故。理是唯一的，所以通於理的心也是相同的。「伯溫又問：『孟子言心、性、天，只是一理否？』曰：『然。自理言之謂之天，自稟受言之謂之性，自存諸人言之謂之心。』」〔註11〕心、性、天所指向的是同一個理，理存諸人即是理以心為居所，

〔註2〕程顥，程頤，二程集〔M〕，北京：中華書局，2004：132。
〔註3〕程顥，程頤，二程集〔M〕，北京：中華書局，2004：698。
〔註4〕程顥，程頤，二程集〔M〕，北京：中華書局，2004：31。
〔註5〕程顥，程頤，二程集〔M〕，北京：中華書局，2004：30。
〔註6〕程顥，程頤，二程集〔M〕，北京：中華書局，2004：1160。
〔註7〕程顥，程頤，二程集〔M〕，北京：中華書局，2004：424。
〔註8〕蔡方鹿，程顥程頤與中國文化〔M〕，貴陽：貴州人民出版社，2000：82。
〔註9〕程顥，程頤，二程集〔M〕，北京：中華書局，2004：56。
〔註10〕程顥，程頤，二程集〔M〕，北京：中華書局，2004：764。
〔註11〕程顥，程頤，二程集〔M〕，北京：中華書局，2004：296。

理是心的內容，心可以去認知理，從心對理的體認這個方面講，理與心相通。另一方面，心從本體範疇意義上講，二程認爲心與理是爲一的。程頤曰：「在天爲命，在義爲理，在人爲性，主於身爲心，其實一也。……若既發，則可謂之情，不可謂之心。」〔註12〕命、理、性、心四者是相通爲一的本體範疇，是宇宙本體的不同形式表現，但在本質上是其實一也。情是本體的已發狀態，而心則是本體的未發狀態。程頤在認爲理與心相通的同時，又提出人們之所以不能把心與理合二爲一，是因爲把人自身的情感參了進去。他說：「理與心一，而人不能會爲一者，有己則喜自私，私則萬殊，宜其難一也。」〔註13〕由於人自身的限制，其實是無法眞正的實現理與心的完全合一的。但在「理與心一」的問題上，程顥強調二者就是一物，他說：「心是理，理是心」〔註14〕，認爲理與心是不用區分的同一事物。但在此處，程顥也僅僅是對心與理同一的一般性敘述，並未進行展開和系統說明。但程顥的這種「理與心一」的思想傾向在陸九淵的「心即理」那裏已經成爲了其理論體系展開的基礎。

　　陸九淵對「心」的提法有很多，如：「吾心」、「人心」、「民心」、「盡我之心」等等，但這些「心」表述的是具體之「心」或者說是個體之「心」，更多的表達的是個人的自我意識和想法，此種「心」具有著差異性和特殊性，卻不具備普遍性和絕對性。陸九淵比程顥在理論推演上向前進了一步，對程顥的直觀把握方式作了自覺論證和說明。如果說天理是一種外在的道德原則的話，那麼如何把天理從外在規範轉變爲內在的道德意識，就需要把天理和人心有機的契合起來。由此陸九淵提出了「本心」的概念，並把其做爲核心之核心來建構其哲學與政治思想體系。

第二節　何謂「本心」

　　陸九淵三十四歲時提出「本心」概念，由此開始，「本心」成爲陸九淵思想的核心範疇和基礎，貫穿於其哲學與政治思想的始終。那麼，何謂「本」？何謂「心」？何謂「本心」？陸九淵所言之「本心」有何內涵及特徵？

　　「本」，詞典中有如下解釋：一，草木的莖或根。二，事物的根本、根源。

〔註12〕程顥，程頤，二程集〔M〕，北京：中華書局，2004：204。
〔註13〕程顥，程頤，二程集〔M〕，北京：中華書局，2004：1254。
〔註14〕程顥，程頤，二程集〔M〕，北京：中華書局，2004：139。

三，本錢；本金。四，主要的；中心的。五，原來。六，本來。七，指示代詞，指自己方面的。八，指示代詞，指現今的。九，按照。十，根據。「心」主要解釋有：一，人和高等動物身體內推動血液循環的器官。二，通常也指思想的器官和思想、感情等。三，中心；中央的部分。

　　陸九淵以「本心」爲最高範疇，對「本心」之「本」的描述：「居天下之廣居，立天下之正位，行天下之大道，乃吾分內事耳。若不親師友，汩沒於流俗，驅而納諸罟捕陷阱之中，而莫不知避，豈不可憐哉？孟子曰：『苟得其養，無物不長，苟失其養，無物不消。』今吾友既得其本心矣，繼此能養之而無害，則誰得而御之。如木有根，苟有培浸而無傷戕，則枝葉當日益暢茂。如水有源，苟有疏濬而無壅窒，則波流當日益充積。所謂『源泉混混，不捨晝夜，盈料而後進，放乎四海』，有本者如是。」〔註15〕「本」是根，是源，是根本和根源之意，亦有固有之意。陸九淵在首篇中第一次提及「本心」：「仁即此心也，此理也。求則得之，得此理也；先知者，知此理也；先覺者，覺此理也；愛其親者，此理也；敬其兄者此理也；見孺子將入井而有怵惕惻隱之心者，此理也；可羞之事則羞之，可惡之事則惡之者，此理也；是知其是，非知其非，此理也；宜辭而辭，宜遜而遜者，此理也；敬此理也；義亦此理也；內此理也，外亦此理也。故曰：『直方大，不習無不利。』孟子曰：『所不慮而知者，其良知也；所不學而能者，其良能也。此天之所與我者，我固有之，非由外鑠我也。』故曰：『萬物皆備於我矣，反身而誠，樂莫大焉。』此吾之本心也。所謂安宅、正路者，此也；所謂廣居、正位、大道者，此也。」〔註16〕

　　「本心」，是人之所固有之「心」。「此心此理，我固有之。」〔註17〕「此理本天之所以與我，非由外鑠」〔註18〕，「故正理在人心，乃所謂固有」。「本心」不是獨立於人之外，而是內在於主體之內，並爲主體與生俱來，是與人合而爲一的。陸九淵所言「天之所以與我」，此處的天，「並非指有意志的、人格神的天，乃是先天之意。」〔註19〕外在的「天」、「理」與「心」是同一

〔註15〕陸九淵，陸九淵集〔M〕，鍾哲點校，北京：中華書局，1980：91～92。
〔註16〕陸九淵，陸九淵集〔M〕，鍾哲點校，北京：中華書局，1980：5。
〔註17〕陸九淵，陸九淵集〔M〕，鍾哲點校，北京：中華書局，1980：13。
〔註18〕陸九淵，陸九淵集〔M〕，鍾哲點校，北京：中華書局，1980：4。
〔註19〕張立文，走向心學之路——陸象山思想的足迹〔M〕，北京：中華書局，1992：91。

的，所以在「心」之外，不可能存在著另一個賦予「心」意義的本體，「心」是先天所固有的，是無需他求，自滿自足的。陸九淵的「本心」是對宋代天理觀的一種重新理解，天理不再是高高在上的，也不再是與人相分的。程朱理學對「心」是有所區分的，二程首先把「心」區分道心與人心：「人心惟危，人欲也，道心惟微，天理也。」道心對應是天理，而人心對應是人欲。朱熹則進一步明確了「道心」與「人心」之間的關係：「有道心則人心爲所節制。」朱熹的所謂「道心」既有客觀天理之含義，亦有倫理道理之含義，而「人心」則繼承了二程所講的人欲思想。人欲受到天理和倫理道德的節制，「必使道心常爲一身之主，而人心每聽命焉，乃善也。」「人心」不僅僅要受到「道心」的節制，而且還要對「道心」絕對服從，只有絕對聽命於「道心」才能實現善。陸九淵的「本心」突破了二程與朱熹劃分的「道心」與「本心」的界限，把二者合而爲一，「人心」在一定程度上即「道心」，合則構成了「本心」。「本心」具有與「道心」的本體天理和道德倫理相同的內涵，具有普遍性、超越性的同時，也以個體「人心」爲表現形式，具有著個體性和特殊性。「謂『人心，人僞也；道心，天理也』，非是。人心，只是說大凡人之心。」〔註20〕「心一也，人安有二心？自人而言，則曰惟危；自道而言，則曰惟微。罔念作狂，克念作聖，非危乎？無聲無臭，無形無體，非微乎？」〔註21〕陸九淵強調無二「心」，人只有一個「心」，即「大凡人之心」。而「道心」與「人心」只是「大凡人之心」的不同方面而已。

「本心」，不是獨立存在於外的，而是人人皆有。「異字與同字相對，有同而後有異。孟子曰：『耳有同聽，目有同類，口有同嗜，心有同然。』又曰：『若合符節』。又曰：『其揆一也』。此理所在，豈容不同。不同此理，則異端矣。」〔註22〕異是與同相對而言的，有同而後有異。耳是用來聽的，目是用來見的，口是用來品嘗的，每個人都有耳、目、口，人與人是相異的，但每個人所聽、所見、所嘗是相同的，人的「本心」也是如此的。「本心」之於人是相同的，人與人雖然相異，但「本心」相同並爲人人所皆有。「聖人與我同類，此心此理誰能異之。孟子曰：『人皆可以爲堯舜』又曰：『至於心，獨無所同然乎？』又曰：『人之有是四端，而自謂不能者，自賊者也；謂其君不能

〔註20〕陸九淵，陸九淵集〔M〕，鍾哲點校，北京：中華書局，1980：462～463。
〔註21〕陸九淵，陸九淵集〔M〕，鍾哲點校，北京：中華書局，1980：396。
〔註22〕陸九淵，陸九淵集〔M〕，鍾哲點校，北京：中華書局，1980：176。

者，賊其君者也。今謂人之不能，非賊其人乎？居仁由義，大人之事備矣，吾身不能居仁由義，則謂之自棄』。」〔註23〕聖人與我同類，因為「本心」同也，人人皆可以為堯舜，自謂不能者，不是不具備成為堯舜之「本心」，而是屬於自暴自棄。

「本心」，是心未受外界遮蔽之本然狀態。陸九淵說：「此理塞宇宙。古先聖賢，常在目前。蓋他不曾用私智。『不識不知，順帝之則。』此理豈容識知哉？『吾有知乎哉？』此理豈容有知哉？」〔註24〕「本心」既是人所固有，亦是人所均有，是一種毫不遮蔽的本然狀態，這種本然狀態是一致的，古先聖賢之「心」與吾人「心」體相同，自覺到自我所具有的「本心」，即體會到古先聖賢之「本心」，即「古先聖賢，常在目前」。本然之「心」是人心未受物欲浸染時的本然狀態，「大人者，不失其赤子之心。」〔註25〕赤子，嬰孩之狀態，「聖人皆孩之」，即聖人皆實現了嬰兒剛出生時的本然之狀態，所以成聖成賢。對「本心」的把握，是無需知識，不用私智，無私欲的一種自然呈現，只要去體會「本心」即可。

「本心」，是一種追求的境界。在《與王順伯》的書信中，陸九淵曾說：「來教謂：『若要稍展所學，為國為民，日見難如一日。』此固已然之成勢，然所以致此者，亦人為之耳。能救此者，將不在人乎？……天下固有不可為之時矣，而君子之心，君子之論，則未嘗必之以不可為。……人之遇不遇，道之行不行，固有天命，而難易之論，非所以施於此也。」「來教謂：『既非以此要官職，只是利國利民處隨力為之，不敢必朝廷之從與事功之成。』此描述之心也即王順伯之心，又何嘗不是陸九淵的本心？《與勾熙載》「吾人所安者義理，義理所在，雖刀鋸鼎鑊，有所不避，豈與患得患失之人同其欣戚於一升黜之間哉？」這就是陸九淵的心聲，這就是陸九淵敢於直面現實、直抒己見的「本心」。陸九淵為君為民的赤誠之「本心」，體現了其高尚品格的同時，亦成為其追求的目標。

陸九淵除了「本心」概念之外，還時常提及「心」的概念。「心」的含義不是單一的，在不同情形下，陸九淵對「心」的詮釋是不同的。陸九淵以「本心」構建自己的思想體系，「本心」與「心」是有差別的。

〔註23〕陸九淵，陸九淵集〔M〕，鍾哲點校，北京：中華書局，1980：171。
〔註24〕陸九淵，陸九淵集〔M〕，鍾哲點校，北京：中華書局，1980：163～164。
〔註25〕陸九淵，陸九淵集〔M〕，鍾哲點校，北京：中華書局，1980：149。

　　第一，「心」是人所具有的生理器官及由其活動所產生的情感、思慮和欲望。陸九淵說：「人非木石，安得無心？心於五官最尊大，《洪範》曰：『思曰睿，睿作聖。』《孟子》曰：『心之官則思，思則得之，不思則不得也。』」〔註26〕「人之與耳，要聽即聽，不要聽即否，與目亦然，何獨於心而不由我乎？」〔註27〕陸九淵把「心」與「耳」等器官相提並論。在《與姪孫濬四》再次提及：「人非木石，不能地好惡，然好惡須得其正，乃始無咎。」人是有心的，而木石是無心的。人心與木石的區別是人心是可以進行思考的，有情感的，有欲望的。人心是表示有血氣的心理器官，也表示其具有精神活動，或者是我們常說的心理活動。這種具有生理功能和心理活動的「心」，只是一種能進行思維活動的客觀存在，是一種物質意義上與身相通的主體思維之「心」。以此含義提及的「心」並不多，此內涵的「心」也並非是陸九淵所要論述的重點內容，此「心」非「本心」。

　　第二，「心」是包含客觀世界的根源性實體。「道，未有外乎其心者。」〔註28〕「萬物森然於方寸之間，滿心而發，充塞宇宙無非此理而已。」〔註29〕陸九淵認為充塞於宇宙的萬物之根本（道）即在「心」之中。「四方上下曰宇，往古來今曰宙。宇宙便是吾心，吾心便是宇宙。宇宙內事，是己分內事。己分內事，是宇宙內事。」〔註30〕由此他想到「東海有聖人出焉，此心同也，此理同也。西海有聖人出焉，此心同也，此理同也。南海、北海有聖人出焉，此心同也，此理同也。千百世之上有聖人出焉，此心同也，此理同也；千百世之下有聖人出焉，此心同也，此理同也。」〔註31〕東、西、南、北海，指的是四方空間，即是「宇」；千百世之上、之下，指的是往古來今，即是指宙。而在宇宙之內，「此心」、「此理」是相同的。「宇宙便是吾心，吾心便是宇宙」使得「聖人之心」到「吾心」乃至「宇宙」的「此心」「此理」達到融通。

　　第三，「心」是倫理道德的主體，「曰：『心之官則思，思則得之，不思則不得也。』又曰：『存乎人者，豈無仁義之心哉？』又曰：『至於心，獨無所

〔註26〕陸九淵，陸九淵集〔M〕，鍾哲點校，北京：中華書局，1980：149。
〔註27〕陸九淵，陸九淵集〔M〕，鍾哲點校，北京：中華書局，1980：439。
〔註28〕陸九淵，陸九淵集〔M〕，鍾哲點校，北京：中華書局，1980：228。
〔註29〕陸九淵，陸九淵集〔M〕，鍾哲點校，北京：中華書局，1980：423。
〔註30〕陸九淵，陸九淵集〔M〕，鍾哲點校，北京：中華書局，1980：273。
〔註31〕陸九淵，陸九淵集〔M〕，鍾哲點校，北京：中華書局，1980：388。

同然乎？』又曰：『君子之所以異於者，以其存心也。』又曰：『非獨聖賢有是心也中，人皆有之，賢者能勿喪耳。』又曰：『人之所以異於禽獸者幾希，庶民去之，君子存之。』去之者，去此心也，故曰：『此之謂失其本心』。存之者，存此心也，故曰：『大人者，不失其赤子之心』。四端者，即此心也；天之所以與我者，即此心也。人皆有是心，心皆具是理，心即理也，故曰『理義之悅我心，猶芻豢之悅我口』。」〔註32〕「四端」即指惻隱之心、羞惡之心、辭讓之心和是非之心，「心」是「四端」的主體。而此「心」是天之與我者，是與天理相通的，在天與人以「心」的同時，也使「心」具是理。「天以是理畀人。」畀是給予的意思。「事父孝幫事天明，事母孝幫事地察，是學已到田地，自然如此，非是欲去明此而察此也。明於庶物，察於人倫亦然。」這裏的「理」是指倫理道德意義上的「天理」。「仁，人心也，心之在人，是人之所以為人，而與禽獸草木異焉者也，可放而不求哉？古人求放心，不啻如饑之於食，渴之於飲，焦之待救，溺之待援，固其宜也。學問之道，蓋於是乎在」〔註33〕「心」是人們固有的，不是由外物所賦予。「此天之所以予我者，非由外鑠我也。思則得之，得此者也；先立乎其大者，立此者也；和善者，積此者也；集義者，集此者也；知德者，知此者也；進德者，進此者也。」〔註34〕「心」又是人所具有的一種意識，人們可以通過「心」認識事物、辨別是非。「有了『心』，認識事物、判斷是非的知覺能力和踐履道德、平治天下的實踐能力也就自然地形成和表現出來。」〔註35〕

第四，「本心」與「心」的同一。陸九淵的論述中，「心」出現的次數非常之高，遠遠大於了「本心」的出現次數。陸九淵雖然對「心」、「人心」、「本心」等稱謂未作明確的界定，但卻不難發現，陸九淵對「心」與「本心」的理解有時是相一致的，只是把「本心」簡化為「心」進行使用。「此心此理，我固有之，所謂萬物皆備於我，昔之聖賢先得我心之所同然者耳。」〔註36〕這裏所提及的我固有之「心」顯而易見是「本心」，而不是一般思維主體或知覺意義上的「心」。「人孰無心，道不外索，患在戕賊之耳、放失之耳。古人

〔註32〕陸九淵，陸九淵集〔M〕，鍾哲點校，北京：中華書局，1980：149。

〔註33〕陸九淵，陸九淵集〔M〕，鍾哲點校，北京：中華書局，1980：373。

〔註34〕陸九淵，陸九淵集〔M〕，鍾哲點校，北京：中華書局，1980：1。

〔註35〕侯外廬，邱漢生，張豈之，宋明理學史（上）〔M〕，北京：人民出版社，1984：560。

〔註36〕陸九淵，陸九淵集〔M〕，鍾哲點校，北京：中華書局，1980：13。

教人不過存心、養心、求放心。此心之良人所固有，人惟不知保養而反戕賊放失之耳。」「道不外索」，而是內求，求諸本心，此「人孰無心」之「心」即「本心」。陸九淵經歷由生理功能和精神活動的個體之「心」向「本心」的推演過程，而這個過程主要是通過「吾心即是宇宙」和「心即理」兩個著名論斷的確立而最終完成的。

　　杜維明先生曾經指出：「把心看作是本體論的實在，我們就能把『四端』視爲心的眞實本質的表現，因此可以說它們是不能被削弱的。」〔註 37〕「明『本心』：此本於孟子之言四端之心」〔註 38〕孟子心之四端說主要從倫理道德方面論說「心」的道德內涵。「又曰：『人之所以異於禽獸者幾希，庶民去之，君子存之。』去此心也，故曰『此之謂失其本心』。存之者，存此心也，故曰『大人者，不失其赤子之心』。四端者，即此心也；天之所以與我者，即此心也。」〔註 39〕人之區別於禽獸，就在於人所具有的倫理道德性。「本心」的倫理道德內涵也是陸九淵所著重想要闡釋的，「本心」的道德內涵主要表現爲四個方面，即「心」之「四端」──惻隱之心、羞惡之心、恭敬之心、是非之心。孟子云「惻隱之心，人皆有之；羞惡之心，人皆有之；恭敬之心，人皆有之；是非之心，人皆有之。惻隱之心，仁也；羞惡之心，義也；恭敬之心，禮也；是非之心，智也。仁義禮智，非由外鑠我也，我固有之也，弗思耳矣。」〔註 40〕仁、義、禮、智古已有之，及至宋代，程頤首先提出仁、義、禮、智、信五常分言則各具其義，而合在一起，則仁統領其餘四者。程頤說：「四德之元，猶五常之仁，偏言則一事，專言則包四者。」〔註 41〕四德即元、亨、利、貞，而五常即指仁、義、禮、智、信。四德以元爲首，猶如五常以仁爲首一樣，專就一方面說，元只是四德之一，仁只是五常之一；統而言之，則元可以包括四德，仁可以包括五常。對於這一觀點，朱熹和陸九淵都表示了贊同。

　　在《年譜》中有一段楊簡針對於「本心」之問的記述，陸九淵對「本心」作了明確的解釋：「四明楊敬仲時主富陽簿，攝事臨安府中，始承教於先生。

〔註 37〕杜維明，人性與自我修養〔M〕，胡軍，於民雄譯，北京：中國和平出版社，1988：59。

〔註 38〕牟宗三，從陸象山到劉蕺山〔M〕，上海：上海古籍出版社，2001：2。

〔註 39〕陸九淵，陸九淵集〔M〕，鍾哲點校，北京：中華書局，1980：149。

〔註 40〕焦循，諸子集成孟子正義〔M〕，北京：中華書局，1954：446。

〔註 41〕朱熹，呂祖謙，於民雄譯，近思錄全譯〔M〕，貴陽：貴州人民出版社，2009：7。

及反富陽，三月二十一日，先生過之，問：『如何是本心？』先生曰：『惻隱，仁之端也，羞惡，義之端也，辭讓，禮之端也，是非，智之端也。此即是本心。』」〔註42〕「從孟子到陸九淵，「本心」指的道德意識，這個說法強調道德意識是每個人心的本來狀態，它存在於任何時代任何人身上，是永恒的和普遍的。」〔註43〕陸九淵用孟子之「心之四端」解釋「本心」，惻隱、羞惡、辭讓（恭敬）、是非是「本心」的內涵和特徵。

一、「本心」之惻隱之心

所謂「惻」：第一，指悲痛。《漢書・成帝紀》中：「未聞在位有惻然者，孰當助朕憂之。」《舊唐書・柳宗元傳》中：「爲騷文十數篇，覽之者爲之淒惻。」惻表達了一種悲痛的情感。第二，指誠懇。經常「懇」與「惻」連用。《上皇帝萬言書》：「以吾至誠懇惻之心，力行而爲之但是。」至誠懇惻，即是萬分誠懇之意。所謂「隱」：第一，指短牆。《左傳・襄公二十三年》：「窬牆而待之。」第二，隱藏，隱蔽。《周易・乾》：「隱而未見，行而未成。」第三，精微深奧。《周易・繫辭上》：「探賾索隱，鉤深致遠。」第四，隱瞞。《史記・高祖本紀》：「列侯諸將無敢隱朕。」第五，倚，靠。《莊子・齊物論》：「南郭子綦隱几而坐。」第六，傷痛。劉向《九歎・惜賢》：「心隱惻而不置。」這裏也有哀憐之意。「在古文獻中，人們常常直接用「隱」來指惻隱的情感。這種用法指的是痛心、傷痛、乃至病痛的意思。」〔註44〕不難看出，「惻」與「隱」連用，表達的是一種傷痛之情，這種傷痛不是來自肉體，而是來自心靈，一種由心感知的傷痛。

孟子把心靈的傷痛之惻隱之心引申爲不忍之心。《孟子・梁惠王上》中：「臣聞之胡齕曰：王坐於堂上，有牽牛而過堂下者。王見之，曰：『牛何之？』對曰：『將以釁鍾。』王曰：『舍之！吾不忍其觳觫，若無罪而就死地。』對曰：『然則廢釁鍾與？』曰：『何可廢也？以羊易之。』不識有諸？」曰：「有之。」曰：「是心足以王矣。百姓皆以王爲愛也；臣固知王之不忍也。」王曰：「然。誠有百姓者！齊國雖褊小，吾何愛一牛？即不忍其觳觫，若無罪而就死地，故以羊易之也。」曰：「王無異於百姓之以王爲愛也。以小易大，彼惡

〔註42〕陸九淵，陸九淵集〔M〕，鍾哲點校，北京：中華書局，1980：487。
〔註43〕陳來，宋明理學〔M〕，瀋陽：遼寧教育出版社，1991：192。
〔註44〕黃玉順，惻隱之「隱」考論〔J〕，北京青年政治學院學報，2007（3）：55。

知之？王若隱其無罪而就死地，則牛羊何擇焉？」這裏所說的隱即惻隱，也是表達的是不忍之意。

　　「惻隱」二字前，孟子又加上了「怵惕」二字。孟子曰：「今人乍見孺子將入於井，皆有怵惕惻隱之心。」「怵惕」是驚懼、恐懼、戒懼之意。見孺子即將入井的剎那，人們的自然本能反應是產生怵惕驚恐之感，隨之而來的是不可避免的不忍之心。孟子表達了一個瞬間心靈本能反應的過程，由驚懼而產生痛感，再到產生不忍之心。這個過程不是由後天教育或培養所產生的，而是人的自然而然的反應，即是每個人所具有的本初反應。惻隱不是簡單的傷痛，而是由傷痛觸底而產生的不忍。這種不忍或是痛忍奠定了整個儒家哲學思想和政治思想的本根本源。

　　「惻隱之心，仁也。」〔註45〕陸九淵提出，「仁即此心也，此理也。求則得之，得此理也；先知者，知此理也；先覺者，覺此理也；愛其親者，此理也；敬其兄者此理也；見孺子將入井而有怵惕惻隱之心者，此理也。」〔註46〕「道塞宇宙，非有所隱遁，在天曰陰陽，在地曰柔剛，在人曰仁義。故仁義者，人之本心也。孟子曰：『存乎人者，豈無仁義之心哉？』又曰：『我固有之，非由外鑠我也。』愚不肖者不及焉，則蔽於物欲而失其本心，賢者智者過之，則蔽於意見而失其本心。」〔註47〕「人非木石，安得無心？心於五官最尊大。洪範曰：『思曰睿，睿作聖。』孟子曰：『心之官則思，思則得之，不思則不得也。』又曰：『存乎人者，豈無仁義之心哉。』又曰：『至於心，獨無所同然乎？』又曰：『君子之所以異於人者，以其存心也。』」〔註48〕仁即是此心，而惻隱之心即仁，仁構成了「本心」的最基本的內涵。

　　「仁」思想的提出，是與中國古代氏族血緣關係分不開的。《國語・晉語》中有「愛親之謂仁」。《國語・周語下》中周襄公謂「言仁必及人」、「愛人能仁」，此時已由「愛親」延伸爲「愛人」。及到孔子，把「仁」的思想進行了總結。「君子務本。本立而道生。孝悌也者，其爲仁之本與。」〔註49〕「孝」與「弟」（悌）是家庭內部成員之間的愛，是帶有血緣關係的親情。親愛父母視爲「孝」，親愛兄長視爲「悌」。具有血緣關係的氏族內部或家庭成員是構

〔註45〕焦循，諸子集成孟子正義〔M〕，北京：中華書局，1954：446。
〔註46〕陸九淵，陸九淵集〔M〕，鍾哲點校，北京：中華書局，1980：5。
〔註47〕陸九淵，陸九淵集〔M〕，鍾哲點校，北京：中華書局，1980：9。
〔註48〕陸九淵，陸九淵集〔M〕，鍾哲點校，北京：中華書局，1980：149。
〔註49〕劉寶楠，諸子集成論語正義〔M〕，北京：中華書局，1954：4。

成整個大的社會的基礎，而家庭內部成員之間的關係也是社會中存在的最基本的關係。而「仁」表達的是這種最基本關係的最合理的方面。

「孝」是家庭內部一種向上的單向關係，是與父母對子女的養育相對應的，主要體現為子女對父母的奉養與尊敬。「弟子入則孝」〔註50〕，「孝」被認為是子女贍養父母義不容辭的責任。「賢賢易色，事父母，能竭其力」〔註51〕，輕視表面的姿態，要看重實際的德行，侍奉父母要竭盡全力。「父母之年，不可不知也。一則以喜，一則以懼。」「父母在，不遠遊，遊必有方。」子女要關心、照顧父母，只要父母健在，子女就有在其身邊侍奉的責任。僅僅是服侍和奉養父母還是不夠的，在侍奉的過程中要時時保持尊敬的態度。「今之孝者，是謂能養。至於犬馬，皆能有養；不敬，何以別乎？」有些人認為「孝」僅僅是養父母，如果沒有尊敬的話，「養而不敬」如養犬馬。所以，「孝」的態度也非常重要，子女要時時考慮、體諒父母。子女對父母的照顧要有耐心、毫無怨言。「子夏問孝。子曰：色難。有事，弟子服其勞；有酒食，先生饌。曾是以為孝乎？」〔註52〕「色難」充分說明了「孝」不僅是奉養，更需要在侍奉過程中對父母表現出良好的態度。「書云：『孝乎惟孝，友於兄弟。』」主張父母不在身邊時，年長者就要保護、疼惜年幼者，而年幼者也要像對待父母一樣對待年長者，這就是所謂血緣關係的「孝悌」。

把血緣的「孝悌」之「仁」擴而充之，「子曰：『弟子入則孝。出則弟。謹而信。泛愛眾而親仁。行有餘力，則以學文。」〔註53〕「泛愛眾」則超出了「孝悌」的家庭束縛，把這種親親之愛向他人擴展，從而「仁」的範圍也隨之擴大，親親的狹小範圍的「孝悌」之「仁」，則擴展為「愛人」之「仁」，「仁」由近及遠、由親而疏擴展開來。漢代董仲舒將「仁」定義為「天心」：「霸王之道，皆本於仁。仁，天心。故次以天心。愛人之大者，莫大於思患而預防之。」唐代韓愈把「仁」定義為「博愛」：「夫所謂先王之教者，何也？博愛之謂仁，行而宜之之謂義，由是而之焉之謂道，足乎己無待於外之謂德。仁與義為定名，道與德為虛位。」把對父母之「仁」推而及人，即博愛。

《中庸》上說：「仁者人也，親親為大」。孟子也認為：「事孰為大？事

〔註50〕劉寶楠，諸子集成論語正義〔M〕，北京：中華書局，1954：10。
〔註51〕劉寶楠，諸子集成論語正義〔M〕，北京：中華書局，1954：11。
〔註52〕劉寶楠，諸子集成論語正義〔M〕，北京：中華書局，1954：27。
〔註53〕劉寶楠，諸子集成論語正義〔M〕，北京：中華書局，1954：11。

親爲大。」〔註54〕「仁之實，事親是也。」〔註55〕「惻隱之心，仁也。」孟子認爲「仁」是以「親親」爲主。陸九淵繼承孟子的「惻隱之心」爲「本心」的最根本之內容，「本心」的其他倫理內涵都是在此基礎上拓展的。但突破血緣臍帶的纏繞，具有更多的社會色彩，把「仁」由特殊性的道德向普遍性的道德進行提升，跨越狹隘的地域性限制，是時代發展的必然趨勢。如果說，「仁」是在血緣關係基礎上提出了一個最基本倫理道德命題的話，那麼「義」則是在「仁」的前提下，又獨立於「仁」之外而提出的明確針對社會關係的命題。

二、「本心」之羞惡之心

　　所謂「羞」：第一，美味食物。《周禮・天官・漁人》中：「以共王膳羞。」在此則同於「饈」。第二，進獻。《左傳・僖公三十年》：「薦五味，羞嘉穀。」《尚書・立政》：「惟羞刑暴德之人同於厥邦。」《左傳・隱公三年》：「可薦於鬼神，可羞於王公。」《左傳・僖公十七年》：「雍巫有寵於衛共姬，因寺人貂以薦羞於公。」這些「羞」有進獻的意思，也有「進獻美味」的意思，「羞」既可作爲動詞理解，也可作爲名詞理解。《說文解字》中：「羞，進獻也。從羊，羊，所進也；從丑。」羊，是指鮮美的食物，而「丑」並不是醜陋之意，而意爲「手」或「舉手」。所以，「羞」，代表把自己最美好的東西獻出來。第三，羞慚，恥辱。《周易・恒》：「不恒其德，或承之羞。」這句話被孔子引用到自己的道德體系中，第一次「羞」由美味轉化爲了「羞恥」之意。所謂「惡」：第一，罪惡，不良行爲，與「善」相對。第二，醜，與「美」相對。第三，討厭，不喜歡。而「羞」與「惡」連用時，「惡」表達的大多是第三種含義。所謂「羞惡」，朱熹在《四書章句集注・孟子章句》中解釋道：「羞，恥己之不善也，惡，憎人之不善也。」如此看來，「羞」與「惡」分別指向不同的主體，「羞」指向自己，而「惡」指向他人。而二者，都表達了某種心理活動，對自己或他人不善的慚愧和厭惡。

　　「羞惡之心」不僅僅是對已經發生的不善或違反道德倫理的自責或他責，而且它也是對還沒有發生的不善或違反道德倫理狀況的一種自律或他律。「羞惡之心」是人們對自己行爲所能產生的後果的一種判斷和擔憂，是對

〔註54〕焦循，諸子集成孟子正義〔M〕，北京：中華書局，1954：308。
〔註55〕焦循，諸子集成孟子正義〔M〕，北京：中華書局，1954：313。

種種「未發」的各種可能性的前提評價，是對自我尊嚴的潛在保護。「羞惡之心」是一種有意識的精神自我防護，人們會衡量何者爲「羞」，從而避免「羞」之狀況在己身上的發生。而「羞」與「非」則部分來自於外界規定的秩序、等級、道德規範等。「無羞惡之心，非人也。」任何人內心都存有「羞惡之心」，所以人才會有所顧忌，有所不爲。人們才會把事物分爲「善」與「惡」，從而行「善」去「惡」。

陸九淵亦提出「可羞之事則羞之，可惡之事則惡之者，此理也……義亦此理也；內此理也，外亦此理也。」〔註56〕針對於應該持「羞」態度的事情，人們則羞之，同樣，對於應該持有「惡」態度的事情，人們則惡之，這就是「理」。義也是同樣的道理，這種理存於內，亦存於外，是人的自我調控，亦是對他人的無形約束。

「羞惡之心，義也。」〔註57〕「羞」的第二層含義中表示了以手舉羊的進獻，同時也表達了一種欲抓未抓時的猶豫狀態，這是面對美好事物時內心的自然呈現。孔子所言「見得思義」，則「義」是指向美好的事物。《說文解字》：「義，己之威儀也。從我從羊。」傳達出取得屬於自己的東西的訊息，引申爲做了自己應該做的事，或做了稱之爲正當合理的事情。

所謂「義」，第一，公正合宜的道理、正直的行爲，如：正義、道義、見義勇爲，大義滅親等。第二，合乎正義或公益的，如：義舉、義演等。第三，情誼，如：情義，忘恩負義。第四，因撫養或拜認而成爲親屬的，如義子、義父。第五，人工製造的，如：義肢。第七，意義；道理，如：含義、字義、定義。中國古代大多把「義」按前三種解釋進行應用的，最廣泛的是把義作爲一種道德範疇來講。「義」字從羊，羊肉爲美食，羊皮毛爲美服，所以「美」和「善」等字來自羊，因而可知「義」與「美」和「善」的意思相同，「義」由此作爲善來與惡進行區分。

《中庸》上說：「仁者人也，親親爲大；義者宜也，尊賢爲大。」「仁」代表了尊親，則「義」代表著尊賢，是對社會關係的一種重視原則，已突破血緣關係的束縛，具有了更多的社會色彩，其出現時間在「仁」之後。而所謂「義者宜也」的理解或許是文字上變化的結果。「宜」字，後世多解釋爲所安、合適、應當之類的意思，卻掩蓋了其本來的蠻荒面目。「宜」字本義是殺

〔註56〕陸九淵，陸九淵集〔M〕，鍾哲點校，北京：中華書局，1980：5。
〔註57〕焦循，諸子集成孟子正義〔M〕，北京：中華書局，1954：446。

割，與「俎」字、「肴」字是同根，見於甲骨及《周禮》等上古文獻中。「仁於族內而不仁於族外，愛吾弟而不愛秦弟，帶有濃厚的保護與繁衍自我族群的自然色彩；現在我們應能更進一步看到，義（宜，殺戮）於族外而不義於族內，顯然便是消滅異己擴張自我以圖族群生存發展的武力要求。仁內與義外，一個愛一個殺，一個對我一個對敵，正是以此形成相互補充共同促進對立統一的正反兩手，維持著上古族群的艱辛存在與緩慢綿延。後來，隨著社會歷史的日益進步，族群之間武力爭鬥的必要漸疏，義德的殺戮性能遂逐步萎縮，而原先與殺戮並生的剛毅、果敢、節烈、羞惡以及正直、犧牲、崇敬、理智等類情愫，乃逐漸壯大成長，沖淡了『義者宜也』的本來面目，成為義德的主要內容。在字面上，便出現了以表示威儀的『義』字來替換表示殺戮的『宜』字的現象。」〔註 58〕《孟子》中「義」已經內藏起殺戮的思想，披上了尊賢，正義的外衣。

　　在唐堯、虞舜、周公等早期已經具有了尊賢、正義、公平、無私等思想，「義」的具體內容為尊兄、敬長、敬上，反對欺凌、兼併、殘民的不義戰爭等。而最早明確提出並賦予「義」倫理內涵的是孔子，他把「義」作為人們行為的道德準則，「子路曰：『君子尚勇乎？』子曰：『君子義以為上。君子有勇而無義為亂，小人有勇而無義為盜。』」在君子看來，義是最可寶貴的，君子只有勇敢而不講道義，則會犯上作亂；小人只有勇敢而沒有道義，則會成為盜賊，有義才可稱之為君子，「君子義以為質」。孔子反對「群居終日，言不及義」，主張「行義以達其道」。在「義」與「勇」的關係上，孔子主張「君子有勇而無義為亂，小人有勇而無義為盜」，反對「見義不為」。在「義」與「利」的關係問題上，孔子首先考慮「利」是否符合「義」，希望人們「見利思義」、「見得思義」，主張用「義」來規範求「利」的行為，「不義而富且貴，於我如浮雲」。

　　孔子思想著重在於「仁」，而孟子則進一步加強了對「義」的重視。「義也，無適也，無莫也，義之與比。」又曰：「君子喻於義，小人喻於利。」《孟子・離婁上》中：「大人者，言不必信，行不必果，惟義所在。」提倡並讚美「舍生而取義」，孟子常把「仁」、「義」並舉，由此不難看出，孟子對「義」的地位提升。孟子把「義」看作是裁定是非的標準，君主施行仁政的標準，普通人立身修養做人與處事的標準。孔子主張先義後利，而孟子主張重義而

〔註 58〕龐樸，試析仁義內外之辨〔J〕，文史哲，2006（5）：30。

輕利，反對唯利是從，主張一切唯義是從，要輕小利而重大義，認為「上下交征利而國危矣」。孟子將「仁」與「義」統一起來認為：「仁，人心也；義，人路也。舍其路而弗由，放其心而不知求，哀哉！」「仁，人之安宅也；義，人之正路也。曠安宅而弗居，舍正路而不由，哀哉！」

陸九淵曰：「古人言以義制事，以禮制心，亦用制字，其言多少特達，全無議論辭說蹊徑。」〔註59〕「義」在陸九淵看來是制事的根本和標準，是一種道德標準和法則，是人之所以立身為人的道德底線。「古人不求名聲，不較勝負，不恃才智，不矜功能，故通體皆是道義。道義之在天下，在人心，豈能泯滅。第今人大頭既沒於利欲，不能大自奮拔，則自附託其間者，行或與古同，情則與古人，此不可不辨也。若真是道義，則無名聲可求，無勝負可較，無才智可恃，無功能可矜。唐虞稷契，功被天下，澤及萬世，無一毫自多之心。」〔註60〕陸九淵「羞惡」之「本心」即是不超越立身為人的道德底線之「本心」，亦是具有道義之擔當，不多一分利己之念的「本心」，亦是胸懷功被天下、澤及萬世之「本心」。

三、「本心」之恭敬之心

所謂「恭」，指謙遜有禮，與「敬」是同義詞。所謂「敬」：第一，嚴肅、慎重。《管子・內業》：「敬慎無忒。」《荀子・禮論》：「敬始而慎終。」第二，尊敬、尊重。《論語・先進》：「門人不敬子路。」「恭」與「敬」雖同義，但亦有所區別，《論語・季氏》中，「貌思恭」，「事思敬」。《禮記正義》中稱「在貌為恭，在心為敬」。「恭」著重在外在禮節方面，而「敬」著重在內在的一種感情，並由心而發出來的一種態度。而「恭」「敬」合而為一，則是人內在心理活動與外在態度的合二為一。「恭敬」始終存在於「我」與他者的關係之中，而他者可以是父母、兄長，君上等等。仁義所表現出的親親、尊尊，恰似在人與人之間關係的天平一端加上了砝碼，使「我」與他者的關係表現出傾斜的樣態，而「恭敬之心」也外化為人們的行為準則。

「恭敬之心」的主體與對象皆是有主觀意識之人，而非物。《禮記・曲禮上》稱，「雖負販者，必有尊也，而況富貴乎？」尊敬的前提，是把他人當作人來看待，作為同類產生的感情。其它事物也會喚起人的感情，會產生喜歡

〔註59〕 陸九淵，陸九淵集〔M〕，鍾哲點校，北京：中華書局，1980：97。

〔註60〕 陸九淵，陸九淵集〔M〕，鍾哲點校，北京：中華書局，1980：101。

和厭惡之感，例如：一座高山，一片森林，一彎池水，但它們無法喚起人們的恭敬之心。「恭敬之心」是對他者德才的敬重和肯定，它是自然而然產生的，而不是強加於「心」被迫產生的。在人與人交往的過程中，「恭敬之心」是尊重他人，從而保證人際關係平衡的前提。「子張問仁於孔子。孔子曰：『能行五者於天下，爲仁矣。』『請問之。』曰：『恭，寬，信，敏，惠。恭則不侮，寬則得眾，信則人任焉，敏則有功，惠則足以使人。』」〔註61〕孔子把「恭」放在了可以爲仁的首位，認爲恭敬就不會受到侮辱。因爲有敬重心存在，人們就會對他人有所重視，不會有怠慢之心，更不會把自己的意志無理的強加於人。

「恭敬之心，禮也。」〔註62〕所謂「禮」：第一，祭神。《儀禮·覲禮》中：「禮山川丘陵於本門外。」《管子·幼官》：「將以禮上帝。」第二，禮節，儀式。《論語·陽貨》：「君子三年不爲禮，禮必壞。」引申爲古代社會的法則、禮儀。《論語·爲政》：「殷因於夏禮，所損益，可知也。」第三，禮相待，禮貌。《左傳·襄公二十二年》：「執事不禮於寡君。」第四，禮物。《禮記·表記》：「不辭不相接也，無禮不相見也。」「恭敬之心」即爲禮，禮含有恭敬，辭讓之意，其核心即是「敬」。「禮」中的一切行爲儀節，最終目的是爲了顯現人心中「恭敬」的感情，雖然敬有虔敬（主要對神而言），有敬重（主要對人而言）之分，但是，「經禮三百，曲禮三千，其致一也。未有入室而不由戶者。」「敬」爲室，則「禮」爲戶，「禮」是實現「敬」的諸多外在表現形式。所以後人歸結爲「禮以敬爲本，一者敬而已。」「禮」離不開「敬」，不帶有「敬」之「禮」，是空洞的儀式，並非真的做到了「禮」；「敬」也離不開「禮」，沒有「禮」，則「敬」就無法真實的展現。所以要把「敬」訴諸於外，則需要一種「禮」的形式來呈現。「敬之意難見，則著之於享獻辭受，登降跪拜。」〔註63〕「禮」是這些外在物化形式，正是「敬」之寄寓所在，是必要的形象表達。孔子曰：「敬而不中禮謂之野，恭而不中禮謂之給，勇而不中禮謂不逆」。無論人的內心有多麼的虔敬，還是外表有多麼的恭順，都不能有違於「禮」，否則，就會呈現出貌似恭敬而實則卻是野、給、逆這些與「禮」相悖的表現。

〔註61〕劉寶楠，諸子集成論語正義〔M〕，北京：中華書局，1954：371。
〔註62〕焦循，諸子集成孟子正義〔M〕，北京：中華書局，1954：446。
〔註63〕班固，漢書〔M〕，長春：吉林人民出版社，1995：813。

　　「禮」起源於祭祀和飲食等日常生活。《禮記》：「夫禮之初，始諸飲食，其燔黍捭豚，污尊而抔飲，蕢桴而土鼓，猶若可以致其敬於鬼神。」在《說文解字》中：「禮，履也。所以事神致福也。」而經過夏、商、周三代特別是周代的發展，「禮」逐漸成爲國家確立的區別親疏貴賤的等級制度以及與之相適應的社會規範。孔子、孟子等人在繼承夏、商、周三代敬神祀天的各種社會規範的基礎上，把「禮」發展成具有普遍意義的道德範疇和價值取向。《論語・爲政》中：「子張問十世可知也。子曰：殷因於夏禮，所損益可知也。周因於殷禮，所損益可知也。其或繼周者，百世可知也。」「禮」是代代相傳的，由此，「禮」是具有實際內容的客觀存在。孔子所說的「禮」涵蓋了祭神儀式、交際禮節、典章制度和道德規範四個方面。孔子提出「君子博學於文，約之以禮，亦可以弗畔矣！」君子要廣泛學習知識，以禮來約束自己的行爲，這樣就不會離經叛道。孔子強調「克己復禮爲仁」，要求人們做到「非禮勿視，非禮勿聽，非禮勿言，非禮勿動」。這說明「禮」起到了規範人行爲的作用，使人的行爲有所遵循，通過剋制自己的欲望，使自己的言行舉止符合於「禮」的要求，從而形成良好的道德品質，實現孔子之所謂「仁」。《論語・顏淵》篇中：「君君、臣臣、父父、子子」等，「禮」在成爲人們自我修養所必須遵守的道德要求的同時，也成爲了維護封建等級的社會規範。《管子・牧民》中：「四維張則君令行……四維不張，國乃滅亡。國有四維，一維絕則傾，二維絕則危，三維絕則覆，四維絕則滅。傾可正也，危可安也，覆可起也，滅不可得覆。何謂四維？一曰禮，二曰義，三曰廉，四曰恥。」管子將「禮義廉恥」定爲「國之四維」，並「禮」放在首位，作爲最高道德準則加以推行的。

　　西漢董仲舒按照「貴陽而賤陰」的陽尊陰卑理論，對孔子的「君君、臣臣、父父、子子」作了進一步的發揮，提出了三綱和五常。董仲舒認爲，在人倫關係中，君臣、父子、夫婦三種關係是最主要的，而這三種關係存在著永恒不變的主從關係：君爲主，臣爲從；父爲主，子爲從；夫爲主，妻爲從。也就是所謂的「君爲臣綱，父爲子綱，夫爲妻綱」。君、父、夫作爲陽的一方永遠處於主宰、尊貴的地位，臣、子、妻作爲陰的一方永遠處於服從、卑賤的地位。董仲舒以此確立了君權、父權、夫權的統治地位，加強了封建等級制度，強化了封建政治秩序。董仲舒又認爲，仁、義、禮、智、信爲五常之道，是處理君臣、父子、夫妻、上下尊卑關係的基本法則，而禮是其中重要的一環，治國者應該給予足夠的重視。董仲舒的三綱與五常思想爲封建階級

統治和等級秩序的神聖性和合理性而辯護，成爲中國封建社會維護統治的基本理論，爲歷代封建統治階級所尊崇和提倡，也逐漸被思想家和民眾所接受。從宋代開始，三綱五常聯用，成爲了封建社會潛移默化的行爲規範。

陸九淵曰：「宜辭而辭，宜遜而遜者，此理也；敬此理也。」〔註64〕表明的即是一種恭敬之心。「古人言以義制事，以禮制心，亦用制字，其言多少特達，全無議論辭說蹊徑。」〔註65〕「以禮制心」充分說明了以「恭敬」爲主體的「禮」對「心」的影響和作用。錢穆先生言：「人必成倫作對而後始成其爲人，則我亦必與人成倫作對而後始成其爲我。成倫作對，乃由心見，非由身見。父子之爲倫，並非從父之身與子之身上建立此一倫，用由父之心與子之心，即父之慈與子之孝之相感相通而後始成有父子之一倫。其他諸倫亦盡然。我之所以爲我，並非由我此心對我此身而成有我，乃由我此心對於我之倫類之心之相感相知而後始成其爲我。」〔註66〕人生活於類中，存在於五倫之下，爲了維持類的有序，必然要製定倫常的規定，而「禮」即爲之。「禮儀三百，威儀三千」的規定無比繁雜，但都可以囊括在倫常之內，《孟子・滕文公上》中：「使契爲司徒，教以人倫：父子有親，君臣有義，夫婦有別，長幼有序，朋友有信。」「禮」也成爲了處理人與人之間關係的道理和行爲準則。陸九淵「本心」之「恭敬之心」以「禮」爲形式而彰顯出來。

四、「本心」之是非之心

所謂「是」，唯一的實詞解釋即是正確之意，與「非」相對。《論語・陽貨》：「偃之言是也。」《墨子・尚同上》：「國君之所是，必皆是之。」所謂「非」：第一，不對的，不合理的，與「是」相對。《荀子・王制》：「是非不亂，則國家治。」第二，非難，責怪。《呂氏春秋・愼行》：「莫不非令尹。」《史記・商君列傳》：「反古者不可非，而循禮者不足多。」第三，不是。《史記・韓非傳》：「今者所養非所用，所用非所養。」第四，無。左思《三都賦序》：「雖寶非用。」「是非」指事理的正確和錯誤，合理與不合理，而「是非之心」即是人所具有明辨正確與否的判斷能力與判斷標準。

〔註64〕陸九淵，陸九淵集〔M〕，鍾哲點校，北京：中華書局，1980：5。
〔註65〕陸九淵，陸九淵集〔M〕，鍾哲點校，北京：中華書局，1980：97。
〔註66〕錢穆，人生十論〔M〕，北京：生活・讀書・新知三聯書店，2009：68。

「是非之心，智也。」﹝註 67﹞所謂「智」：第一，聰明，智慧；第二，明辨善惡，正確認識仁義道德和實踐仁義道德的能力，智是按正義原則來進行制度規範建構的理智活動。古代「知」與「智」是相通的。是在唐堯、虞舜、夏禹時期就有了關於認識自我、認識他人、明辨是非、分別善惡等有關智慧的美好思想。直到孔子，在此基礎上，把「智」概括成的一個具有普遍意義的道德範疇和價值取向標準。孔子將「智」與「仁」、「勇」視爲人的三種美德。「仁者不憂，知（智）者不惑，勇者不懼。」智者不迷惑，對事物和人都有一個清醒的認識，而正確的認識是成爲有道德君子和安身立命的前提。孔子提出：「知者樂水，仁者樂山。知者動，仁者靜。知者樂，仁者壽。」把「智」與「仁」作爲並列的兩個概念來陳述，孔子雖然思想體系以「仁」爲核心不可動搖，但孟子和董仲舒等人則認爲「仁且智」乃是孔子所要追求的最高境界。子思也提出「好學近乎知，力行近乎仁，知恥近乎勇」，並把「智」、「仁」、「勇」稱作天下三種通達的美德。

孟子把「是非之心」作爲「四端」之一，把「智」看作是人心天生具有的識別是非善惡的能力。通過「智」，人們能知是知非、知善知惡，能做出孰是孰非的道德價值判斷，並進而做出是否有所爲的道德行爲判斷。「是非」的標準即是所謂的仁義道德及理性價值。例如，一個人在飢餓狀態下，只有傷害別人才能得到食物，保證自己生存下去，但由於有了知是知非的「是非之心」，他就能知道這樣是錯（即「非」）的，因而做出有所不爲的行爲判斷。再如，一個人遇到了自己喜歡的女子，但此女子已爲他人之妻，那麼這個人即使無論如何喜歡，也不能娶此女爲妻，否則就有悖於倫理道德。

孟子在與陳臻的一段對話對道德判斷的「是」與「非」表述得非常清楚。陳臻問曰：「前日於齊，王饋兼金一百而不受；於宋饋七十鎰而受；於薛，饋五十鎰而受。前日之不受是，則今日之受非也；今日之受是，則前日之不受非也。夫子必居一於此矣。」孟子曰：「皆是也。尚在宋也，予將有遠行。行者必以贐，辭曰：『饋贐。』予何爲不受？當在薛也，予有戒心。辭曰：『聞戒。』故爲兵饋之，予何爲不受？若於齊，則未有處也。無處而饋之，是貨之也。焉有君子而可以貨取乎？」﹝註 68﹞此段描述了對待他人饋贈接受不接受的問題，可以接受時，接受了，則爲「是」。不可以接受時，不接受，亦爲

﹝註 67﹞ 焦循，諸子集成孟子正義﹝M﹞，北京：中華書局，1954：446。
﹝註 68﹞ 焦循，諸子集成孟子正義﹝M﹞，北京：中華書局，1954：155～156。

「是」。而不可以接受時，接受饋贈，則爲「非」。這就是針對接受與否的是非道德判斷。

　　孟子對「是」與「非」也進行了價值判斷的表述：「魚，我所欲也；熊掌，亦我所欲也，二者不可得兼，舍魚而取熊掌者也。生，亦我所欲也；義，亦我所欲也，二者不可得兼，舍生而取義者也。生亦我所欲，所欲有甚於生者，故不爲苟得也；死亦我所惡，所惡有甚於死者，故患有所不避。」〔註 69〕魚與熊掌，價值孰高孰低一目了然，面對取捨時，當然要取熊掌而棄魚。以此作喻，把生與義作以比較，孰重孰輕，孟子進行價值判斷，認爲義重於生，道義高於人的生命，所以要捨生取義。「萬鍾於我何加焉？爲宮室之美、妻妾之奉、所識窮乏者得我與？鄉爲身死而不受，今爲宮室之美爲之；鄉爲身死而不受，今爲妻妾之奉爲之；鄉爲身死而不受，今爲所識窮乏者得我而爲之，是亦不可以已乎？此之謂失其本心。」〔註 70〕萬鍾的俸祿對我有何益處呢？從前寧願去死也不肯接受的俸祿，現在爲了豪華的宮室、妻妾的侍奉、所認識的窮苦人的感激而接受了，這樣的做法是不對的，這樣就失掉了人的「本心」，也即是失掉了人的「是非之心」。

　　陸九淵說「是知其是，非知其非，此理也；」〔註 71〕既知其所是，又知其所非，明辨是非善惡，即此心此理也。在《年譜》中有一段楊簡針對於「本心」之問的記述：「四明楊敬仲時主富陽簿，攝事臨安府中，始承教於先生。及反富陽，三月二十一日，先生過之，問：『如何是本心？』先生曰：『惻隱，仁之端也，羞惡，義之端也，辭讓，禮之端也，是非，智之端也。此即是本心。』對曰：『簡兒時已曉得，畢竟如何是本心？』凡數問，先生終不易其說，敬促已未省。有鬻扇者訟至於庭，敬仲斷其曲直訖，又問如初。先生曰：『聞適來斷扇訟，是者知其爲是，非者知其爲非，此即敬仲本心。』敬仲忽大覺，始北面納弟子禮。故敬仲每去：『簡發本心之問，先生興是日扇訟是非答，簡忽省此心之無始末，忽省此心之無所不通。』先生嘗語人曰：『敬仲可謂一日千里。』」〔註 72〕

　　楊簡發問之事，《宋元學案》裏也有如是記載：楊簡……調富陽主簿，嘗

〔註 69〕　焦循，諸子集成孟子正義〔M〕，北京：中華書局，1954：461～462。
〔註 70〕　焦循，諸子集成孟子正義〔M〕，北京：中華書局，1954：463。
〔註 71〕　陸九淵；陸九淵集〔M〕鍾哲點校，北京：中華書局，1980：5。
〔註 72〕　陸九淵，陸九淵集〔M〕，鍾哲點校，北京：中華書局，1980：487。

反觀覺天地萬物通爲一體，非吾心外事。陸象山至富陽，夜集雙明閣。象山數提本心二字，先生問：「何謂本心？」象山曰：「君今日所聽扇訟，彼訟者，必有一是，有一非。若見得孰是孰非，即決定爲某甲是，某乙非，非本心而何？」先生聞之，忽覺此心，澄然清明。亟問曰：「止如斯邪？」象山厲聲答曰：「更何有也？」先生退，拱坐達旦，質明納拜，遂稱弟子。楊簡發「本心」之問，陸九淵以孟子的「四端說」加以作答，但楊簡並未理解其深義，遂「凡數問」。陸九淵於是以楊簡本人爲例，通過楊簡親自處理的扇訟這件事來進行說明，楊簡「忽省此心之無始末，忽省此心之無所不通」，即「本心」是「無始末」並且「無所不通」的。楊簡「一日千里」頓悟了「非思非爲，某實有之」之「本心」。針對於「本心」解釋的最直接的事例，陸九淵選取了以「是非」爲例，簡單形象明瞭，又易於爲人所接受。「是非之心」，即指識別是非善惡的能力，也指所謂的道德理性，它能夠使人做出道德判斷和價值判斷，從而做出有所爲和有所不爲的取捨。

一個胸懷仁義道德的人，言談、舉止、行動都合乎禮節儀式，儀容禮貌恭敬，可以稱之爲「彬彬君子」。然而，僅有仁義道德和禮儀的外表，而無道德的自覺，仍不能稱其爲「智者」。由道德的自覺產生的是非觀念，或者說正確的道德認識，堅定的道德追求，才可以稱之爲「智」。具有是非觀念的「智」在王陽明的心學思想中佔有重要的地位，王門四句教：「無善無惡，心之體；有善有惡，意之動；知善知惡是良知，爲善去惡是格物」。其中「良知」說的前提即是「知」。

「本心」之惻隱、羞惡、恭敬、是非，都不是孤立存在的，四者是相互聯繫、相互支撐、相互滲透的。惻隱之心、羞惡之心、恭敬之心、是非之心著重從不同的側面來論證「本心」之倫理道德內涵。「本心」與「四端」的關係，猶如整體與部分的關係，「本心」之廣大，只能從「四端」去體會「本心」之萬一。陸九淵於《語錄》篇中云：「苟此心之存，則此理自明，當惻隱時即惻隱，當羞惡時即羞惡，當辭讓時即辭讓，是非到前，自能辨之。」〔註73〕

陸九淵認爲「本心」有本體之內涵，在「宇宙即是吾心，吾心即是宇宙」的論斷中是客觀本體的充分體現。而在「心即理」的論斷中，則既是客觀之「理」，亦是主體道德之「理」。但他更重視的是「本心」的倫理道德內涵，

〔註73〕陸九淵，陸九淵集〔M〕，鍾哲點校，北京：中華書局，1980：396。

也就是說，更多關注的是如何發明「本心」。崔大華先生曾經把陸九淵之「本心」稱之爲「倫理本能」〔註74〕。

第三節　「吾心即是宇宙」

陸九淵年少時就表現出喜好深思的傾向。「紹興十二年壬戌，先生四歲，靜重如成人。常侍宣教公行，遇事物必致問。一日，忽問天地何所窮際，公笑而不答，遂深思至忘寢食。」〔註75〕陸九淵四歲時，就提出了「天地何所窮際」這樣的問題，這個千百年來人們在不斷追問的問題，在沒有得到答案後，陸九淵竟然深思至忘記寢食。「先生自三四歲時，思天地何所窮際不得，至於不食。宣教公呵之，遂姑置，而胸中之疑終在。」對「宇宙」問題的思考始終縈繞在陸九淵的頭腦中。「紹興二十一年辛未，先生十三歲，因宇宙字義，篤志聖學。」〔註76〕十三歲時，陸九淵正是由於對「宇宙」二字的探究，才篤志於聖人之學。「宇宙」是陸九淵整個世界觀和理論體系形成的一個切入點。

探索思考世界的本原是什麼，世界來自哪裏，將去向何方？是千百年來人們不斷追問的永恒話題。陸九淵也不例外。「後十餘歲，因讀古書至宇宙二字，解者曰：『四方上下曰宇，往古來今曰宙。』忽大省曰：『元來無窮。』人與天地萬物皆在無窮之中者也。」〔註77〕十多歲時，陸九淵從古書上讀到「宇宙」二字的釋文：「宇」代表了「四方上下」的空間，宙代表了「往古來今」的時間。「宇宙」二字是包含了時間與空間的一個復合概念，把整個世界描繪在一個橫向縱向組合的坐標系中。陸九淵幡然醒悟，瞭解了「宇宙」的字義，明白了「宇宙」之「無窮」的同時，也發現人與天地萬物皆在這個宇宙的無窮之中。然後「乃援筆書曰：『宇宙內事乃己分內事，己分內事乃宇宙內事。』又曰：『宇宙便是吾心，吾心即是宇宙。』」〔註78〕如此，陸九淵把無窮的客觀之「宇宙」與同樣客觀存在之「人」聯繫在了一起，同樣也把客

〔註74〕崔大華，南宋陸學〔M〕，北京：中國社會科學出版社，1984：26。
〔註75〕陸九淵，陸九淵集〔M〕，鍾哲點校，北京：中華書局，1980：481。
〔註76〕陸九淵，陸九淵集〔M〕，鍾哲點校，北京：中華書局，1980：482。
〔註77〕陸九淵，陸九淵集〔M〕，鍾哲點校，北京：中華書局，1980：482～483。
〔註78〕陸九淵，陸九淵集〔M〕，鍾哲點校，北京：中華書局，1980：483。

觀之「宇宙」與原本主觀之「心」聯繫在一起，使主觀之「心」具有了客觀之意味。

　　陸九淵針對「宇宙」一詞作了義理方面的闡述：「塞宇宙一理耳，學者之所以學，欲明此理耳。此理之大，豈有限量？程明道所謂有憾於天地，則大於天地者矣，謂此理也。」〔註79〕「宇宙無際，天地開闢，本只一家。往聖之生，地之相去千有餘里，世之相後千有餘年，得志行乎中國，若合符節，蓋一家也。」〔註80〕「此理充塞宇宙，天地鬼神且不能違異，況於人乎？」〔註81〕「此理塞宇宙，古先聖賢常在目前，蓋他不曾用私智。」〔註82〕「此理在宇宙間，未嘗有所隱遁，天地之所以爲天地者，順此理而無私焉耳。人與天地並立而爲三極，安得自私而不順此理哉？」〔註83〕陸九淵對「宇宙」的理解已經完全不再受到客觀性的限制，而進入到義理層面的解釋。他描述了「宇宙」的特徵：第一，宇宙是無邊無際的。時與空是無限的，沒有窮際的，而時空組成了宇宙，宇宙也是沒有窮際的。第二，宇宙是獨一無二的。宇宙是「本只一家」的，也許時間會相去幾千餘年，地理位置上可以相去幾千餘里，但宇宙是一定的，不變的，是「蓋一家也」。第三，宇宙無所不包。古先聖賢皆在同一宇宙之中。在談及「宇宙」的同時，陸九淵把「理」與「宇宙」並談。「宇宙」包含著「理」，而「理」充盈在「宇宙」的各個角落，「宇宙」與「理」是合一的。「理」不是一個具體的事物或客體，人們無法用肉眼看到並對「理」做出限制，但「理」卻眞切的存在著，「宇宙」即是「理」的存在場所。「理」塞滿了整個「宇宙」，天地鬼神與人都不能違異它，它不曾有所隱遁，而無所不在。「宇宙」具有著時間和空間的無限性，「理」也同樣具有著這種無限性。「又曰：『宇宙不曾限隔人，人自限隔宇宙。』」〔註84〕宇宙包容一切人，宇宙是不變的，對所有人都是無私坦誠的，存在於其中的一切人與事物都可以清晰的展現出來。但是，人卻有自限的，人往往因爲受到自身的局限而無法眞正的認識到宇宙的整體。

〔註79〕陸九淵，陸九淵集〔M〕，鍾哲點校，北京：中華書局，1980：161。
〔註80〕陸九淵，陸九淵集〔M〕，鍾哲點校，北京：中華書局，1980：177。
〔註81〕陸九淵，陸九淵集〔M〕，鍾哲點校，北京：中華書局，1980：147。
〔註82〕陸九淵，陸九淵集〔M〕，鍾哲點校，北京：中華書局，1980：163。
〔註83〕陸九淵，陸九淵集〔M〕，鍾哲點校，北京：中華書局，1980：142。
〔註84〕陸九淵，陸九淵集〔M〕，鍾哲點校，北京：中華書局，1980：483。

「『東海有聖人出焉，此心同也，此理同也。西海有聖人出焉，此心同也，此理同也。南海北海有聖人出焉，此心同也，此理同也。千百世之上至千百世之下，有聖人出焉，此心此理，亦莫不同也。』故其啓悟學者，多及宇宙二字。如曰：『道塞宇宙，非有所隱遁。在天曰陰陽，在地曰剛柔，在人曰仁義。仁義者，人之本心也。』又曰：『是理充塞宇宙。天地順此而動，故日月不過而四時不忒；聖人順此而動，故刑罰清而民服。』又曰：『此理塞宇宙，誰能逃之，順之則吉，逆之則凶。』」〔註85〕陸九淵以宇宙來表徵時空的無限性，而是心是理，貫穿於整個無始無終、無間斷和持續的過程中，「此心同也，此理同也。」聖人之所以為聖人，就在於共有「此心此理」，「此心此理」是一貫並相通的。「千古聖賢若同堂合席，必無盡之理。然此心此理，萬世一揆也。」〔註86〕陸九淵承認不同時代的聖賢之人，會因所處年代的不同而在具體情況和觀念上有不同之處，但「此心此理」則是萬世相同的，不因時間的變化而有所改變。「如果說，甲之心，乙之心，千百年前聖人之心，千百年後賢者之心，都『只是一個心』，那就意味著四方上下，古往今來的人的心共同構成了一個心，這個心亦即是宇宙的實體，個體的心只是這宇宙實體的表現。」〔註87〕

「人孰無心，道不外索，患在戕賊之耳、放失之耳。古人教人不過存心、養心、求放心。此心之良人所固有，人惟不知保養而反戕賊放失之耳。」道不外索，而存乎於人心之內，心即是本原之所在。陸九淵認為心存，則人存，則人所感知的世界存在。反之，心亡，則人亡，一切歸於沉寂，外在的世界也就無法感知，外在世界之於我的存在只是一個虛無和空寂，也可以說是無。吾心即是一切，吾心存，則宇宙存；吾心滅，則宇宙滅。吾心即是宇宙，宇宙即是吾心。「心之體甚大，若能盡我之心，便與天同」〔註88〕本心是與天相同的，而此處之天亦可以作宇宙解釋。陸九淵得出如此論斷，也與他對心的理解，和其以我為中心的認知世界的態度不無關係。

由此可知，陸九淵是從認識論的角度來談論吾心與宇宙或是客觀世界的關係，而不是原來教科書上所說的唯物和唯心的角度來說「心」與「宇宙」

〔註85〕陸九淵，陸九淵集〔M〕，鍾哲點校，北京：中華書局，1980：483。
〔註86〕陸九淵，陸九淵集〔M〕，鍾哲點校，北京：中華書局，1980：405。
〔註87〕陳來，宋明理學〔M〕，瀋陽：遼寧教育出版社，1991：195。
〔註88〕陸九淵，陸九淵集〔M〕，鍾哲點校，北京：中華書局，1980：444。

關係的。如果簡單的把「吾心即是宇宙，宇宙即是吾心」定義爲唯心主義，看上去是過於簡單了些。

陸九淵認爲，不同時代、不同環境下每個人具有的「本心」無一例外都是相同的，即人同此心，心同此理。「聖人與我同類，此心此理誰能異之。」〔註89〕「理乃天下之公理，心乃天下之公心，聖賢所以爲聖賢者，不容私而已。」〔註90〕「心只是一個心，某之心，吾友之心，上而千百載聖賢之心，下而千百載得有一聖賢，其心亦只如此。」〔註91〕「蓋心，一心也，理，一理也，至當歸一，精義無二，此心此理實不容有二。」〔註92〕陸九淵認爲，「本心」與「理」，是千古不變的，是聖賢與每個人同時具有的。宇宙是一個時間和空間概念，宇代表了空間的「四方上下」，宙代表了時間的「往古來今」。宇與宙合在一起組合成了穿越歷史的時間與空間的立方體。而這種時間與空間又代表了一種普遍性與恒常性。「本心」存在於這樣一個立方體中，具有著與宇宙相同的普遍性和永恒性。在這個意義上，陸九淵提出的「宇宙便是吾心，吾心便是宇宙」，正是解釋了其所要闡發的客觀實體本源之「本心」。

「宇宙便是吾心，吾心即是宇宙。」〔註93〕如果前者「宇宙便是吾心」是對少年時代思考「宇宙是什麼」問題的一個肯定回答，那麼後者「吾心即是宇宙」則是對「吾心是什麼」的客觀本體性的解釋。「塞宇宙一理耳」和「此理充塞宇宙」，讓「宇宙」與「理」聯繫在一起，而「宇宙便是吾心，吾心即是宇宙」，則使得「宇宙」與「心」有著必然的聯繫。陸九淵在思考「宇宙無所窮際」的同時，引出了對「心」與「理」的探究。「宇宙」與「理」合一，「宇宙」與「心」同一，「此心同也，此理同也」。陸九淵以「宇宙」爲橋梁，構架起了「心即理」的核心論斷。

第四節　「心即理」：關於理的認識論詮釋

陸九淵在四十九歲時與友人的通信中提出了「心即理」，「這一時期陸九

〔註89〕陸九淵，陸九淵集〔M〕，鍾哲點校，北京：中華書局，1980：171。
〔註90〕陸九淵，陸九淵集〔M〕，鍾哲點校，北京：中華書局，1980：196。
〔註91〕陸九淵，陸九淵集〔M〕，鍾哲點校，北京：中華書局，1980：444。
〔註92〕陸九淵，陸九淵集〔M〕，鍾哲點校，北京：中華書局，1980：5。
〔註93〕陸九淵，陸九淵集〔M〕，鍾哲點校，北京：中華書局，1980：483。

淵的思想已經較爲成熟。」〔註 94〕通過把「心」與「本心」作以比較，不難看出，「心即理」中所說之「心」不是具有生理器官功能的「心」，而是賦予了本體和倫理道德意味之「心」，即所謂的「本心」，也可以說「本心即理」。

「宋代理學興起後，『理』成爲一個重要的範疇。理學家們均肯定有一個作爲宇宙法則、典章制度、倫理道德、是非標準的『理』的存在，人們格物致知、讀書治學均是爲了『明理』」〔註 95〕。「在整個宋明理學，對『理』的瞭解和認識有兩個途徑或方式，一是以理存在於宇宙，也存在於宇宙中的萬事萬物，主體的人須通過對具體事物之理的認識及其積纍來認識全理。一是以理爲全體，正如以宇宙爲全體，通過某種直觀方式直接地把握全理，而以具體事物之理是這一全理的某種表現並據全理來觀照、析察具體事物之理。程朱與陸王的分歧或者正以此而肇其始。前者以『性即理』立說，後者以『心即理』爲宗。」〔註 96〕宋代思想家對於「理」這個概念的理解大體是相似的，只是在如何解「理」的問題上有所差異。張載主張以「氣」解「理」，二程主張以「仁」解「理」，朱熹主張以「性」解「理」，用以解「理」的視角和方式雖有所不同，但都認爲確實有「理」的存在。

一、陸九淵對「理」的理解

陸九淵身處宋代理學的背景之下，在詮釋「本心」的同時，無法迴避對「理」的思考。有學者稱陸九淵的思想爲「心學」思想，並認爲「心學」是與「理學」相對立的。本文認爲陸九淵的心學是宋代理學思想的一個重要組成部分，是其中的一環，而不是對立的。爲了避免這種理解的產生，本文更多稱陸九淵的學說爲陸學。陸九淵對「理」的理解並未超出宋代理學中「理」的範圍。

「塞宇宙一理耳，學者之所以學，欲明此理耳。此理之大，豈有限量？程明道所謂有憾於天地，則大於天地者矣，謂此理也。」〔註 97〕在《與陶贊仲》中說：「看晦翁書，但見糊塗，沒理會。觀吾書，坦然明白。吾所明之理，

〔註 94〕崔大華，南宋陸學〔M〕，北京：中國社會科學出版社，1984：18。

〔註 95〕張豈之，中國思想學說史·宋元卷〔M〕，桂林：廣西師範大學出版社，2008：284。

〔註 96〕楊柱才，陸九淵心學的兩個根本觀念〔J〕，江西社會科學，2000（5）：16。

〔註 97〕陸九淵，陸九淵集〔M〕，鍾哲點校，北京：中華書局，1980：161。

乃天下之正理、實理、常理、公理，所謂『本諸身，征諸庶民，考諸三五而不謬，建諸天地而不悖，質諸鬼神而無疑，百世以俟聖人而不惑者也』。學者正要窮此理，明此理。」〔註98〕「理」字雖同，但內涵卻迥異。陸九淵所謂的「理」不但概括了宇宙萬物本源與規律，同時又涵蓋了封建的倫理道德，並把它擡高爲凌駕於自然和社會之上的獨立精神性實體。

第一，「理」是宇宙萬物的本體性客觀存在及規律。「此理之大，豈有限量？程明道所謂有憾於天地，則大於天地者矣，謂此理也。」〔註99〕「人乃天之所生，性乃天之所命。自理而言，而曰大於天地，猶之可也。自人而言，則豈可言大於天地？」〔註100〕陸九淵認爲「理」是大於天地的「理」是無所窮盡的，而天地和人都是有所窮盡的。「理是包羅萬有的實體，宇宙間的天地及人都是有限的事物，只有理是最高的和無限的。」〔註101〕「天地之大也，人猶有所憾，蓋天之不能盡地所以爲，地不能盡天之所職」，「天地亦是器，其生覆形載必有理。」天與地各有所爲和職責，是不能互相代替的，但天與地都必有「理」的存在。「此道充塞宇宙，天地順此而動，故日月不過，而四時不忒。」〔註102〕

陸九淵承認客觀存在的宇宙之理，並認爲客觀之理是不受人的思維和行爲影響的。「此理充塞宇宙，天地鬼神，且不能違異，況於人乎？誠知此理，當無彼己之私」〔註103〕陸九淵承認「理」具有普遍性，人與天地萬物都不能違背普遍之「理」。「此理在宇宙間，固不以人之明不明，行不行而加損。」〔註104〕而人對「理」只可去認識、去順應，而無法違背。「道在天下，加之不可，損之不可，取之不可，舍之不可，要人自理會。」〔註105〕「此理塞宇宙，誰能逃之？順之則吉，違之則凶。其蒙蔽則爲昏愚，通徹則爲明智。昏愚者不見是理，故多逆以致凶。明智者見是理，故能順以致吉。」〔註106〕「理」之於人是無法逃離的，順應了「理」，則吉；違背了「理」，則凶。昏愚之人由

〔註98〕陸九淵，陸九淵集〔M〕，鍾哲點校，北京：中華書局，1980：194。
〔註99〕陸九淵，陸九淵集〔M〕，鍾哲點校，北京：中華書局，1980：161。
〔註100〕陸九淵，陸九淵集〔M〕，鍾哲點校，北京：中華書局，1980：161。
〔註101〕劉宗賢，陸王心學研究〔M〕，濟南：山東人民出版社，1997：99。
〔註102〕陸九淵，陸九淵集〔M〕，鍾哲點校，北京：中華書局，1980：132。
〔註103〕陸九淵，陸九淵集〔M〕，鍾哲點校，北京：中華書局，1980：147。
〔註104〕陸九淵，陸九淵集〔M〕，鍾哲點校，北京：中華書局，1980：26。
〔註105〕陸九淵，陸九淵集〔M〕，鍾哲點校，北京：中華書局，1980：434。
〔註106〕陸九淵，陸九淵集〔M〕，鍾哲點校，北京：中華書局，1980：257。

於不瞭解和認識「理」所以導致了「凶」的狀況，而明智之人，即明「理」之智，由於理解並順應「理」，故導致出現「吉」的狀況。陸九淵言：「天覆地載，春生夏長，秋斂冬肅，俱此理。人居其間要靈，識此理如何解得。」〔註107〕這一系列的自然變化，都有著其自身確定不移的規律，這些規律是不以人的意志為轉移的。人居於天地之間，只有具有「靈」的智慧，才會認識這些不可改變的自然規律。陸九淵承認充塞宇宙的普遍、客觀之「理」是無限大的天地萬物不過是「理」的表現而已，充分說明宇宙之「理」的本源地位。「此理在宇宙間，未嘗有所隱遁，天地之所以為天地者，順此理而無私焉耳。人與天地並立而為三極，安得自私而不順此理哉？」〔註108〕「理」坦然明白的存在於人、天、地之間，人們可以用「心」來體驗「理」，人的昏智程度決定了人體驗「理」的程度，也決定了是否能順應實現「理」。

「理」具有唯一性。陸九淵有詩曰：「此理於人無間然，昏明何事與天淵？自從斷卻閒牽引，俯仰周旋只事天。」〔註109〕陸九淵強調天下只有一個「理」，並且此「理」是與天人同也，反對朱熹的把「理」歸屬於天的說法。「此理乃宇宙所固有」，「理」能以「不易」應「不窮之變」，如《易數》篇中說：「吾嘗言天下有不易之理，是理有不窮之變。誠得其理，則變之不窮者，皆理之不易者也。」〔註110〕「理」是宇宙所固有的，自身是不變易的，客觀世界和人類社會是不斷變化和發展的，以不變應萬變，是對變易和不易思想的理解，不易為唯一之易道，而變易為萬象，「理」即居於「不易」之位。

第二，「理」是封建社會的典章和倫理制度。「天理人欲之言，亦自不是至論。若天是理，人是欲，則是天人不同矣。此其原蓋出於老氏。」陸九淵重提天人合一的命題，是把「理」從遙遠的地方拉回到人的身邊，由此來表現人在宇宙和社會中的地位。「天降衷於人，人受中以生，是道固在人矣。」〔註111〕「天地人為三才，日月星為三辰，卦三畫而成，鼎三足而立。……天地既們，人居其中，鄉明而立，則左右前後為四方。」〔註112〕通過對天、地、人的三極關係來論證人的地位，進而來說明具有倫理屬性的「理」。陸九淵於

〔註107〕陸九淵，陸九淵集〔M〕，鍾哲點校，北京：中華書局，1980：450。
〔註108〕陸九淵，陸九淵集〔M〕，鍾哲點校，北京：中華書局，1980：142。
〔註109〕陸九淵，陸九淵集〔M〕，鍾哲點校，北京：中華書局，1980：143。
〔註110〕陸九淵，陸九淵集〔M〕，鍾哲點校，北京：中華書局，1980：259。
〔註111〕陸九淵，陸九淵集〔M〕，鍾哲點校，北京：中華書局，1980：180。
〔註112〕陸九淵，陸九淵集〔M〕，鍾哲點校，北京：中華書局，1980：262。

《語錄下》中說：「天地人之才等耳，人豈可輕？有中說無，無中說有之類，非儒說。」「彝倫在人，維天所命，良知之端，形於愛敬，擴而充之，聖哲之所以爲聖哲也。」〔註113〕「禮者理也，此理豈不在我？」〔註114〕「爲仁由己，而由人乎哉？奮拔植立，豈不在我？」〔註115〕陸九淵不贊成有生於無和無中說有的宇宙觀思想，認爲天、地、人三才「等耳」，人居「三才」之中，所以言「理」必及「人」，而處於社會中的「人」必須要遵循一定之「理」或「禮」，此「理」即社會的典章和制度。

「典禮爵刑，莫非天理。洪範九疇，帝實錫之，古所謂憲章、法度、典則者，皆此理也。」〔註116〕封建社會的憲章和法度既是「理」，又通過「理」表現出來。《與趙詠道》篇云：「乾坤同一理也，孔子於乾曰：『大哉乾元。』於坤則曰：至哉坤元。「堯舜同一理也，孔子於堯曰：『大哉，堯之爲君。』於舜則曰：『君哉堯也。』此乃尊卑自然之序，如子不可同父之席，弟不可先兄而行，非人私意可差排杜撰也。」〔註117〕「理」是「尊卑自然之序」，合乎了「尊卑自然之序」也就合乎了「理」。反之，打亂了「尊卑自然之序」，也就違背了「理」的規定。《與楊守》中云：「若其聽訟之間，是非易位，善惡倒置，而曰自有使人無訟之道，無是理也。」「愛其親者，此理也；敬其兄者，此理也……可羞之事則羞之，可惡之事則惡之者，此理也；是知其爲是，非知其爲非，此理也；宜辭而辭，宜遜而遜者，此理也；敬此理也，義亦此理也；內此理也，外亦此理也」〔註118〕，這表明仁義禮智、愛親敬兄等道德觀念，知善知惡、是非曲直等倫理思想及其判斷能力和辭遜合宜等禮儀都是「理」的內容。陸九淵認爲「天秩」、「天敘」、「天命」、「天討」，「皆是實理」〔註119〕。所謂「天秩」、「天敘」、「天命」、「天討」，陸九淵有一個解釋：「五典乃天敘，五禮乃天秩，五服所彰乃天命，五刑所用乃天討。」〔註120〕「五典」，即是「父義」、「母慈」、「兄友」、「弟恭」、「子孝」等五常之教；「五禮」，即是公、侯、伯、子、男五等之禮；「五服」，即是天子、諸侯、卿、大夫、士之五等服式；

〔註113〕陸九淵，陸九淵集〔M〕，鍾哲點校，北京：中華書局，1980：238。
〔註114〕陸九淵，陸九淵集〔M〕，鍾哲點校，北京：中華書局，1980：159。
〔註115〕陸九淵，陸九淵集〔M〕，鍾哲點校，北京：中華書局，1980：129～130。
〔註116〕陸九淵，陸九淵集〔M〕，鍾哲點校，北京：中華書局，1980：233。
〔註117〕陸九淵，陸九淵集〔M〕，鍾哲點校，北京：中華書局，1980：161。
〔註118〕陸九淵，陸九淵集〔M〕，鍾哲點校，北京：中華書局，1980：5。
〔註119〕陸九淵，陸九淵集〔M〕，鍾哲點校，北京：中華書局，1980：464。
〔註120〕陸九淵，陸九淵集〔M〕，鍾哲點校，北京：中華書局，1980：161。

「五刑」，即是墨、劓、剕、宮、大辟等刑罰。這些便是當時社會人人必須遵守的倫理綱常、等級秩序。〔註121〕

第三，「理」是倫理道德之「理」。倫理道德在日常生活中的表現即是非得失、合理與否的問題，「理」即爲合理或不合理的是非標準。「若其聽訟之間，是非易位，善惡倒置，而曰自有使人無訟之道，無是理也。」〔註122〕有司聽訟斷獄，訟以是爲非，以非爲是。是非不分，善惡顛倒，但還說有辦法使人無訟，則沒這個「理」。此處之「理」有道理之意，即無是非之訟豈可使人無訟，無訟則有悖於「理」。「至有郡守貪默庸繆，爲屬民之事，縣令以義理爭之，郡守輒以犯名分劾令，朝廷肉食者不能明辨其事，令竟以罪去，此何理也！」〔註123〕郡守貪婪並且狡詐，欺壓百姓，縣令按照義理與其相爭執，反對其做法，郡守反以縣令侵犯其名分爲由，向上彈劾縣令。而朝廷內只食奉祿之流不辨是非，批准了郡守之彈劾請求，罪罷縣令，這是什麼道理呀。陸九淵又舉宜黃縣尉何君坦和縣令臧氏子相爭的例子：「二人之爭，至於有司，有司不置白黑於其間，遂以俱罷。縣之士民，謂臧之罪不止於罷，而幸其去；謂何之過不至於罷，而惜其去。」〔註124〕二人相爭，到有司尋求評判，有司不分白黑，不辨是非，而罷去兩人，然而，縣令與縣尉的善惡、賢否曲直是不一致的。一者爲民「幸其去」，一者爲民「惜其去」。「幸其去」者，由貪而富，「式遏其歸矣」；「惜其去」者，因其廉而貧窮，「縣之士民，哀其窮而爲之裹囊以餞之，思其賢而爲歌詩以送之，何之歸亦榮矣」。〔註125〕「理」在民「心」中，不會因爲外界的評判不公，而改變「心」中之「理」，在倫理道德之「理」面前，無論富貴和貧賤，權重者和位輕者，都是平等，「理」作爲衡量是非、善惡的標準是唯一的，不因外力而發生改變的。

二、「心即理」

陸九淵提出了「心即理」的著名論斷：「四端者即此心也。天之所以予我

〔註121〕張立文，心學之路——陸九淵思想研究〔M〕，北京：人民出版社，2008：97。
〔註122〕陸九淵，陸九淵集〔M〕，鍾哲點校，北京：中華書局，1980：124～125。
〔註123〕陸九淵，陸九淵集〔M〕，鍾哲點校，北京：中華書局，1980：169。
〔註124〕陸九淵，陸九淵集〔M〕，鍾哲點校，北京：中華書局，1980：242。
〔註125〕陸九淵，陸九淵集〔M〕，鍾哲點校，北京：中華書局，1980：242。

者即此心也。人皆有是心，心皆具是理，心即理也。」〔註126〕從字面上會很簡單的認爲「心即理」意爲「心」是「理」，但究其內涵來看，並非如此簡單。「心」是「理」意味著，在「心」之外還有一個對等的「理」存在，也就是說，存在著兩個概念，而陸九淵認爲，二者是「至當歸一，精義無二」的。「蓋心，一心也；理，一理也。至當歸一，精義無二，此心此理，實不容有二。故夫子曰：『吾道一以貫之。』孟子曰：『夫道一而已矣。』又曰：『道二，仁與不仁而已矣。』如是則爲仁，反是則爲不仁。仁即此心也，此理也。」〔註127〕「心」與「理」是合一的、一致的、不可分割的。此處所談之「心」，不是人的肉體器官之心，而是具有抽象意義之「心」，是存在於肉體之中而又超脫於肉體之外的「心」，是不容有二、絕對同一的超脫之「心」。「心，只是一個心。某之心，吾友之心，上而千百載聖賢之心，下而千百載復有一聖賢，其亦只如此。心之體甚大，若能盡我之心，便與天同。」〔註128〕「心」人人皆有，此「心」爲本質相同、萬古不變之「心」。吾之「心」，彼之「心」，千百年前的「心」與千百年後的「心」，都是此「心」。如此超脫抽象之「心」具有著明顯的客體化傾向。陸九淵接說：「盡我之心，便與天同」，把抽象的客體化之「心」拉回到我「心」之中，「心」不再是虛無縹渺的，而是同時具有主體精神的。

　　陸九淵認爲「心即理也」，朱熹認爲「性即理也」，這是二人分歧的根源所在。朱熹也談「心」，但把「心」與「性」相區分，主要突出心的認知性。朱熹以「性」爲「心」之本體，以「性」化「情」、以「性」化「心」，即以「性」凸現人的理性本質淨化感性之「心」，邏輯旨歸是確立超驗的理性之「性」本體。陸九淵則把「心」與「性」相合一，用先驗的純然至善的「本心」囊括「情」與「性」。《語錄下》中有這樣一段記載：「伯敏云：『如何是盡心？性、才、心、情如何分別？』先生云：『如吾友此言，又是枝葉。雖然，此非吾友之過，蓋舉世之弊，今之學者，讀書只是解字，更不求血脈。且如情、性、心、才，都只是一般物事，言偶不同耳。』伯敏云：『莫是同出而異名否？』先生曰：『不須得說，說著便不是，將來只是騰口說，爲人不爲己。若理會得自家實處，他日自明。若必欲說時，則在天者爲性，在人

〔註126〕陸九淵，陸九淵集〔M〕，鍾哲點校，北京：中華書局，1980：149。
〔註127〕陸九淵，陸九淵集〔M〕，鍾哲點校，北京：中華書局，1980：4～5。
〔註128〕陸九淵，陸九淵集〔M〕，鍾哲點校，北京：中華書局，1980：444。

者爲心。此蓋隨吾友而言，其實不須如此。只是要盡去爲心之累者，如吾友適意時，即今便是。」〔註129〕伯敏，陸九淵的學生，認爲「心」、「性」、「才」、「情」是不同的，有所區別，問陸九淵區別爲何？陸九淵認爲把四者作以區分是沒有從血脈入手的理解方式，他把「情」、「性」、「心」、「才」都當作是一般事物來看待，只是在命名方面有所不同，其實質是「同出而異名」。陸九淵不贊同「在天者爲性，在人者爲心」的觀點，而認爲「心」與「性」一也，「心」與「性」既同實，又同體。所以朱熹的「性即理」在陸九淵看來就是「心即理」。

陸九淵認爲「心即理」，「心皆具是理」，「理」在「心」中。「心」只是一個「心」，也即是先天賦予的「本心」。陸九淵單提一個「心」字，於此是表明其廣泛普遍的特性，並不特指某一個具體的個體之「心」。相反，千差萬別的個體之「心」皆以此「心」爲依歸。同樣，「理」也是普遍一般的共有之「理」，也不是孤立的「理」；充滿宇宙的只是這個理，人所要認識、認同的也是這個「理」。陸九淵說：「此理甚明，具在人心」〔註130〕，「理」是清楚明瞭的，並長存於人之「心」中。「道義之在天下，在人心，豈能泯滅」〔註131〕，「理」在「心」中，「心」無可泯滅，「理」也不會消失。千百載之「心」同也，也就是說，「心」是不變而長存的，那麼與「心」合一之「理」也具有如此特性，是一直存在，不會消亡的。陸九淵的學生袁燮在闡發陸九淵思想時說：「此心此理，貫通融會，美在其中，不勞外索。」〔註132〕「心」與「理」融會貫通，說明「心」與「理」是合一的。「心」與「理」皆在「心」中，是「心」所固有的，無需要向外索求。「故正理在人心，乃所謂固有」〔註133〕。客觀世界本源之「理」亦如此，是所謂固有存在於「心」中。陸九淵認爲，「心」與「理」合二爲一的，天地萬物不管多麼廣袤無邊，都可以歸結到「心」中，「心」是一切的本源，是一切的依託，「心」包含「理」，用「心」來統攝「理」。「夫物理不外於吾心，外吾心而求物理，無物理矣。」「心」無所不包，「理」與世間萬事萬物都離不開「心」的主宰和統攝。

倫理道德規範之「理」亦與「心」相合一，並且不需要外求。「四端者，

〔註129〕陸九淵，陸九淵集〔M〕，鍾哲點校，北京：中華書局，1980：444。
〔註130〕陸九淵，陸九淵集〔M〕，鍾哲點校，北京：中華書局，1980：7。
〔註131〕陸九淵，陸九淵集〔M〕，鍾哲點校，北京：中華書局，1980：99。
〔註132〕陸九淵，陸九淵集〔M〕，鍾哲點校，北京：中華書局，1980：536。
〔註133〕陸九淵，陸九淵集〔M〕，鍾哲點校，北京：中華書局，1980：147。

即此心也；天之所以與我者，即此心也。人皆有是心，心皆具是理，心即理也，故曰『理義之悅我心，猶芻豢之悅我口』。」〔註134〕「心」與「理」皆具有普遍性，二者皆指事理、義理，即道德倫理，具有著共通的倫理本性。「心」與「理」在本體性的層面是合一，爲我所固有的，而「理」外化爲倫理道德規範也是我所固有的。「禮者理也，此理豈不在我？使此志不替，則日明日著，如川日增，如木日茂矣。必求外鑠，則是自湮其源，自伐其根也。侍旁千萬致意，適旅應酬之冗，不及拜書。」〔註135〕「理」作爲「禮」，是不在於外，而在於「心」，求於外鑠，則是「自伐其根」，更不用說找其根源了。

「天下之理無窮，若以吾平生所經歷者言之，眞所謂伐南山之竹，不足以受我辭。然會其歸，總在於此。」〔註136〕其意爲天下無窮之「理」都彙集於「心」中，因而仁、義、禮、智的道德綱常，甚至天地萬物，都根源於「心」中。「萬物森然於方寸之間」，這個方寸之「心」，就成了包攝宇宙間一切「理」的超自然實體。「心」有未受物欲蒙蔽而處於本然至善的狀態和受到外物所迷惑而喪失其至善的狀態，但無論「心」處於哪一種狀態，「理」都在「心」中。「理」乃「心」所固有。處於至善的本然狀態時，「心」與「理」是同一的，無需贅述。而「心」爲外物所惑時，「理」仍在「心」中，只是「心」處於被蒙蔽的狀態，解除蒙蔽後，「本心」與「理」則自然顯現。

而當陸九淵把「心」作爲個體之「心」來看待時，個體之「心」與「理」也存在一個不斷融合的過程，這個過程是通過認知來完成的。「心」指具有主體性的個體之心，而「理」則是共有之「本心」外在於主體並顯現於存在的客觀本體，具有著外在於主體的特性。陸九淵說：「人心至靈，此理至明，人皆有是心，心皆具是理。」「心即理」存有的個體之「心」對客觀之「理」的認知是一個漸融漸合的過程。

陸九淵認爲「心即理」，「理」是「心」的外化和表現，「理」是「心」的顯發和體現。「萬物森然於方寸之間，滿心而發，充塞宇宙，無非此理。」〔註137〕「心」處於方寸之間，並爲寂然不動的狀態，「心」之所發，充塞宇宙，即是「理」。「心」外化並顯發爲「理」，並不意味著「心」創造「理」。

〔註134〕陸九淵，陸九淵集〔M〕，鍾哲點校，北京：中華書局，1980：149。
〔註135〕陸九淵，陸九淵集〔M〕，鍾哲點校，北京：中華書局，1980：159。
〔註136〕陸九淵，陸九淵集〔M〕，鍾哲點校，北京：中華書局，1980：531。
〔註137〕陸九淵，陸九淵集〔M〕，鍾哲點校，北京：中華書局，1980：423。

「心」與「理」是合一的，「心」爲體，「理」爲用，「體用一源，顯微無間」，二者即體即用，即用即體。但在未與外界事物相接觸之前，「心」是寂然不動的，在與外界事物相接觸的過程中，顯現成爲具體事物的具體之「理」。陸九淵認爲「心」與「理」一體，離開了「心」，是無法談及「理」，沒有「心」的存在，就無法談及「理」的外化和表現。「理」的外化作用是針對於共性之「本心」而言，而針對於個體之「心」，「理」作爲「本心」的顯現，需要其不斷去認識和融合。

陸九淵是在以「本心」言「心」的語境中來論述「心即理」思想的。「心即理」僅僅是指「本心」與「理」同也，並非指個體之「心」或由個體之「心」產生的個人意識與「理」相同。「本心」與「理」是本然至善的、自然而然的，陸九淵主張個體的「心」要不斷的去「發明本心」，充分認識顯現於客觀存在的「理」後的「本心」，「發明本心」的過程也是回歸本然至善的過程，個體之「心」有所蒙蔽，「發明本心」的過程也是一個去蔽的過程。

「心即理」是陸九淵以「心」（本心）爲中心範疇或最高範疇所建立的「心學」思想體系的一個基本觀點，也可以說是這一體系的根基所在。陸九淵提出的倫理思想和政治思想皆是以「心即理」思想爲基礎的，也都在以「本心」代「心」的語境下談及的。葛兆光說：「對於一種把思想推到極端的理想主義和普遍主義，其實任何人都是很難反駁的。從理學的一般取向來看，他們都同意人的精神與心靈超越比什麼都重要，於是這種極端的思想的合理性其實沒有反駁的餘地，而那種精細的、關於『心』與『性』、『情』的統報，『人心』與『道』的分別的辨析，又常常只是在精英階層所能夠理解的書寫文字中間才有意義，而且由於各自分析立場的差異而各有其思路和依據。」〔註138〕陸九淵把「心」與「理」都推向了一個極致，無所謂反駁，只代表陸九淵如是思想僅此而已。「心即理」是陸九淵整個體系的一塊基石，其所謂的「心」（「本心」）更是其立論的源頭，既是陸九淵探究世界萬物的出發點，也是他所追求的落腳點。陸九淵以「本心」作爲最基本的範疇，構築起他的整個思想體系。「心即理」，是對「心」或「本心」上陞爲本體性範疇的最好體現。陸九淵把具有道德意識的「本心」等同於具有客觀絕對性的「理」，確立了「本心」與「理」同等重要的最高本體範疇的地位。可以說，陸九淵對「本心」的闡釋

〔註138〕葛兆光，中國思想史（第二卷）〔M〕，上海：復旦大學出版社，2000：348。

目的在於構建「心即理」的理論，並以「心即理」爲確定不移的核心擴建其整個思想體系。

第五節　發明「本心」的政治哲學內涵

「本心若未發明，終然無益。」〔註 139〕「本心」是陸九淵思想的核心概念，同時他也認爲如果不能發明「本心」，那麼「本心」也是終然無益的。

一、發明「本心」

基於「本心」的思考，陸九淵推崇孟子「萬物皆備於我」的論點。「孟子曰：『所不慮而知者，其良知也；所不學而能者，其良能也，此天子所與我者，我固有之，非反鑠我也。』故曰：「萬物皆備於我矣，反身而誠，樂莫大焉。』此吾之本心也。」〔註 140〕「萬物皆備於我」中的「我」，在孟子看來，可作「我心」解，也可作「我自身」解。但在陸九淵這裏，「我」明確作爲「吾之本心也」解。萬物都在我的「本心」之中無須外求。陸九淵的弟子徐仲誠依據這一思想進行了體驗：「仲誠處槐堂一月。一日問之云：『仲誠思得《孟子》如何？』仲誠答曰：『如鏡中觀花。』答曰：『見得仲誠也是如此。』顧左右曰：『仲誠眞善自述者。』因說與云：『此事不在他求，只在仲誠身上。』既又微笑而言曰：『已是分明說了也。』少間，仲誠因問《中庸》以何爲要語？答曰：『我與當汝說內，汝只管說外。』」〔註 141〕「如鏡中觀花」這個徐仲誠冥想一月所得，被陸九淵稱讚爲「善自述者」。在陸九淵看來，「物」是浮現於「心」中的。「鏡」爲「吾心」，「花」爲「萬物」，人們在「鏡」中所看到的「花」是「花」的幻象，並非客觀存在的事實意義上的「花」。也就是說，世間萬物是「吾心」的幻象，眞實的萬物存在於「吾心」之中，人們要想體認世間的萬事萬物不能向外求，因爲它們只是幻象而已，而只能向「吾心」內求，才會得到最眞實的認知。

（一）「格物即格心」

程朱一系理學思想家特別重視格物致知。對於格物，程頤解釋道：「格，

〔註 139〕陸九淵，陸九淵集〔M〕，鍾哲點校，北京：中華書局，1980：57。

〔註 140〕陸九淵，陸九淵集〔M〕，鍾哲點校，北京：中華書局，1980：5。

〔註 141〕陸九淵，陸九淵集〔M〕，鍾哲點校，北京：中華書局，1980：428。

猶窮也。物，猶理也。猶曰窮其理而已也。」〔註142〕他把格物解釋為窮理，即窮究事物之理。陸九淵對格物的解釋也一定程度上受到這一思想的影響。陸九淵言：「格，至也，與窮字、究字同義，皆研磨考索以求其至耳。」〔註143〕陸九淵把格物解釋成窮究至極，求其至耳。「至」或「至極」與二程之「理」意義相似。針對於格物，陸九淵認為其是致知的基礎。「伯敏去：『無個下手處。』先生云：『古之欲明明德於天下者，先治其國；欲治其國者，先齊其家；欲齊其家者，先修其身；欲修其身者，先正其心；欲正其心者，先誠其意；欲誠其意者，先致其知；致知在格物。格物是下手處。』伯敏云：『如何樣格物？』先生云：『研究物理。』伯敏云：『天下萬物不勝其繁，如何盡研究得？』先生云：『萬物皆備於我，只要明理。』」〔註144〕

　　程頤格物之物無內外之分，「問：格物是外物，是性分中物？曰：不拘。凡眼前無非是物，物物皆有理，如火之所以熱，水之所以寒，至於君臣父子間皆是理。」〔註145〕而陸九淵的格物，並不包含客觀的外在事物，他明確指出外界實在之事物並不在他考慮的範圍之內。「若知物價之低昂與夫辨物之美惡真偽，則吾不可不謂之能，然吾之所謂做工夫，非此之謂也。」〔註146〕「且如『弟子入則孝，出則弟』，是分明說與你入便孝、出便悌，何須得傳注？學者疲精神於此，是以擔子越重。到某這裏，只是與他減擔，只此便是格物。」〔註147〕他不像程朱在外在事物上窮物明理，並指明格物窮理不需要繁瑣的對經典的傳注，只要訴諸於踐履的易簡工夫即可。「格物者，格此者也。伏羲仰象俯法，亦先於此盡力焉耳。」〔註148〕「格此者也」即格「心」，此「心」即「心即理」之「心」，「窮理」亦窮此「心」。窮得此「理」，即得萬物皆備於「我」之「理」，陸九淵之「格物」從屬於「發明本心」的宗旨。

　　如何「格物」、「格心」以發明「本心」？陸九淵的弟子曾有這樣一段記載：「先生謂曰：『學者能常閉目亦佳。』某因此無事則安坐瞑目，用力操存，夜以繼日，如此者半月。一日下樓，忽覺此心已復澄瑩，中立竊異之，遂見

〔註142〕程顥，程頤，二程集〔M〕，北京：中華書局，2004：316。
〔註143〕陸九淵，陸九淵集〔M〕，鍾哲點校，北京：中華書局，1980：253。
〔註144〕陸九淵，陸九淵集〔M〕，鍾哲點校，北京：中華書局，1980：440。
〔註145〕程顥，程頤，二程集〔M〕，北京：中華書局，2004：316。
〔註146〕陸九淵，陸九淵集〔M〕，鍾哲點校，北京：中華書局，1980：400。
〔註147〕陸九淵，陸九淵集〔M〕，鍾哲點校，北京：中華書局，1980：441。
〔註148〕陸九淵，陸九淵集〔M〕，鍾哲點校，北京：中華書局，1980：441。

先生。先生目逆而視之曰：『此理已顯也。』某問先生：『何以知之？』曰：『與之眸子而已，』因謂某曰：『道果在邇乎？』某曰：『然。」〔註149〕平心靜氣，體驗己心，在陸九淵看來是「格心」的方法之一。看一眼人的眸子，就看出「理」已顯現在人身上，未免有些神秘主義的色彩。但陸九淵認為「無思無為，寂然不動，感而遂通天下」的靜坐體認「本心」的方法，不失為提高個人道德修養的有益方法。但朱熹據此認為陸學「不讀書、不求義理，只靜坐澄心」，因其方法與修禪的打坐方式有些相似，並由此作為陸學為狂禪之證據。朱子的這種觀點還是有些牽強，有失公允的。《宋元學案》裏作出如下評價：「以讀書為充塞仁義之階，陸子輒咎顯道之失言，則詆發明本心為頓悟禪宗者，過矣。夫讀書窮理，必其中有主宰，而後不惑，固非可徒泛濫為事。故陸子教人發明本心，在經則本於孟子擴充四端之教，同時則正與南軒查端倪之說相和。心明則本立，而涵養省察之功，於是有施行之地。原非言頓悟者所云百斤擔子一齊放下者。」〔註150〕此種觀點還是較為中肯和公允的。

（二）「直指『本心』，自作主宰」

陸九淵和朱熹都承認「尊德性」與「道問學」的存在，但陸九淵認為「尊德性」優先於「道問學」。而所謂有德性之尊是不脫離日用平常的，它可以在日用中得以顯現。「伯敏問云：『日用常行，去甚處下工夫？』先生云：『能知天之所以予我者至貴至厚，自然遠非僻，惟正是守。且要知我之所固有。』伯敏云：『非僻未嘗敢為。』先生云：『不過是硬制在這裏，其間有不可制者，如此將採亦費力，所以要得知天之所予我者。」〔註151〕學生伯敏認為「非僻未嘗敢為」，「非僻」即不道德的行為或事情，在日常生活中不敢去做不道德的事情。陸九淵認為這種「不敢」帶有的是強制的意味，而道德行為是一種自覺，是由人的天賦「本心」自然流露出來的。「其間無可制」，只要順任自己的「本心」，則日用行為就不會違反道德，會很自然做符合道德的事情。

「涓涓之流，積成江河，泉源方動，雖只有涓涓之微，在江河尚遠，卻有成江河之理。若能混混，不捨晝夜，如今雖未盈科，將來自盈科；如今雖未放乎四海，將來自放乎四海；如今雖未會其有極，歸其有極，將來自會其有極，歸其有極。然學者不能自信，見夫標末之盛者便自荒忙，捨其涓涓而

〔註149〕陸九淵，陸九淵集〔M〕，鍾哲點校，北京：中華書局，1980：471。
〔註150〕黃宗羲，宋元學案〔M〕，北京：中華書局，1986：1068。
〔註151〕陸九淵，陸九淵集〔M〕，鍾哲點校，北京：中華書局，1980：400。

趨之，卻自壞了。曾不知我之涓涓雖微卻是眞，彼之標末雖多卻是僞，恰似
擔水來相似，其涸可立而待也。」〔註152〕陸九淵把「本心」比作涓涓之流，
雖微而不顯見，但卻是成爲江河之「本」。「本心」雖未盈科、未放乎四海、
未會其有極、未歸其有極具有極，但它具有盈科、放乎四海、會其有極並歸
其有極的力量。捨棄涓流之「本心」，則江河之「末」不可成也；無「本」，
「末」即不存。只有涓流之「本心」是最眞的，其餘皆爲末；以其餘爲「本」，
則爲僞也。捨棄涓流之「本」，則作爲「末」的江河乾涸是指日可待的。「陸
九淵發明「本心」之宗旨在爲人的道德行爲找到一種取之不盡、用之不竭的
內在源泉、以最大限度地獲得道德的自覺性與自主性。儘管道德規範具有廣
泛意義的制約性，但就道德的自主性與自覺性而言，其源泉卻在於主體自
身，因此實踐中道德完善與道德境界提高的過程本質上是每個個人的自我實
現。」〔註153〕

　　陸九淵強調「本心」的主宰地位。「明得此理，即是主宰，眞能爲主，則
外物不能移，邪說不能惑。所病於吾友者，正謂此理不明，內無所主；一向
縈絆於浮論虛說，終日只依藉外說以爲主，天之所以與我者反爲客。」〔註154〕
此理即「本心」，明得「此理」，即直指「本心」。「本心」爲人所固有，直指
「本心」，方能自作主宰。而眞的能做到自作主宰，則外界事物是干擾不到「本
心」的，邪說或有悖於倫理道德的觀念也是不能迷惑「本心」的。學生之所
以困惑，正是因爲不明「本心」，喪失了主宰自己之「本心」，卻陷入了浮論
虛說的外物羈絆之中，把外物作爲自己的主宰，而反使「本心」變成外物。
放棄了「本心」的主宰地位，使人內無所主，必然會迷失方向，陷入困惑當
中。「請尊兄即今自立，正坐拱手，收拾精神，自作主宰，萬物皆備於我，有
何欠闕！」〔註155〕陸九淵認爲萬物皆備於我，沒有任何欠闕，而我們能做的
事情就是正坐拱手，使「本心」澄淨，收拾起精神，成爲自己「本心」之眞
正主宰。「人精神在外，至死也勞攘，須收拾作主宰。」〔註156〕「人須是力量

〔註152〕陸九淵，陸九淵集〔M〕，鍾哲點校，北京：中華書局，1980：398。
〔註153〕汪傳發，陸九淵王陽明與中國文化〔M〕，貴陽：貴州人民出版社，2000：66
　　　　～67。
〔註154〕陸九淵，陸九淵集〔M〕，鍾哲點校，北京：中華書局，1980：4。
〔註155〕陸九淵，陸九淵集〔M〕，鍾哲點校，北京：中華書局，1980：455。
〔註156〕陸九淵，陸九淵集〔M〕，鍾哲點校，北京：中華書局，1980：454。

寬洪，作主宰。」〔註157〕可見，如果人不「自作主宰」，則「至死也勞攘」。所以陸九淵主張人之爲人，一定要具有堅強的意志、剛健弘毅的人格，作自己精神的主宰者，從而達到精神的高度自由。

與「收拾精神，自作主宰」相反的就是「自賊者」。「誠者自誠也，而道自道也。君子以自昭其明德。人之有是四端，而自謂不能者，自賊者也。暴謂自暴，棄謂自棄，侮謂自侮，反謂自反，得謂自得。福禍無不自己求之者，聖賢只道一個自字趨好。」〔註158〕一個「自」字表達了從「本我」或「本心」出發，君子明德以「自昭」。道德的掌握與實踐都取決於自我的「本心」，而不取決於任何外部力量，「本心」是一切的主宰。而反對「本心」的主宰地位，即「自賊者」。「自賊者」的表現爲自暴、自棄、自侮等，福與禍無不是自己對「本心」的取捨結果。福者，則是「自作主宰」者，而禍者，則是「自賊者」，聖賢之人就是最好的例子。

陸九淵強調「本心」自有的善本性。「居象山多學者云：汝耳自聰，目自明，事父自能孝，事兄自能弟，本無欠闕，不必他求，在自立而已。」〔註159〕「聖人之言自明白，且如『弟子入則孝，出則弟』，是分明說與你入便孝，出便弟，何須得傳注？」〔註160〕一切道德的初始爲善，而這種善的本能源自於道德之本的「本心」，道德本能只是「本心」的自有本性。道德本能之善內在於主體自身，這就要求主體無需花費精力去對外部事物進行追求，包括對古人的傳注，只需「收拾精神，自作主宰」即可，即可達到道德本能的自我完善和善本性的自我實現。

（三）易簡工夫：達到道德真理的認識路徑

「易簡」二字源於《易傳·繫辭上傳》：「乾知大始，坤作成物。乾以易知，坤以簡能。易則易知，簡則易從。易知則有親，易從則有功。有親則可久，有功則可大。可久則賢人之德，可大則賢人之業。易簡而天下之理得矣，天下之理得，而成位乎其中矣。」陸九淵對「易簡」推崇備至，認爲明白了「易簡」之微妙，便明白了天下之「理」。「後世言易者以爲易道至幽至深，學者皆不敢輕言。然聖人贊易則曰：『乾以易知，坤以簡能。易則易知，簡則

〔註157〕陸九淵，陸九淵集〔M〕，鍾哲點校，北京：中華書局，1980：453。
〔註158〕陸九淵，陸九淵集〔M〕，鍾哲點校，北京：中華書局，1980：427。
〔註159〕陸九淵，陸九淵集〔M〕，鍾哲點校，北京：中華書局，1980：399。
〔註160〕陸九淵，陸九淵集〔M〕，鍾哲點校，北京：中華書局，1980：441。

易從。易知則有親，易從則有功。有親則可久，有功則可大。可久則賢人之德，可大則賢人之業。易簡而天下之理得矣。』」〔註161〕「易簡而天下之理得」，由此「易簡」成為發明「本心」的直接明瞭的修養方法。「物有本末，事有始終，知所先後，則近道矣。」陸九淵以「本心」為核心的重「本」思想，是與「易簡」方法相契合的，是導致其「易簡」產生的根源。

　　陸九淵的「易簡」之學也是針對朱熹的「格物窮理」而闡發的，皆是對「理」的認識和修養方法。朱熹把「心」與「理」二分，肯定「心」的認知能力，強調「理」的超驗性和普遍性，認為「理」是萬物的本源。在「心」與「理」的關係上，朱熹主張發揮「心」的認知作用，體認外在的「理」，從而使自己不斷的接近和符合外在之「理」。在如何認知「理」的問題上，朱熹講究「格物窮理」。「格物」，格萬事萬物，格一物，得一理，即得本源之「理」的一個方面。朱熹講「理一分殊」、「月印萬川」，通過窮盡分殊之「理」和印於萬川之月影，方可匯總得之普遍絕對而唯一之「理」與「月」。朱熹說：「因言聖人只說格物二字，便是要人就事物上理會，且自一念之微，以至事事物物，若靜若動，凡居處、飲食、言語，無不是事，無不各有個天理人欲，須是逐一驗過。」「君臣、父子、兄弟、夫婦、朋友，皆人所不能無者，但學者需要窮格得盡。事父母，則當盡孝，處兄弟，則當盡其友，如此之類。須是要見得盡，若有一毫不盡，便是窮格不至也。」無論是外在世界事物上的「理」，還是倫理道德之「理」，朱熹都執著於一事一物、一草一木上窮理盡性，朱熹「格物窮理」是由特殊到一般的過程，此種方法表面類于歸納之法。鵝湖之會，陸九淵作詩說：「墟墓興哀宗廟欽，斯人千古不磨心。涓流積至滄溟水，拳石崇成泰華岑。易簡工夫終久大，支離事業竟浮沉。欲知自下升高處，真偽先須辨只今。」〔註162〕陸九淵認為朱熹以一己有限之生命格天下無窮之事物，是既繁瑣又無法完成的事。「此心之良，人所固有，人惟不知保養而反戕賊放失之耳。苟知其如此，而防閑其戕賊放失之端，日夕保養灌溉，使之暢茂條達，如手足之捍頭面，則豈有艱難支離之事？」〔註163〕「本心」是人所固有的，只要去保養即可，這並非難事，與朱熹所講之繁瑣之「格物」相比，要簡易得多。由「本心」出發之「易簡」方法與朱子之歸納「格物」相對，

〔註161〕陸九淵，陸九淵集〔M〕，鍾哲點校，北京：中華書局，1980：4。

〔註162〕陸九淵，陸九淵集〔M〕，鍾哲點校，北京：中華書局，1980：301。

〔註163〕陸九淵，陸九淵集〔M〕，鍾哲點校，北京：中華書局，1980：64。

類似於演繹之法，只要去發明自本自根的「本心」即可。「石稱丈量，徑而寡失，銖銖而稱，至石必繆，寸寸而度，至丈必差。」〔註164〕「天下之理，將從其簡且易而學之乎？將從其繁且難者而學之乎？若繁而難者果足以爲道，勞苦而爲之可也，其實本不足以爲道，學者何苦於繁難之說。簡且易者，又易知易從，又足以爲道，學者何憚而不爲簡易之從乎？」由於「易簡」之法，實際施行起來很簡單易行，所以在一定程度上拓寬了其思想的受眾面。「當惻隱時自然惻隱，當羞惡時自然羞惡，當寬裕溫柔時自然寬裕溫柔，當發強剛毅時自然發強剛毅。」符合倫理道德的行爲，無需外在力量或內在力量的約束與強制，只要依「本心」而行，順應「本心」，則行無不善，「人人皆可爲堯舜」。這種「本心」的內在善本性的外在流露本身就具有很強的自由性和簡易性。

陸九淵把「易簡」應用於爲學問題上亦稱之爲「簡易」。「比得書知爲學進進，甚喜！爲學不當無日新，易贊乾坤之簡易，曰：『易知易從，有親有功，可久可大。』然則學無二事，無二道，根本苟立，保養不替，自然日新，所謂大而可久者，不出簡易而已。」〔註165〕「簡易」，可以從人們的日常生活中小事做起，不斷的進行自我反省，提高道德修養，長此以往，可直達人之「本心」。陸九淵主張「簡易」，認爲從「人」與「天」的相通之「本心」的路徑切入，更容易直接領悟到絕對眞理，這樣要比那沉湎於對細枝末節的糾纏要實用得多。「大世界不享，卻要占個小蹊小徑子，大人不做，卻要爲小兒態。可惜」〔註166〕。「簡易」是在「本心」存有的前提下，意志自律所表現出的道德踐履的簡單直接易行。「日新之功，有可以見教者否？易簡之善，有親有功，可久可大，苟不懈怠廢放，固當日新其德，日遂和平之樂，無復艱屯之意。」〔註167〕在陸九淵看來的「易簡」，有親有功，可久可大的同時，應當日新其德並持之以恒。「『萬物皆備於我，只要明理』，就可以把握一切」〔註168〕陸九淵在爲學的方向問題上主張向內體察而不是向外尋求，認爲朱熹的關於「格物致知」的思路，過於支離，因爲在他看來，客觀存在的事物很難有相同的知識，人們要想瞭解終極之「天理」很難從逐一的客觀

〔註164〕陸九淵，陸九淵集〔M〕，鍾哲點校，北京：中華書局，1980：140。
〔註165〕陸九淵，陸九淵集〔M〕，鍾哲點校，北京：中華書局，1980：64。
〔註166〕陸九淵，陸九淵集〔M〕，鍾哲點校，北京：中華書局，1980：449。
〔註167〕陸九淵，陸九淵集〔M〕，鍾哲點校，北京：中華書局，1980：65。
〔註168〕陸九淵，陸九淵集〔M〕，鍾哲點校，北京：中華書局，1980：440。

事物上去認知。反而，「格物」的過程可能會帶給人們更多的障礙，影響人們對「天理」的體悟。「易簡」是以「本心」爲出發點的，是發明「本心」的重要方法和手段，也是陸學思想體系的一個鮮明特徵。

　　杜維明先生指出：「把心看作是存在的過程，那麼尋找、培養和發展就能被認爲是心的自我修養和自我努力，也就可以說它們必然地是持續不斷的。」〔註169〕陸九淵把「本心」看作是自本自根的，那麼發明「本心」就是一個尋本探根的過程。無論是「格心」、「直指『本心』，自作主宰」，還是「易簡」，雖然在形式上與佛家的「頓悟」有相似之處，但其本質是絕不相同的。發明「本心」不是一蹴而就的，而是一個持續不斷的過程。

二、存養「本心」，止於至善

　　「存養：此則本於孟子之『操則存，舍則亡』，『其心，養其性』以及『敬得其養，無物不長』等語。」〔註170〕陸九淵說：「古之人，自其身達之家國天下而無愧焉者，不失其本心而已。……是心之存，苟得其養，勢豈能遏之哉？」〔註171〕「義理所在，人心同然，縱有蒙蔽移奪，豈能終泯，患人之不能反求深思耳。此心苟存，則修身齊家、治國、平天下一也；處貧賤、富貴、死生、禍福亦一也。故君子素其位而行，不願乎其外。」〔註172〕在陸九淵看來，所謂「存」即「存其心」，所謂「養」，即「養其心」。「義理所在，人心同然」，「本心」相同，所以縱使有所蒙蔽，「本心」也不會泯滅，人們只要存養「本心」反求深思即可。陸九淵還把「存養」與「講明」作以比較：「大抵講明、存養自是兩節。……今講學之路未通，而以己意附會往訓，立爲成說，則恐反成心之蟊賊，道之榛棘，日復一日，而不見其進。志與事乖，說與行違，首尾衡決，本末舛逆，未可歸之稟賦，罪其懈怠也。」〔註173〕把「講明」與「踐履」相對而言，是從人的認知方面言說，而「存養」則是就主體的道德修養而言，是從人的自我倫理道德的存有而言。

　　「凡爾庶民，知有君臣，知有上下，知有中國夷狄，知有善惡，知有是

〔註169〕杜維明，人性與自我修養〔M〕，胡軍，於民雄譯，北京：中國和平出版社，1988：59。
〔註170〕牟宗三，從陸象山到劉蕺山〔M〕，上海：上海古籍出版社，2001：2。
〔註171〕陸九淵，陸九淵集〔M〕，鍾哲點校，北京：中華書局，1980：227～228。
〔註172〕陸九淵，陸九淵集〔M〕，鍾哲點校，北京：中華書局，1980：255～256。
〔註173〕陸九淵，陸九淵集〔M〕，鍾哲點校，北京：中華書局，1980：91。

非，父知慈，子知孝，兄知友，弟知恭，夫義婦順，朋友有信，即惟皇上帝所降之衷，今聖天子所賜之福也。身或不壽，此心實壽；家或不富，此心實富；縱有患難，心實康寧；或爲國死事，殺身成仁，亦爲考終命。實論五福，但當論人一心。此心若正，無不是福，此心若邪，無不是禍。若能保有是心，即爲保極，宜得其壽，宜得其福，宜得康寧，是謂攸好德，是謂考終命。」〔註174〕陸九淵認爲即使是普通人都知道君臣、上下這種封建的宗法等級制度，知道善惡、是非這些衡量行爲的道德倫理標準，父親知道對子女要慈詳；子女知道對父母要孝順；兄長知道對弟弟要友愛；弟弟知道對長輩要恭敬；丈夫要仁義，妻子要順從；朋友要講信用等等。這些倫理思想是存在於「本心」之中的，它們普遍存在於任何人的「本心」之中；即使人們在日常生活中沒有達到這些倫理道德的要求，但這並不能影響它們在「本心」中的存在。按照「本心」中的這些倫理道德要求去做，也就是「若能保有是心」宜得到「壽」、「福」和「康寧」，但即使沒有得到「壽」、「福」和「康寧」，它們仍舊存在於「本心」之中。

存養「本心」也即是「求放心」，陸九淵主張「求放心」。「求放心」即將放縱的心收回或把丟失的「本心」找回來的意思。其中的「求」即尋找之意；「放心」意指「放失的心」。「求放心」之說源於孟子的「學問之道無他，求其放心而已矣。」〔註175〕人皆先天具有的「善」，實爲「善端」，即所謂「惻隱之心」、「羞惡之心」、「恭敬之心」、「是非之心」。人的「本心」具有此「四心」，「本心」即善。陸九淵認爲心靈之善就像山上生長樹木一樣。山上生長樹木是山的本性，但如果每天都去砍伐，放牧牛羊，山也就成爲光禿禿的了。後天環境對人的「本心」產生影響，爲了保護和發展「善端」，就必須要「求放心」。「仁，人心也，心之在人，是人之所以爲人，而與禽獸草木異焉者也，可放而不求哉？古人之求放心，不啻如饑之於食，渴之於飲，焦之待救，溺之待援，固其宜也。學問之道，盡於是乎在。」〔註176〕「本心」是仁之依託，是人與禽獸的區別之所在，如果「本心」被放失了而不找回來，那麼人與禽獸無所差別。如何做到存養「本心」和「求放心」，在陸九淵看來，「存心去蔽」與「切己自反」是必要的手段。

〔註174〕陸九淵，陸九淵集〔M〕，鍾哲點校，北京：中華書局，1980：284。
〔註175〕焦循，諸子集成孟子正義〔M〕，北京：中華書局，1954：464。
〔註176〕陸九淵，陸九淵集〔M〕，鍾哲點校，北京：中華書局，1980：373。

陸九淵認為，「夫所以害吾心者何也？欲也。欲之多，則心之存者必寡，欲之寡，則心之存者必多。故君子不患夫心之不存，而患夫欲之不寡，欲去則心自存矣。然則所以保吾心之良者，豈不在於去吾心之害乎？」〔註177〕陸九淵認為「本心」原本是純淨無邪的，由於外物的作用即受到各種欲望的蒙蔽而掩蓋了部分「本心」。「欲之寡」，則「心之存」必多；反之，「欲之不寡」，則「心之存」必少，二者是此消彼長的關係。欲望越多，人所存在的「本心」就會越少。反之，當人們的欲望越來越少時，人們原來的「本心」也就得以保存。「將以保吾心之良，必有以去吾心之害。何者？吾心之良，吾所固有也。吾所固有，而不能以自保者，以其有以害之也。夫所以害吾心者，何也？欲也。欲之多，則心之存者必寡；欲之寡，則心之存者必多。故不患夫心之不存，而患夫欲之不寡，欲去，則心自存矣。」〔註178〕陸九淵贊成「欲之寡，則心之存者必多」。

陸九淵認為產生「心蔽」的原因有二：「人之所以病道者，一資稟，二漸習。」〔註179〕雖「人人皆可為堯舜」，但事實上並非每個人都成為了堯舜。人們之所以無法做到，是因為人們存有「心蔽」。陸九淵認為，一是人們的先天稍遜的資質和稟賦或者是身體先天所具有的疾病，這是無法更改的事實，由此所導致的人們的不當行為並非「本心」使然。所以陸九淵所去之「心蔽」主要指的是第二方面，即人們後天所養成的有悖於「本心」的習慣。「顯仲問云：『某何故多昏？』先生曰：『人氣稟清濁不同，只自完養，不逐物，隨即清明，才一逐物，便昏眩了。」〔註180〕陸九淵認為雖然人生來都是善良的，但後天是會受到外物的蒙蔽而失去自己正確認知的，從而無法正確辨別真假是非，「人心至靈，惟受蔽者，失其靈耳」。

「蓋人之良心為斧斤所害，夜間方得歇息。若夜間得息時，則平旦好惡與常人甚相遠。惟旦晝所為，梏亡不止，到後來夜間亦不能得息，夢寐顛倒，思慮紛亂，以致淪為禽獸。」「斧斤」是指物欲與外界的誘惑，白天人們面對紛繁複雜的社會，會受到許許多多的外界誘惑，只有在夜深人靜時，遠離紛擾，使「本心」以得歇息。「得失之心未去，未釋然耳。此心猶未釋然，則所謂棄

〔註177〕陸九淵，陸九淵集〔M〕，鍾哲點校，北京：中華書局，1980：380。
〔註178〕陸九淵，陸九淵集〔M〕，鍾哲點校，北京：中華書局，1980：380。
〔註179〕陸九淵，陸九淵集〔M〕，鍾哲點校，北京：中華書局，1980：448。
〔註180〕陸九淵，陸九淵集〔M〕，鍾哲點校，北京：中華書局，1980：458。

舊者特棄其末，未棄其本也，宜其謂之稍棄。此乃害心之本，非本心也，是所以蔽其本心者也。愚不肖者蔽於物欲，賢者智者之蔽在於意見。高下污潔雖不同，其為蔽理溺心而不得其正，則一也。」﹝註181﹞重視「得失之心」，則使「本心」有所蒙蔽，賢者會拋棄「得失之心」，而愚者卻做不到，這是聖賢與愚者的區別。所以陸九淵認為擺脫愚昧，成為聖賢的途徑就在於解除「心蔽」，恢復「心」的本然至善狀態。「吾友能棄去謬習，復其本心，使此一陽為主於內，造次必於是，顛沛必於是，無終食之間而違於。」﹝註182﹞「友」是陸九淵對自己學生的一種稱呼。陸九淵認為如果做到了「棄去謬習，復其本心」，則可以做到孔子所說的「造次必於是，顛沛必於是，無終食之間而違仁。」

　　針對於「本心」受蒙蔽，陸九淵提出了「去蔽」的方法，即「剝落」。「顯仲問去：『某何故多昏？』先生曰：『人氣稟清濁不同，只自完養，不逐物，即隨清明，才一逐物，便昏眩了。……人心有病，須是剝落。剝落得一番即一番清明，後隨起來，又剝落，又清明，須是剝落得淨盡，方是。」﹝註183﹞一方面，去除「心蔽」，要求不逐外物，外物是「心蔽」的來源，只有做到不把外物放在「本心」之上，才可能不使「本心」蒙塵。只要一逐物，則人的「本心」便「昏眩了」。另一方面，「心蔽」需要一番又一番的「剝落」，而不是一蹴而就的。有「心蔽」存在就需要「剝落」，「剝落」掉一次「心蔽」，就使「本心」得一次清明。「心蔽」隨著外物和欲望而不斷產生，由此就需要一次又一次的「剝落」，以保證「本心」始終處於「清明」狀態。所以「剝落」的過程是一個經常而持續不斷的過程。而且這種「剝落」必須要「淨盡」才好，如何才能實現「剝落」和「淨盡」，使「本心」一直保持「清明」呢？需要靠「明師良友」的幫助。「有所蒙蔽，有所奪移，有所陷溺，則此心為之不靈，此理為之不明，是謂不得其正，其見乃邪見，其說乃邪說。一溺於此，不由講學，無自而復。」﹝註184﹞「人之精爽附於血氣，其發露於五官者安得皆正，不得明師良友剖剝，如何得去其浮偽而歸於真實，又如何得能自省、自覺、自剝落？」﹝註185﹞「人資質有美惡，得親友琢磨，知己之不美而改之。」

﹝註181﹞陸九淵，陸九淵集﹝M﹞，鍾哲點校，北京：中華書局，1980：11。
﹝註182﹞陸九淵，陸九淵集﹝M﹞，鍾哲點校，北京：中華書局，1980：6。
﹝註183﹞陸九淵，陸九淵集﹝M﹞，鍾哲點校，北京：中華書局，1980：485。
﹝註184﹞陸九淵，陸九淵集﹝M﹞，鍾哲點校，北京：中華書局，1980：149。
﹝註185﹞陸九淵，陸九淵集﹝M﹞，鍾哲點校，北京：中華書局，1980：464。

〔註186〕只有通過良師益友和知己的不斷幫助，一次又一次的進行「心蔽」的「剝落」才能真正實現「欲去，則心自存矣。」剝落「心蔽」，復歸「本心」，即是「存心去蔽」。陸九淵認為「存心去蔽」既需要靠師友們在一起不斷的琢磨，也需要人自身的不斷內省。

　　陸九淵把存養「本心」的落腳點，放在了「切己自反，改過遷善」上，重視人的「本心」修養，使主體在自我修養過程中不斷的完善自身，是其存養「本心」的目的所在。《語錄上》中：「正人之本難，正其末則易。今有人在此，與之言汝適某言未是，某處坐立舉動示是，其人必樂從。若去動他根本所在，他便不肯。……『無它，利與善之間也。』此是孟子見得透，故如此說。或問：先生之學，當自何處入？曰：不過切己自反，改過遷善。」〔註187〕「心」為人之本根，言語與坐立舉動皆為末，正人之「本心」為難，而正人之末卻非常容易。如果指出某人言語和舉動的不合適之處，某人會很容易接受，而如果去指出其心有不適之處，卻很難被其接受。原因很簡單，處於末的地位上的言語和行動，只涉及到人的利益而已；而處於本根的「心」，則涉及到人是否為善的根本問題。孟子對此問題的觀點非常清晰明白，認為人性本善。陸九淵繼承了孟子的性善思想，學生問從何處入手來研習他的學說時，答曰：「切己自反，改過遷善」，二者皆是回歸「本心」之意。「切己」猶切身，指自身，「切己自反」是身對心的一種反省，使身的活動符合「本心」的要求；「改過遷善」，改正過失，回歸本善，陸九淵認為「本心」即善，「切己自反」，改過遷善」指向的皆是人之「本心」。

　　「樂記曰：『人生而靜，天之性也；感於物而動，性之欲也。物至知知，而後好惡形焉。不能反躬，天理滅矣。』」〔註188〕陸九淵引用《樂記》中的一段話來說明，「本心」為內、為靜、為天之性；與外物相接觸，乃性之欲，表現為好與惡。如果人不能做到反省「本心」，則與「本心」同之天理則泯滅也。「義理之在人心，實天之所與而不可泯滅焉者也，彼其受蒙蔽於物而至於悖理違義，蓋亦弗思焉耳。誠能反而思之，則是非取捨蓋有隱然而動，判然而明，決然無疑者矣。」〔註189〕由此可見，陸九淵的「切己自反」表現為「義

〔註186〕陸九淵，陸九淵集〔M〕，鍾哲點校，北京：中華書局，1980：464。
〔註187〕陸九淵，陸九淵集〔M〕，鍾哲點校，北京：中華書局，1980：399～400。
〔註188〕陸九淵，陸九淵集〔M〕，鍾哲點校，北京：中華書局，1980：395。
〔註189〕陸九淵，陸九淵集〔M〕，鍾哲點校，北京：中華書局，1980：376。

理」的自我反省、自我認識、自我完善的過程。而這種「義理」又是存在於人的「本心」之中，是天賦予人的，而且是不可泯滅的，人只有把「義理」從人的「本心」中真正的擴展開來，才能完成道德的自我修養。「『誠者自誠也，而道自道也。』『君子以自昭明德。』『人之有是四端，而自謂不能者，自賊者也。』暴謂『自暴』。棄謂『自棄』。侮謂『自侮』。反謂『自反』。得謂『自得』。『禍福無不自己求之者。』聖賢道一個『自』字煞好。」〔註190〕陸九淵十分看重一個「自」字，「自」也充分說明了人所具有的主觀能動作用。「自」強調的是不需外界強加於身，而是人自身所本有的主動性。「切己自反」即是從本身出發，對「本心」的自我反省與澄明的過程。

陸九淵認為「切己自反」不是無法捉摸和把握的，只要從「日用處」入手即可。聖人教人只是就人日用處開端。「『道外無事，事外無道。』先生常言之。道理只在眼前，雖見到聖人田地，亦只是眼前道理。」〔註191〕陸九淵認為，「切己自反」並不是抽象的，而是顯現在日常生活當中的，「義理」就在當下，就在眼前，不需他求，只需做好「日用處開端」就好。所以他曾以「斷扇訟」這種日常的平常小事來教導楊簡，使楊簡得能徹悟「本心」；又以「起立」來教誨詹阜民：「某方侍坐，先生遽起，某亦起。」某人與先生一起坐著言談，而先生突然離座起立，那麼某人也會自然而然的隨之起立。這種「起立」的行為是源於「本心」的，也是「本心」在日常瑣事中的一種體現。推而廣之，陸九淵實際上想把這種源於「本心」的「義理」通過「切己自反」融入到人們的日常生活中去，也就是讓人們對倫理道德思想進行自我消化和貫徹實施，從而維護統治者的統治地位。

陸九淵說：「惟聖人惟能備道，……常人固不能備道，亦豈能盡亡其道？……田野隴畝之人，未嘗無尊君愛親之心，亦未嘗無尊君愛親之事，臣子之道，其端在是矣。然上無教，下無學，非獨不能推其所為以至於全備，物蔽欲汩，推移之極，則所謂不能盡亡者，殆有時而亡矣。弒父與君，乃盡亡之時也。」〔註192〕又說：「常人固未可望之以仁，然亦豈皆頑然而不仁？聖人之所為，常人固不能盡為，然亦有為之者。聖人之所不為，常人固不能皆不為，然亦有不為者。於其為聖人之所為與不為聖人之所不為者觀之，則

〔註190〕陸九淵，陸九淵集〔M〕，鍾哲點校，北京：中華書局，1980：427。

〔註191〕陸九淵，陸九淵集〔M〕，鍾哲點校，北京：中華書局，1980：395。

〔註192〕陸九淵，陸九淵集〔M〕，鍾哲點校，北京：中華書局，1980：263～264。

皆受天地之中，根一心之靈，而不能泯滅者也。使能於其所不能泯滅者而充之，則仁豈遠乎哉？仁之在人，固不能泯然而盡亡，惟具不能依乎此以進於仁，而常違乎此而沒於不仁之地，故亦有頑然而不仁者耳。」〔註193〕陸九淵認為「本心」為人人所共有，無論是聖賢，還是普通人，「本心」同也。雖然「人心至靈，此理至明，人皆有是心，心皆具是理」〔註194〕，但是「本心」存在於一切人身中，卻具有程度的差別。在人身上的不同表現，出現了聖賢與非聖賢之間的差異。陸九淵認為「本心」是不變的，是相同的，是不會失去的。而差異的造成在於聖人體現出完全之「本心」，而常人只體現了部分之「本心」。陸九淵期望人人都可以成為聖賢或是接近聖賢，這就要求人們不但要「切己自反」，而且要「自反」到直達「本心」才好。

　　「切己自反」要求人們要深刻反省自己的行為，要做到「反己要切，省己要深。」陸九淵說：「某自承父師之訓，平日與朋友切磋，輒未嘗少避為善之任。非敢一旦之決，信不遜之意，徒為無顧忌之言。誠以疇昔親炙師友之次，實深切自反，灼見善非外鑠，徒以交物有蔽，淪胥以亡，大發愧恥。自此鞭策駑蹇，不敢自棄。今契丈之賢，乃復猶豫於此，無乃反己未切，省己未深，見善未明，以不能自奮也。倘一旦幡然沛然，誰得而御。」〔註195〕陸九淵認為「省己未深」，則不能澄明「本心」之善。而真正做到「深切自反」的話，就會發現「善」並非由外鑠於「本心」，而是「本心」所自有。而人在面對與外物接觸過程中產生的「心蔽」時，就會感到羞愧和恥辱，從而鞭策自己，奮發向上，不自暴自棄。「善」存於「本心」，「切己自反」已經隱含了「改過遷善」之意。

　　「改過遷善」與「切己自反」是同步的。「有善必有惡，真如反覆手。然善卻自本然，惡去是反了方有。」〔註196〕「善」是出自於本然，「遷善」，遷回到人「本心」之善。「古之學者，本非為人，遷善改過，莫不由己。善在所當遷，自遷之，非為人而遷也。過在所當改，吾自改之，非為人而改也。故其聞過則喜，知過不諱，改過不憚。顏氏有不善，未嘗不知，知之未嘗後行，豈為人哉？一聞『為仁由己』之言，『請問其目不少後，既得視聽言勤之目，』

〔註193〕陸九淵，陸九淵集〔M〕，鍾哲點校，北京：中華書局，1980：477。
〔註194〕陸九淵，陸九淵集〔M〕，鍾哲點校，北京：中華書局，1980：273。
〔註195〕陸九淵，陸九淵集〔M〕，鍾哲點校，北京：中華書局，1980：45。
〔註196〕陸九淵，陸九淵集〔M〕，鍾哲點校，北京：中華書局，1980：400。

請事斯語『不少遜』。某竊嘗謂若顏子者，可謂天下之大勇矣。故其言曰：『舜何人也，予何人也，有爲者亦若是。』聖人所貴於訟過者，以其知之必明，而改之必勇也。」〔註197〕「改過遷善」如「切己自反」一樣，需要由自己去完成，「遷善改過，莫不由己」。過失當改正，自己就要去改正，而非由他人強迫著才去改正。知道自己的過錯，就不要有所隱瞞；而改正自己的過錯，也不要有所忌憚。知錯並改錯的行爲恰恰是人的大智大勇的表現。「著是去非，改過遷善，此經語也。非不去，安能著是？過不改，安能遷善？不知其非，安能去非？不知其過，安能改過？自謂知非而不能去非，是不知非也；自謂知過而不能改過，是不知過也。眞知非則無不能去，眞知過則無不能改。人之患，在不知其非不知其過而已。所貴乎學者，在致其知，改其過」〔註198〕。在這封陸九淵給他的弟子羅章夫的信中，他把「知非」、「知過」看成是「改過遷善」的前提條件，強調指出人們只有知道是非，才知道如何去改過，從而實現「改過遷善」。而明辨是非，就涉及到「讀書」、「親師」、「交良友」的問題。

　　陸九淵認爲「讀書」、「親師」、「良友」是「改過遷善」主要的途徑。針對於讀書與擇師問友問題，陸九淵言「人之不可以不學，猶魚之不可以無水，而世至視若贅疣，豈不甚可歎哉？」〔註199〕。把一個人學習的重要性擡到魚與水的關係，可見他認爲讀書學習是必不可少之事。「何嘗不讀書來？只是比他人讀得別些子」〔註200〕。「別些子」是江西臨川的方言，也就是「有所不同」的意思。所不同在哪裏？他指的是讀書方式、思考方法等有所不同。他所提倡的讀書之法是不必拘泥於未知處，而是從全局進行理解。據《年譜》記載：「先生云：『學者讀書，先於易曉處沈涵熟復，切己致思，則他難曉者渙然冰釋矣。若先看難曉處，終不能進』。舉一學者詩云：『讀書切戒在荒忙，涵泳工夫與味長。未曉莫妨權放過，切身須要急思量。自家主宰常精健，逐外精神徒損傷。寄語同遊二三子，莫將言語壞天常』」〔註201〕。「如今讀書，且平平讀，未曉處且放過，不必太滯」，這裏就可見陸九淵提倡的讀書之法，讀書

〔註197〕陸九淵，陸九淵集〔M〕，鍾哲點校，北京：中華書局，1980：74～75。
〔註198〕陸九淵，陸九淵集〔M〕，鍾哲點校，北京：中華書局，1980：185。
〔註199〕陸九淵，陸九淵集〔M〕，鍾哲點校，北京：中華書局，1980：170。
〔註200〕陸九淵，陸九淵集〔M〕，鍾哲點校，北京：中華書局，1980：446。
〔註201〕陸九淵，陸九淵集〔M〕，鍾哲點校，北京：中華書局，1980：407～408。

要心平氣和地讀，遇到不懂之處，就權且放過而著眼易曉處，優遊而讀，日後沉積深厚時，「未曉處」自然「渙然冰釋」。這與那些老是困於訓詁章句之中不得其解的讀書之法確有大異之處。而且他強調讀書貴在精熟，要體會其中的意旨所在，「今之學者讀書，只是解字，更不求血脈」、「讀書固不可不曉文義，然只以曉文義爲是，只是兒童之學，須看意旨所在」。同時，他認爲讀書爲學還要講求循序漸進，欲速則不達，「學固不欲速，欲速固學者大患」〔註202〕。讀書識字是恢復「本心」、改過遷善的好方法。找好的老師，向他學習，吸取他人的經驗、觀點爲自己的行爲做航標，無庸諱言也是捷徑之一。陸九淵重視自己的主體意識，但也並不否定擇師問友，他還批評了當時不親師友的現象：「近見所在友朋，多有好理會，文義反不通者，蓋不知學當有師。天之生斯民也，以先知覺後知，以先覺覺後覺，此其理也。誠得其師，則傳授之間有本末先後，不使學者叢然雜然，費其目力，耗其精神，而無所至止也」〔註203〕。擇師很重要，「親師」要親「明師」，通過明師幫助自己剝落、恢復「本心」，「學者須先立志，志既立，卻要遇明師」。「若有事役未得讀書，未得親師，亦可隨處自家用力檢點，見善則遷，有過則改，所謂心誠求之，不中不遠。若事役有暇，便可親書冊。所讀書亦可隨意自擇，亦可商量程度，無不有益者」〔註204〕。如果沒有條件讀書或擇師問友，就得靠自己隨時隨地用心內省。

「切己自反，改過遷善」是人的自省和人格的不斷完善，是自我修養提升的必然要求。陸九淵重視自我修養的同時，也提出了人品概念，「人品在宇宙間迥然不同。諸處方曉曉然談學問時，吾在此多與後生說人品。」〔註205〕「切己自反，改過遷善」的過程也是培養高尚人品的必由之路。陸九淵重視人的德性培養，並認爲人具有高尚的品德重於人具有淵博的知識，從而產生了與朱熹的「尊德性」與「道問學」的論爭。「朱元晦曾作書與學者云：『陸子靜以尊德性誨人，故遊其門者多踐履之士，然於道問學處欠了。某教人豈不是道問學處多了些子？故遊某之門者踐履多不及之。』」〔註206〕陸九淵重視

〔註202〕陸九淵，陸九淵集〔M〕，鍾哲點校，北京：中華書局，1980：53。
〔註203〕陸九淵，陸九淵集〔M〕，鍾哲點校，北京：中華書局，1980：139。
〔註204〕陸九淵，陸九淵集〔M〕，鍾哲點校，北京：中華書局，1980：38～39。
〔註205〕陸九淵，陸九淵集〔M〕，鍾哲點校，北京：中華書局，1980：400。
〔註206〕陸九淵，陸九淵集〔M〕，鍾哲點校，北京：中華書局，1980：400。

「尊德性」，亦重視德性之「踐履」，所以他多從日用處入手來闡明其學問，也許看似簡單，但不可否認其學問卻無處不在。「如切如磋者，道學也；如琢如磨者，自修也。」〔註207〕不斷的琢磨，不斷的修正自己的不足之處，也就不斷的提高了自身的修養。存養「本心」，即是使人們不斷的認識「本心」之善，並修正自己的缺點以無限地接近「本心」之善。

三、「先立乎其大者」：優先理解人類社會生活之理

人類社會是由每一個個體所組成的，個體的「本心」是他自身的主宰，而整個社會也同樣存在著人們賴以生存的社會生活之理。陸九淵認為，人們如果想和諧共存，就要優先理解人類社會生活之理。「先立乎其大者」不但從個體方面，而且從整個社會的角度來詮釋這種優先性。「先立乎其大者」一句的思想，首先應該來源於《孟子・告子上》：「公都子問曰：『鈞是人也，或為大人，或為小人，何也？』孟子曰：『從其大體為大人，從其小體為小人。』曰：『鈞是人也，或從其大體，或從其小體，何也？』曰：『耳目之官不思，而蔽於物。物交物，則引之而已矣。心之官則思，思則得之，不思則不得也。此天之所與我者，先立乎其大者，則其小者不能奪也。此為大人而已矣。』」〔註208〕此段的大意是，公都子問：「同樣是人，為何有人是君子，而有人是小人呢？」孟子答道：「順應身體重要器官的是君子，而順應身體次要器官的就是小人。」問：「同樣是人，為何有人順應重要器官的需要，而有人卻順應次要器官的需要呢？」答：「耳朵、眼睛這類器官不會進行思考，所以很容易被外物所蒙蔽。耳朵與眼睛這類器官也屬於物，物與物相接觸，便會受到誘惑。心的功能在於能夠思考，不思考就會一無所獲。這是上天賜予我們的。所以心是重要的器官，先把心這個重要器官的地位確立起來，則那些次要器官所產生的欲望就無法奪走人心中善的本性，這就成為了君子。」此處之心、耳、眼等雖是器官，但孟子僅以此為喻而已，後世則仁者見仁，智者見智。

陸九淵十分讚賞孟子中的「先立乎其大者」一句，有人以此話來概括他的學問，他表示贊同。他曾自謂曰：「吾之學問與諸處異者，只是在我全無杜撰，雖千言萬語，只是覺得他底在我不曾添一些。近有議吾者云：『除了先立

〔註207〕陸九淵，陸九淵集〔M〕，鍾哲點校，北京：中華書局，1980：412。
〔註208〕焦循，諸子集成孟子正義〔M〕，北京：中華書局，1954：467。

乎其大者一句，全無伎倆。』吾聞之曰：『誠然。』」〔註209〕一句「誠然」，表達了對「先立乎其大者」的肯定，同時也透著引以爲自豪的意味。「先立乎其大者」一句，多次出現在陸九淵文集當中並貫穿其思想的始終。

　　何謂「大者」，「本心」也。陸九淵言：「此天之所以予我者，非由外鑠我也。思則得之，得此者也；先立乎其大者，立此者也；積善者，積此者也；集義者，集此者也；知德者，知此者也；進德者，進此者也。」〔註210〕並非外鑠，由天賦予我的，即吾之「本心」。「蓋心，一心也，理，一理也，至當歸一，精義無二，此心此理實不容有二。」〔註211〕「心」與「理」合一，「心即理」。「先立乎其大者」，即立此「本心」也。「本心」即是所謂的「大者」。「本心」是人之所固有，「思則得之」。既得「本心」，那麼首先要立此「本心」，「本心」既立，則積善、集義、知德、進德皆由此逐步推進。「道可謂尊，可謂重，可謂明，可謂高，可謂大。」〔註212〕陸九淵言「道」之時並不多，其所謂「道」大多被「理」與「心」所代替。由此可以看出，此處之「道」亦作「理」或「本心」解。他給予了「本心」以尊、重、明、高、大的地位，認爲「本心」在一切事物之上，較其他事都重要，處於首要的位置上。「明得此理，即是主宰，眞能爲主，則外物不能移，邪說不能惑。所病於吾友者，正謂此理不明，內無所主；一向縈絆於浮論虛說，終日只依藉外說以爲主，天之所以與我者反爲客。」〔註213〕明白了「本心」的內涵，則人們便可自作主宰。「本心」既立，則人不會受到外物蒙蔽，不會爲邪說所迷惑。人之所以會迷失，皆是因爲「內無所主」，「本心」不立，所以讓外說佔據了主導地位，使自己被外物所奴役。陸九淵說：「必深思痛省，抉去世俗之習，如棄穢惡，如避寇讎，則此心之靈，自有其仁，自有其智，自有其勇。私意俗習，如見睍之雪，雖欲存之而不可得，此乃謂之知至，乃謂之先立乎其大者。」〔註214〕人必須要深刻的內省「本心」，拋棄污穢與世俗之習，恢復「本心」所自有之仁、智、勇，存得「本心」，使「本心」成爲自我之主宰，方可稱之爲「先立乎其大者」。

〔註209〕陸九淵，陸九淵集〔M〕，鍾哲點校，北京：中華書局，1980：400。
〔註210〕陸九淵，陸九淵集〔M〕，鍾哲點校，北京：中華書局，1980：1。
〔註211〕陸九淵，陸九淵集〔M〕，鍾哲點校，北京：中華書局，1980：5。
〔註212〕陸九淵，陸九淵集〔M〕，鍾哲點校，北京：中華書局，1980：460。
〔註213〕陸九淵，陸九淵集〔M〕，鍾哲點校，北京：中華書局，1980：4。
〔註214〕陸九淵，陸九淵集〔M〕，鍾哲點校，北京：中華書局，1980：196。

　　陸九淵提出「先立乎其大者」，那麼如何「立」呢？首先，陸九淵主張立「本」。「本之不立，而能以明夫理者，吾未之見也。宇宙之間，典常之昭然，倫類燦然，果何適而無其理也。學者之為學，固所以明是理也。然其疇昔之日，閨門之內，所以慕望期向，服習踐行者，蓋泯然乎天理之萌蘗，而物欲之蔽，實豪據乎其中而為之主，則其所以為學之本固已厥矣。」〔註215〕「本」立，則「末」相隨。如果「本」不立，則「理」不明。宇宙之間，任何事情上都存有「理」，沒有無「理」之事，所以立「理」，則事物自明。「有懶病，也是其道有以致之。我治其大而不治其小，一正則百正。恰如坐得不是，我不責他做得不是，便是心不在道。若心在道時，顛沛必於是，造次必於是，豈解坐得不是？只在勤與惰，為與不為之間。」〔註216〕陸九淵主張「治其大而不治其小」，抓住事物的「本」，就抓住了事物的主要方面，就能起到「一正而百正」的效果。當事物出現偏差時，也要找到造成偏差的主要原因，主要的大問題解決了，其它的小問題也會迎刃而解。以「本」為重，即立「本」也。把立「本」明「理」的方法應用於為學方面，道理是相同的。

　　其次，陸九淵主張立「志」和「辨志」。「宇宙內事乃己分內事，己分內事乃宇宙內事。」〔註217〕如此大氣之言論中不難看出陸九淵「志」之所在——吾與宇宙。由宇宙而及社會，由人而及民生，在整個社會的大背景下來體察和認識自我與宇宙。陸九淵認為人要有「大志」，高遠的志向是人前進的指路明燈，才不會被眼前的利益蒙蔽雙眼，才能有所為有所不為，才能復歸「本心」，實現人生的真正意義。「傅子淵自此歸其家，陳正己問之曰：『陸先生教人何先？』對曰：『辨志。』正己復問曰：『何辨？』對曰：『義利之辨。』若子淵之對，可謂切要。」〔註218〕「辨志」即為「辨義利」，從利己或利他的道德意識與利益觀念來判斷「義利」的問題。「『辯志』就是要遮斷物欲，排斥意見，消除對世俗的、地位或權勢的貪欲，為確立「本心」的重要方法。」〔註219〕陸九淵所謂的「大志」並非僅僅是大的志向，而是要確立符合「本心」之志向。他繼承了孟子的性善思想，主張「本心」為善，認同「君子喻於義、小

〔註215〕陸九淵，陸九淵集〔M〕，鍾哲點校，北京：中華書局，1980：378。
〔註216〕陸九淵，陸九淵集〔M〕，鍾哲點校，北京：中華書局，1980：451。
〔註217〕陸九淵，陸九淵集〔M〕，鍾哲點校，北京：中華書局，1980：483。
〔註218〕陸九淵，陸九淵集〔M〕，鍾哲點校，北京：中華書局，1980：398。
〔註219〕韓立紅，石田梅岩與陸象山思想比較研究〔M〕，天津：天津人民出版社，1999：70。

人喻於利」，主張要「存義去利」。而其所要立之「大志」即建立在「存義去利」的「本心」基礎之上。陸九淵的立「志」思想也體現在治學方面。「學者須是有志讀書，只理會文義，便是無志。」只是簡單理解書上的字面含義，在陸九淵看來並不是有志於讀書。「學者須是弘毅，小家相底得人憎。小者，他起你亦起，他看你亦看，安得寬弘沉靜者一切包容。因論爭名之流，皆不濟事。」〔註220〕人云亦云的讀書方式也不是眞正的讀書之法。此二者皆是由於人在讀書之前沒有「弘毅」、立「志」。「學者須是打疊田地淨潔，然後令他奮發植立，若田地不淨潔，則奮發植立不得。古人爲學即讀書，然後爲學可見。田地不淨潔，亦讀書不得。若讀書，則是假寇兵，資盜糧。」〔註221〕要把立「大志」放在讀書的之前，加強自身的修養，否則，讀書就會像借給強盜兵器和糧草一樣，是有害而無益的。

　　再次，陸九淵所謂「立」乃是「自立」。「女耳自聰，目自明，事父自能孝，事兄自能弟，本無欠闕，不必他求，在自立而已。」〔註222〕「本心」是無需他求的，是本有而自立的，這也說明了，陸九淵認爲發明「本心」，則道德主體自然挺立。陸九淵曾賦詩一首：「此理於人無間然，昏明何事與天淵？自從斷卻閒牽引，俯仰周旋只事天。」〔註223〕「尊兄平日只被閒牽引，所以不能自立。今既見得此理，便宜自立。此理即是大者，何必使他人明指大者？既得此理，此理無非，何緣未知今是？此理非可以私智揣度傅會。若能知私智之非，私智廢滅，此理自明。若任其私智，雖高才者亦惑，若不任私智，雖無才者亦明。」〔註224〕陸九淵認爲人們只是由於被閒牽引，才無法自立，而一旦明得此「理」、此「心」，則自立就會變得很容易。所以要做到「自立」，就要明「心」，「斷卻閒牽引」，否則就無法實現「自立」。陸九淵主張「自立自重，不可隨人腳跟學人言語。」〔註225〕他自己也確是這樣做的。《語錄下》中：「大凡爲學須要有所立，《語》：『己欲立而立人。』卓然不爲流俗所移，乃有所立。須思量天之所以與我者是甚底？爲復是要做人否？理會得這個明

〔註220〕陸九淵，陸九淵集〔M〕，鍾哲點校，北京：中華書局，1980：446。
〔註221〕陸九淵，陸九淵集〔M〕，鍾哲點校，北京：中華書局，1980：463。
〔註222〕陸九淵，陸九淵集〔M〕，鍾哲點校，北京：中華書局，1980：399。
〔註223〕陸九淵，陸九淵集〔M〕，鍾哲點校，北京：中華書局，1980：143。
〔註224〕陸九淵，陸九淵集〔M〕，鍾哲點校，北京：中華書局，1980：143。
〔註225〕陸九淵，陸九淵集〔M〕，鍾哲點校，北京：中華書局，1980：461。

白，然後方可謂之學問。」〔註226〕只有做到了自我道德人格的傲然挺立，才可以為人友、為人師而去立他人。

陸九淵的「先立乎其大者」，其最終目標是成「大人」也。何謂「大人」，「大人者，與天地合其德，與日月合其明，與四時合其序，與鬼神合其吉凶。」〔註227〕「大人」者即孟子所謂的君子。陸九淵曾應邀去白鹿洞講學，其對君子與小人、義與利的關係作了深刻的分析。「昔者先生來自金邑，率僚友講道於白鹿洞，發明『君子喻於義，小人喻於利』一章之旨，且喻人之所喻由其所習，所習由其所志，甚中學者之病。義利之說一明，君子小人相去一間，豈不嚴乎？苟不切己觀省，與聖賢之書背馳，則雖有此文，特紙上之陳言耳。」〔註228〕陸九淵繼承了孟子對君子與小人的看法，認為對義與利的不同態度是分辨君子與小的直接明瞭的方法。君子具有的是仁、義、禮、智之心，而小人則是利欲薰心。君子與小人之分是後天形成的，而後天形成是與其所習、所志分不開的。志於「本心」者或是立「本心」者，則為君子，成「大人」。否則，「本心」受外物利欲所遮蔽，則為小人。「高底人不取物，下人取物，黏於物。」〔註229〕「大人凝然不動，不如此，小家相。」〔註230〕「大人」由於有所立，所以在外物面前可以做到凝然不動，不去取物。而「小人」由於「本心」不立，所以無法拒絕外物的誘惑，則必然去取物和黏於物。「上是天，下是地，人居其間。須是做得人，方不枉。」〔註231〕「人須是閒時大綱思量：宇宙之間，如此廣闊，吾身立於其中，須大做一個人。……天之所以命我者，不殊乎天，須是放教規模廣大。」〔註232〕陸九淵認為，人生於天地之間，生命存有的意義在於，人之為真正的人，人之為立身天地間之「大人」。他把立「本心」，成為「大人」當作了道德品格修養的至高境界。「若某則不識一個字，亦須還我堂堂地做個人。」〔註233〕「須思量天之所以與我者是甚底？為還是要做人否？理會得這個明白，然後方可謂之學問。」〔註234〕陸九

〔註226〕陸九淵，陸九淵集〔M〕，鍾哲點校，北京：中華書局，1980：438。
〔註227〕陸九淵，陸九淵集〔M〕，鍾哲點校，北京：中華書局，1980：449。
〔註228〕陸九淵，陸九淵集〔M〕，鍾哲點校，北京：中華書局，1980：471。
〔註229〕陸九淵，陸九淵集〔M〕，鍾哲點校，北京：中華書局，1980：462。
〔註230〕陸九淵，陸九淵集〔M〕，鍾哲點校，北京：中華書局，1980：462。
〔註231〕陸九淵，陸九淵集〔M〕，鍾哲點校，北京：中華書局，1980：450。
〔註232〕陸九淵，陸九淵集〔M〕，鍾哲點校，北京：中華書局，1980：439。
〔註233〕陸九淵，陸九淵集〔M〕，鍾哲點校，北京：中華書局，1980：447。
〔註234〕黃宗羲，宋元學案〔M〕，北京：中華書局，1986：1889。

淵摒棄那種盲目做學問的思想，時刻以爲學之目標是什麼爲思考對象。人如何才可以稱之爲人？人如何才可以爲人？即使不識一個字，但只要人確立「本心」，仍然可以成爲堂堂正正一個人，仍然可以成爲君子，成爲「大人」。陸九淵描寫自己的一首詩，可以作爲其對成「大人」的注腳：「仰首攀南斗，翻身倚北辰。舉頭天外望，無我這般人。」〔註235〕

　　陸九淵強調「先立乎其大者」，一個「先」字則點明了要把做人的德行踐履、人格修養置於首位，以「德性」爲「大者」。在德與智的關係上，明確地把德放在智之前。由此，也就有了與朱熹所進行的「尊德性」與「道問學」之爭。朱熹主張天下之物莫不有理，而那絕對之「理」需要由對具體事物與現象的深入省察中獲得，即所謂的「格物致知」和「即物窮理」。因此在道德修養的培養問題上，朱熹主張先要「道問學」，而後「尊德性」，「一切工夫重點都落在格物致知之問學上與敬之持之之矜持上」〔註236〕。而陸九淵主張先要「尊德性」，而後「道問學」。他所主張的德，並非是由外在強制灌輸的倫理思想，而是強調「發明本心」，「本心」是根源，然後進行「存心、養心、求放心」的自我修養。他認爲朱熹所採用的方式只會導致人們根據外物來塑造自身，而外物在他看來恰恰是「心之蔽」，那麼，由此塑造的人或人之心皆是有遮蔽的人或心。所以陸九淵認爲要想挺立起一個具有道德良知和道德自我的人，必須通過發明「本心」來完成，並且發明「本心」要優先於對學問的認知，「既不知尊德性，焉有所謂道問學」〔註237〕

　　姜廣輝先生對此論道：「中國歷史傳統一在尊德，二在重知。這在儒家那裏，一方面表現爲對古代聖人的道德訓條深信不疑，另一方面表現爲以承續傳統文化爲己任。在家在學，父兄師長所耳提面命、勸學獎進者也主要是這兩項。國家以其強有力的政治權力著爲功令，以此選拔人才，遂成一牢不可破的格局。但國家功令反過來又起了一種毒化作用，一些士子名義上講習道德學問，心中實慕求富貴利達，況且科舉制度牢籠人才有一大套搬弄理論教條的技巧，學者受制於其中，終日揣摸時文，對於尊德之事，反而束之高閣，置於虛空。陸九淵主張『先立乎其大』，『發明本心』，其意義主要即在破此格

〔註235〕陸九淵，陸九淵集〔M〕，鍾哲點校，北京：中華書局，1980：459。

〔註236〕牟宗三，宋明儒學的問題與發展〔M〕，上海：華東師範大學出版社，2004：134。

〔註237〕陸九淵，陸九淵集〔M〕，鍾哲點校，北京：中華書局，1980：400。

局。」〔註238〕

　　陸九淵主張「先立乎其大者」，並提出了著名論斷「學苟知本，六經皆我注腳」〔註239〕。「本」即指「本心」，而「知本」即指「發明本心」，「我」即指「我本心」，「六經」都是「我本心」的注腳。「或問先生何不著書？對曰：『六經注我，我注六經。』」〔註240〕既然「六經」都是「我」的注腳，我又何必去爲「六經」作注。由此理論也可知陸九淵爲何著述不豐。陸九淵認爲「本心」不求，妄論讀書，而只留情於傳注以求聖賢之微言大義是捨本逐末之舉。他認爲讀書應讀書之「本」，即經書之意旨，而訓詁章句只是枝葉。「所謂讀書，須當明物理，揣事情，論事勢。且如讀史，須看他所以成，所以敗，所以是，所以非處。優遊涵泳，久自得力。若如此讀得三五卷，勝看三萬卷。」所謂「優遊涵泳」，指在讀書過程中要不斷思考，反覆沉吟，不求讀書多與快，但求對書中的內容要理解得深、理解得透。他曾以詩教弟子：「讀書切戒在荒忙，涵泳工夫興味長。未曉莫妨權放過，切身須要急思量。自家主宰常精健，逐外精神徒損傷。寄語同遊二三子，莫將言語壞天常。」〔註241〕陸九淵主張優遊涵泳，平易讀之，反對窮究力索的讀書方式，尤其反對折衷眾家之言而未得眞實之理的治學方法。

　　陸九淵重「本心」，並非如禪宗所指「直指人心，見性成佛」，而是重讀書的。陸九淵反對朱熹讀書考索，並不意味他根本反對讀書。「讀書不必窮索，平易讀之，識其可識者，久將自明，毋恥不知。子亦見今之讀書談經者乎？歷敘數十家之旨而以己見終之。開闢反覆，自謂究竟精微。然試探其實，固未之得也，則何益哉？」〔註242〕他本人年少時就勤於讀書不輟，「嘗明燭至四更而不寐。欲沈涵熟復而切己致思，欲平淡玩味而冰釋理順，此則與徒乾沒於訓詁章句之末者大異」。他認爲如果「束書不觀」，那麼談話的內容是沒有根基的，也就更無從談及人之「本心」。「『某讀書只看古注，聖人之言自明白。且如『弟子入則孝，出則弟』，是分明說與你入便孝，出便弟，何須得傳注！學者疲神於此，是以擔子越重。到某這裏，只是與他減擔，只此

〔註238〕姜廣輝，陸學的立世精神〔J〕，河北學刊，1991（5）：36。
〔註239〕陸九淵，陸九淵集〔M〕，鍾哲點校，北京：中華書局，1980：395。
〔註240〕陸九淵，陸九淵集〔M〕，鍾哲點校，北京：中華書局，1980：399。
〔註241〕陸九淵，陸九淵集〔M〕，鍾哲點校，北京：中華書局，1980：407～408。
〔註242〕陸九淵，陸九淵集〔M〕，鍾哲點校，北京：中華書局，1980：471。

便是格物」〔註 243〕。陸九淵認爲讀書應該看古注，明白其中的大義即可，而不必讀後世學者杜撰的所謂傳注之書，因爲後世學者的著書立說，更多的是爲了標新立異，而不顧原本經書之原意。所以讀後世之注，只是增加了讀書的數量和負擔，而對於理解經書本意卻沒有什麼好處。陸九淵不屑於讀後世杜撰傳注之書，即使對經書和古注，他也不拘泥於古本，具有大膽懷疑的治學態度和習慣。他不肯著書，更不肯爲六經做文字上的傳注，在對經典解釋的過程中，往往提出自己的獨到見解。如果說，「我注六經」，是對前人思想解釋的話，那麼，「六經注我」則傳達出一種勇於探索，銳意創新的精神。陸九淵主張學貴自得，在讀書過程中要有自己的主見，進行獨立思考，「自立自重，不可隨人腳跟，學人言語。」〔註 244〕所以其所辦之學院才會有如此之多的學生不遠萬里而來。

「所謂『先立乎其大』，是要人用道德理性統帥精神活動，使感官作用在理性和理智的支配下進行。對於感官，他既看到其與理性認識聯繫，在精神活動中受心官支配的一面，又看到它是有形的，因而能與外界事物直接聯繫的方面。因此他主張，人要取得正確認識，必須從理性與理智出發，爲此須切斷與外界的聯繫，讓心官直接統帥感官，以建立心、身的主宰關係。」〔註 245〕這樣「本心」就成爲了一切行爲的最終決定者，「布乎四體，形乎動靜，宣之於言語，見之於施爲。」〔註 246〕由此，使人的行爲無不符合仁義道德之「本心」要求。

至此，陸九淵從「本心」出發，通過立心、明理（明心）、做人三個階段，其構建的理論體系基本完成。世界觀指導人生觀，在南宋屈辱的政治背景之下，陸九淵卓然自信的以「本心」爲基點，給予自我更多關注。但其作爲古代社會的士人，只實現了做人或成君子，還是遠遠不夠的，他想到更多的是由修身而治國的儒家社會責任。雖然陸九淵對「學而優則仕」並不贊成，但其卻有著強烈的愛國情懷，不喜歡從政，並不意味著不關心政事，陸九淵的心學有著對人類社會政治生活質量的深切關注。

〔註 243〕陸九淵，陸九淵集〔M〕，鍾哲點校，北京：中華書局，1980：441。
〔註 244〕陸九淵，陸九淵集〔M〕，鍾哲點校，北京：中華書局，1980：22。
〔註 245〕劉宗賢，陸王心學研究〔M〕，濟南：山東人民出版社，1997：119。
〔註 246〕陸九淵，陸九淵集〔M〕，鍾哲點校，北京：中華書局，1980：375。

第三章　存養「本心」，達於善政

　　「古之人自其身達之家國天下而無愧焉者，不失其本心而已。」〔註1〕這一句話爲陸九淵的政治思想定下了基調。

　　陸九淵在少年時代，便立志要發揚有益於治國安邦的「聖人之學」，從其少年時所作詩中可見一斑：「從來膽大胸膈寬，虎豹億萬蚪龍千，從頭收拾一口吞。有時此輩未妥貼，哮吼大嚼無毫全。朝飲渤澥水，暮宿崑崙巔，連山以爲琴，長河爲之弦、萬古不傳音，吾當爲君宣。」〔註2〕陸九淵十六歲時，讀三國六朝史，對北方少數民族侵擾中原很感慨，之後聽人講述北宋末期的「靖康之難」，更是憂憤，他於是剪去指甲，立志習武，打算復仇雪恥。「吾人讀《春秋》，知中國夷狄之辨，二聖之仇，豈可不復？所欲有甚於生，所惡有甚於死。今吾人高居優遊，亦可爲恥。乃懷安，非懷義也。」〔註3〕體現了高度的社會責任感和愛國情節。陸九淵反對外族的侵擾，想爲兩位被擄皇帝復仇，收復失地的願望是強烈的。他認爲那些不問民眾疾苦、不關心國家政事、只貪圖享樂的人是可恥的不「義」之人。

　　陸九淵對南宋王朝的外憂內患深爲關切，對國家民族的前途與命運投以了極大的關注和熱忱，他後來用一生的時間從不同方面來實踐著他的政治理想。他崇尚天下爲公，對政治腐敗心懷憤懣，出於一個儒家思想家的政治責任感，陸九淵對當時的最高統治者提出了一系列的建議，指出爲人君者必須「代天理物」，若不如此，必遭「天」的懲處，予以撤換。陸九淵贊同「民爲

〔註1〕陸九淵，陸九淵集〔M〕，鍾哲點校，北京：中華書局，1980：227。
〔註2〕陸九淵，陸九淵集〔M〕，鍾哲點校，北京：中華書局，1980：299。
〔註3〕陸九淵，陸九淵集〔M〕，鍾哲點校，北京：中華書局，1980：484。

貴、社稷次之，君爲輕」的觀點，關心民瘼，具有高度的社會責任感。他注重實際，提倡務實精神，荊門的政治實踐是其政治才能展現的一個平臺。陸九淵作爲一個有深厚儒學修養的傳統士大夫，將國家的前途命運與自己的使命、責任緊密聯繫在一起，表現出了北宋時期范仲淹的「先天下之憂而憂，後天下之樂而樂」的高尚品格。雖然他官輕位微，但他所具有的政治思想、政治抱負卻是眞切存在，不能抹殺的。

「象山在治事爲政上所表現的作爲，是從『本心』發用流露出來。從『本心』（內在的首先心）流露出的作爲，亦就是道德自身的建構。因爲不安不忍的本心，必然要通出去，以與社會生民、天地萬物渾然而爲一體，這是儒家學問的血脈所在，而象山之學正緊切地把握了此一精神。故象山之心學，一面表現爲建立個人與國家社會之必然關聯，一面發爲人人對國家社會負責之生命力的發皇。此即象山學之實踐性及其所以爲正大之所在。」〔註4〕陸九淵對「本心」的理解，是其政治思想提出的前提，在「本心」的基礎上，進行了「君心」、「民心」、君民關係、官民關係以及國家構想等一系列的政治思考。

「象山本心的放射，具體表現於人生社會日常事爲活動方面的，除教育思想外，還有他底民主政治思想。象山底民主政治思想，仍以『發明本心』及『道外無事，事外無道』的道事合一論爲根本。」〔註5〕「學者問，荊門之政何先？對曰：必也正人心乎。」〔註6〕陸九淵的政治思想是由其「本心」出發的，認爲「本心」是政之本也。「爲政在人，取人以身，修身以道，修道以仁。仁，人心也。人者，政之本也，身者，人之本也，心者，身之本也。不造其本而從事其末，末不可得而治矣。」〔註7〕「本心」是身之根本；身是人之爲人的根本；人是從政之根本。心→身→人→政，「本心」爲本，而政爲末。陸九淵在開卷第一次提及「本心」時云：「孟子曰：『所不慮而知者，其良知也。所不這而能者，其良能也。』此天之所與我者，我固有之，非由外爍我也，故曰：『萬物皆備於我矣，反身而誠，樂莫大焉。』此吾之本心也。所謂安宅、正路者，此也；所謂廣居、正位、大道者，此也。」〔註8〕陸九淵把「本

〔註4〕蔡仁厚，宋明理學・南宋篇〔M〕，長春：吉林出版集團有限責任公司，2009：174。
〔註5〕林繼平，陸象山研究〔M〕，臺北：臺灣商務印書館，1983：279。
〔註6〕陸九淵，陸九淵集〔M〕，鍾哲點校，北京：中華書局，1980：425。
〔註7〕陸九淵，陸九淵集〔M〕，鍾哲點校，北京：中華書局，1980：233。
〔註8〕陸九淵，陸九淵集〔M〕，鍾哲點校，北京：中華書局，1980：5。

心」與安宅、正路、廣居、正位、大道者聯繫在一起，「今使足下復其本心，居安宅，由正路，立正位，行大道，乃反爲無所歸，足下之不智亦甚矣！」〔註9〕「本心」既是修身之心，同時也是治國安邦之心。

第一節　政之寬猛：關於善政的價值判斷

　　陸九淵立足「本心」，主張存養「本心」，達於善政。在善政的價值判斷問題上，他繼承了傳統儒家的德治善政的思想傳統，主張從政之寬猛的角度對善政進行價值判斷。「唐憲宗問權德輿政之寬猛孰先？當時德輿之對，似亦有得乎吾所謂『君之心，政之本』者矣，惜乎其不能伸之長之，而寬猛之說未及辨也。」〔註10〕唐憲宗問爲政過程中，「寬」與「猛」何者處於首要位置，這個問題的本身就包含了對爲政的「寬」與「猛」的認同。德輿的作答似乎符合「君之心，政之本」的思想，但由於沒有清楚的認識與分辨「寬」與「猛」，所以很可惜沒有眞正的理解和延伸「君之心，政之本」的政治思想。陸九淵對「寬猛」之說理解與他人不同，有著自己獨到之處，從「君之心，政之本」出發來詮釋「政之寬猛」。

　　「寬猛相濟」，「寬」指寬容；「猛」指嚴厲，猛烈，引申爲殘暴；「濟」：相輔而行，「寬猛相濟」即要使寬仁與殘暴相互補充。「寬猛相濟」說，或稱「寬以濟猛，猛以濟寬」說，最早出自《左傳》。昭公二十年，春秋時期鄭國著名政治家子產臨終之時，對繼任者子太叔說：「我死之後，子必爲政，唯有德者，能以寬服民，其次莫如猛。」子太叔執政以後，由於不忍心採用嚴厲方式治國而推行寬大，結果導致鄭國盜賊很多，危害很大。子太叔此時後悔道：「吾如果聽從夫子的話，也不至於如此。」於是發兵攻打盜賊，盜賊狀況有所收斂。孔子就此讚歎道：「善哉，政寬則民慢，慢則糾之以猛，猛則民殘，殘則施之以寬。寬以濟猛，猛以濟寬，政是以和。」〔註11〕由此，「寬猛」之說成爲歷代君主進行政治統治的一項政策和方法。「寬猛之說，古無有也，特出於左氏載子產告子太叔之辭，又有『寬以濟猛，猛以濟寬』之說，而託以爲夫子之言。」〔註12〕陸九淵認爲「寬猛」爲政的思想並非古已有之，而是

〔註 9〕陸九淵，陸九淵集〔M〕，鍾哲點校，北京：中華書局，1980：6。
〔註 10〕陸九淵，陸九淵集〔M〕，鍾哲點校，北京：中華書局，1980：356。
〔註 11〕徐中舒，左傳選・論爲政寬猛〔M〕，北京：中華書局，1979：253～254。
〔註 12〕陸九淵，陸九淵集〔M〕，鍾哲點校，北京：中華書局，1980：356。

從《左傳》的記載開始，隨後假借孔子之口，表達自己的政治意圖，並非眞的孔子之言論。

　　陸九淵認爲「寬」與「猛」於政沒有先後之分，只有美惡之別，人君治國不可以一日用「猛」。「寬者，美辭也，猛者，惡辭也。寬猛可以美惡論，不可以先後言也。」〔註13〕「寬」即以寬仁之心治國，是受到讚揚和肯定的；相反以「惡」即苛政來治國，是被人反對的。所以嚴厲的對待民眾的方式是不可取的，也是人君不應該採用的，寬與猛的治國方式並不存在應用的先後問題，而只有美與惡、肯定與反對的區別。「論載夫子之形容，曰：『威而不猛』，書數義和之罪，曰：『烈於猛火』，記載夫子之言，曰『苛政猛於虎也』。故曰猛者惡辭也，非美辭也。是豈獨非所先而已耶？是不可一日而有之者也。故曰可以美論，不可以先後言也。」〔註14〕陸九淵反對苛政，即所謂的「猛」，認爲人君即使一日也不可用對殘暴百姓的方式治理國家。「『政寬則民慢，慢則糾之以猛，猛則民殘，殘則施之以寬。』使人君之爲政，寬而猛，猛而寬，而其爲之民者，慢而殘，殘而慢，則亦非人之所願矣。」〔註15〕政治寬仁，百姓就有懈怠之心；那麼就要通過殘暴的方式加以糾正，陸九淵認爲這種所謂的寬猛相濟爲政方式是不可取的。作爲百姓，有所怠慢就施以殘暴，殘暴致使百姓更加怠慢，這不是良好的爲政方法，也不是人君與百姓希望看到的局面。陸九淵贊成「威而不猛」的執政方式，人君既有威嚴，又能取信於民，但並非以殘忍的方法獲取威嚴。這就要求人君在實施寬仁之政的同時要配以刑罰。

　　「強弗友之世，至於頑嚚、疾狠、傲逆、不遜，不可以誨化懷服，則聖人亦必以刑而治之。然謂之剛克可也，謂之猛不可也。五刑之用，謂之天討，以其罪在所當討，而不可以免於刑，而非聖人之刑之也，而可以猛云乎哉？」〔註16〕對於那些頑劣、忤逆等不可以用教誨的方式使其有所改變的人，那麼就必須要用刑罰的方法加以懲治，這可以稱之爲強制的方法，但不能稱之爲爲政的「猛」。刑罰是天對那些有罪之人使其改過的手段，是因爲沒有其它方式可以應用才被迫採取刑罰，並不是由於聖人喜歡用刑，刑罰是治國的必要

〔註13〕陸九淵，陸九淵集〔M〕，鍾哲點校，北京：中華書局，1980：356。
〔註14〕陸九淵，陸九淵集〔M〕，鍾哲點校，北京：中華書局，1980：356～357。
〔註15〕陸九淵，陸九淵集〔M〕，鍾哲點校，北京：中華書局，1980：356。
〔註16〕陸九淵，陸九淵集〔M〕，鍾哲點校，北京：中華書局，1980：356。

手段，但並非是因為有了刑罰存在，就是苛政。陸九淵贊成刑罰的應用，但反對嚴刑。「夫惟於用刑之際而見其寬仁之心，此則古先帝王之所以為政者也。」〔註17〕

　　陸九淵對「寬」與「猛」的態度，決定了他的為政取捨，他繼承了孟子的仁政思想，主張君當以寬仁之心治國，尚德而不尚刑。孟子提出仁政思想，主張「以善養人」，要求人君要「以仁存心，以禮存心」〔註18〕。只有如此，「上有好者，下必有甚焉者矣。君子之德風也，小人之德草也。草上之風必偃」〔註19〕，君主是百姓的榜樣和典範，只有君主修身養德才能用仁的真理去教育和感召其社會成員。「仁者以其所愛及其所不愛，不仁者以其所不愛及其所愛。」仁君把他的仁愛之心普及到他的臣民身上，要愛民如子，統治者應有「思天下之民，匹夫匹婦有堯、舜之澤者，若己推而內之溝中」〔註20〕的社會責任感。只有統治者有了這樣的「本心」，百姓才能心悅誠服，天下才能安定太平。「君仁莫不仁，君義莫不義，君正莫不正，一正君而國定矣。」〔註21〕陸九淵堅持了孟子的仁政思想，主張人君實行仁義之政，認為「君正則莫不正」。與此同時，他也認為仁政思想應當德刑並舉，但要尚德不尚刑。他以唐憲宗與宰相李吉甫、李絳之廷論為例，「唐李吉甫嘗言於憲宗曰：『刑、賞，國之二柄，不可偏廢。今恩惠洽矣，而刑威未振，中外懈怠，願加嚴以振之。』當時帝顧問李絳，絳雖能以尚德不尚刑之說折之，然終未能盡愜於理……告主上以行天討乎？何乃泛言刑威不振，勸人主以加嚴，此豈大舜明刑之心……吉甫斯言，可謂失其本心者也……後之欲以險刻苛猛之說復其君者，尚鑒於此哉！」〔註22〕李吉甫向唐憲宗進言，主張嚴刑，雖然他假借天的名義來行嚴刑之實，但其做法本身的不妥之處是很明顯的。他的嚴刑思想是與舜實施刑罰的初衷是不一致的，是失其「本心」的做法，並未被憲宗所採納。陸九淵把嚴刑看作是「猛」的一種表現，他在主張以「寬」為政，反對以「猛」治國的同時，也主張德刑並舉，反對人君實施嚴刑。

〔註17〕陸九淵，陸九淵集〔M〕，鍾哲點校，北京：中華書局，1980：358。
〔註18〕焦循，諸子集成孟子正義〔M〕，北京：中華書局，1954：350。
〔註19〕焦循，諸子集成孟子正義〔M〕，北京：中華書局，1954：194。
〔註20〕焦循，諸子集成孟子正義〔M〕，北京：中華書局，1954：387。
〔註21〕焦循，諸子集成孟子正義〔M〕，北京：中華書局，1954：309。
〔註22〕陸九淵，陸九淵集〔M〕，鍾哲點校，北京：中華書局，1980：358。

第二節　三代之治：善政的理想摹本

　　陸九淵面對南宋社會狀況，在揭露現實弊政的同時，也提出了復天下為公的「三代之治」的善政的理想摹本。「唐虞三代之時，道行乎天下。夏商叔葉，去治未遠，公卿之間，猶有典刑；伊尹適夏，三仁在商，此道之所存也。周歷之季，迹熄澤竭，人私其身，士私其學，橫議蜂起，老氏以善成其私，長雄於百家，其遺意者，猶皆逞於天下。至漢，而其術益行，子房之師，實維黃石，曹參避堂以舍，蓋公高惠收其成績，波及文景者，二公之餘也。自夫子之皇皇，沮溺接輿之徒，固已議其後，孟子言必稱堯舜，聽者為之藐然，不絕如線，未足以喻斯道之微也。陵夷數千百載，而卓然復見斯義，顧不偉哉。」〔註23〕史學家司馬遷在《史記‧孟子荀卿列傳》中記載：「當是之時，秦用商君，富國強兵；楚魏用吳起，戰勝弱敵；齊威王、宣王用孫子、田忌之徒，而諸侯東面朝齊。天下方務於合從、連衡，以攻伐為賢，而孟軻乃述唐、虞、三代之德，是以所如者不合。」孟子的這種學說在當時情況下被諸侯認定為「迂遠而闊於事情」，一直沒有得到認可和實踐。但孟子並沒有因為外在環境和社會上層的不認同而改變自己的初衷，他對於自己以唐虞三代治國思想可以治理好天下的學說非常有自信。他說：「如欲平治天下，當今之世，舍我其誰也？」〔註24〕陸九淵贊同孟子的這種政治思想。所謂「三代」即「唐虞三代」，即陸九淵所說的「吾嘗謂唐、虞盛時，田畝之民，竭力耕田，出什一以供其上者，亦是與堯、舜、皋、夔同心同德。」這一時代的人都懷著天下為公的思想，為「善」、為「公」的心，為了共同的利益而努力，人們都「與堯、舜、皋、夔同心同德」，人人都講「公心」和「善行」，「三代」就是這樣的社會。陸九淵認為最合理的政治形式即是人人受益、同心同德的「三代之政」。

　　「取民、制兵、建官之法蓋莫良於三代。遭秦變，古先王之制掃地而盡。由漢以來，因循苟簡，視三代之法，幾以為不可復行。蓋不知大冬之寒，可以推而為大夏之暑，毫末之小，可以進而為合抱之大，顧當為之以漸，而不可以驟反之也。唐因魏隋之舊，而成租調、府衛之制，官約以六典，而省之至於七百三十，此可以為復三代之漸，而唐之所以為可稱者也。」〔註25〕陸

〔註23〕陸九淵，陸九淵集〔M〕，鍾哲點校，北京：中華書局，1980：231。
〔註24〕焦循，諸子集成孟子正義〔M〕，北京：中華書局，1954：184。
〔註25〕陸九淵，陸九淵集〔M〕，鍾哲點校，北京：中華書局，1980：367。

九淵認爲「取民、制兵、建官」是「三代」之政的關鍵所在，而漢代之後，正是由於無法合理的做到這三個方面，所以無法眞正實現理想的「三代之治」。陸九淵認爲唐代的政策措施是最接近「三代」之政的，可以作爲借鑒。「唐租調之法，固可以爲復井田什一之漸矣。」〔註26〕他認爲唐代的租庸調法比宋代的賦稅法更合理，認爲實行唐代租調法是糾正賦稅弊端的一種方法，也是恢復三代井田制的什一稅的步驟之一。究其根源，陸九淵是想通過此種方法來解決土地兼併的問題，使百姓可以有田可耕，田地不被免賦稅的豪強所佔有，國家可以眞正的收到賦稅。南宋深受外侮侵略，重要原因之一即是沒有強大的軍隊，陸九淵強調「制兵」。「唐府兵之法，固可爲復軍旅卒伍之漸矣。」〔註27〕唐代實行的是府衛兵制，陸九淵贊成府衛兵制，但實行這種兵制，需要以授田制度爲前提。「然授田之制不行，則府衛之制不可復論。」〔註28〕只有實行授田制度，才能眞正使府衛兵制得以實施。但宋代無法實行唐代的授田制，也就無法恢復府衛兵制。最後是「建官」。南宋官場的黑暗是陸九淵所深惡痛絕的，整頓吏制也是他政治思想的一個重點。「唐虞官百，夏商官倍，周官三百六十，而唐承隋後，官不勝眾，驟而約之，七百有奇，則復古建官，亦莫近於唐矣。」〔註29〕「三代」之時，官員不過百人左右；夏商之時約二百人；周代之時三百六十人。到了隋代官員則非常多，唐代時對官員進行了裁減，大概七百人左右。官員的精減會避免冗官浮吏現象的出現，是理想的吏制狀況。南宋恰恰面臨官吏眾多的局面，改善這種局面的方法只能是裁判官員。陸九淵對「三代」官制的期望，亦是對南宋吏制改革提出了要求。

　　陸九淵認爲恢復「三代之治」是完全可能的。「開闢以來，聖神代作，君臣之相與倡和彌縫，前後之相與緝理更續，其規恢締建之廣大深密，咨詢計慮之委曲詳備，證驗之著，有足以折疑，更嘗之多，有足以破陋，被之載籍，著爲典訓，則古制之所以存於後世者，豈徒爲故實文具而已哉？以不易之理，御不窮之變，於是乎在矣。學之以入官，操之以議事，政之不迷，固其所也。」〔註30〕陸九淵把「三代之治」作爲「不易之理」，雖然面對著世事的千變萬化，

〔註26〕陸九淵，陸九淵集〔M〕，鍾哲點校，北京：中華書局，1980：368。
〔註27〕陸九淵，陸九淵集〔M〕，鍾哲點校，北京：中華書局，1980：367。
〔註28〕陸九淵，陸九淵集〔M〕，鍾哲點校，北京：中華書局，1980：368。
〔註29〕陸九淵，陸九淵集〔M〕，鍾哲點校，北京：中華書局，1980：368。
〔註30〕陸九淵，陸九淵集〔M〕，鍾哲點校，北京：中華書局，1980：379。

但卻可以駕馭自如。「三代之治」的典章制度等都被記載於各種文獻之中，奉行「三代之治」的思想，完全可以從典章文獻中找到依據。以此依據為官、議事，則政治就不會迷失方向。但由於弊俗久積，要想改變並非一朝一夕之事，所以陸九淵反對「驟變」，主張「徐圖漸治」的方式恢復「三代之治」。「合抱之木，萌蘗之生長也。大夏之暑，大冬之推移也。三代之政，豈終不可復哉？顧當為之以漸，而不可驟耳。有包荒之量，有馮河之勇，有不遐遺之明，有朋亡之公，於復三代乎何有？」〔註31〕合抱之樹，是從萌蘗開始長成的，所以「三代之政」的目標要一點一點的實現。陸九淵所贊成的種種變革都是以此為目標，「三代之政」是他的政治目標和政治理想，是真正實現「民為邦本」的最高政治形式。

　　「三代之政」在南宋最終無法真正實現，陸九淵把「三代之政」不可恢復的原因，歸結於「三代」以後的君王拋棄了天下為公的以民為國家之本和以民心為君心的道理，將天下和人民當作了自己的私有財產，把自己當成了天下的主人，忘記了自己的本分和所肩負的職責。「自周衰以來，人主之職分不明。堯典命義和敬人時，是為政首。後世乃付之星官、曆翁，蓋緣人主職分不明所致。孟子曰：『民為貴，社稷次之，君為輕。』此卻知人主職分。」〔註32〕陸九淵認為，自周代衰落以後，人君就很少清楚自己所處的位置和所擔負的職責。而孟子的「民貴君輕」就是對民與君職分關係的清晰表達。所以陸九淵對後世不知職分之君主表示了自己的不滿，並進行了激烈的批評，認為後世之主，由於不知職分，不知好學，不提高自身治理國家的能力，從而導致了人欲橫流。認為天賦予君位於人君，並非是把天下作為私物送於人君。由此，陸九淵寄希望於英明聖主的出現，「三代之時，遠近上下，皆講明扶持此理，其有不然者，眾從而斥之。後世遠近上下，皆無有及此者，有一人務此，眾反以為怪。故古之時比屋到於可封。後世雖能自立，然寡固不可以敵眾，非英才不能奮興。」〔註33〕南宋的各位君主既非英才，又非聖人，所以結果並不能如陸九淵所願。與此同時，陸九淵既沒有如王安石一樣的政治權力，也沒有提出一套完整變法的措施和方法，他是針對於所見之南宋政治弊端而提出一種政治理想狀態和所希望達到的政治目標。因此，陸九淵提

〔註31〕陸九淵，陸九淵集〔M〕，鍾哲點校，北京：中華書局，1980：223～224。
〔註32〕陸九淵，陸九淵集〔M〕，鍾哲點校，北京：中華書局，1980：403。
〔註33〕陸九淵，陸九淵集〔M〕，鍾哲點校，北京：中華書局，1980：409。

出所謂復「三代之政」，只在自己荊門任上進行過一些現實嘗試，卻無法真的
成為整個社會的努力方向，所以只不過是他自己心中的理想藍圖和美好願望
而已。

第三節　憂國之心在於愛民：對於民本思想的心學闡釋

「民本」思想，早在周代就已有之，周公把「天命」、「敬德」、「保民」
三者相結合，認為，只有做到了「敬德保民」，上天才會授命於周，而出兵伐
商，取而代之統治天下。《左傳·桓公六年》中有「夫民，神之主也，是以聖
王先成民而後致力於神」的記載。國家的興旺，要順從於民眾之所想；民是
神的主人，是一切的主人，所以賢明的君主要先民後神，君主治理國家要把
民放在首位。孟子提倡「仁政」思想，更提出了「民為貴，社稷次之，君為
輕」的著名論斷。西漢政論家賈誼深入研究了國家、君主與民三者之間的關
係，繼承了孟子的「民貴君輕」思想，提出了明確的「民本」主張。「聞之於
政也，民無不為本也。國以為本，君以為本，吏以為本。故國以民為安危，
君以民為威侮，吏以民為貴賤。此之謂民無不為本也。」〔註34〕民是政之本，
是君與吏之本，一切政事的根本都在於民。「夫民者，萬世之本也，不可欺。
凡居於上位者，簡士苦民者是謂愚，敬士愛民者是謂智」〔註35〕是否為民著
想和對待民眾的態度是衡量統治者智愚的標準。而秦漢之後，實行君主專制，
在政治上大多只提「愛民思想」。及至宋代，宋儒繼承了周公、孟子以來的民
本思想。陸九淵以繼承孟子思想自居，他亦繼承了孟子的「民為貴，社稷次
之，君為輕」〔註36〕的「民貴君輕」思想，倡導「民為邦本」的社會政治思
想。

陸九淵無論是在朝為官，還是在家鄉講學，都對當時南宋王朝的統治和
民眾的疾苦有著直接而深刻的感覺。「民為邦本，誠有憂國之心，肯日蹙其本
而不之恤？財賦之匱，當求根本。不能檢尼吏奸，猶可恕也，事掊斂以病民，
是奚可哉？」〔註37〕陸九淵把「民」作為「邦本」，他所指的「民」既包括宋

〔註34〕賈誼，賈誼集〔M〕，上海：上海人民出版社，1976：149。
〔註35〕賈誼，賈誼集〔M〕，上海：上海人民出版社，1976：152。
〔註36〕焦循，諸子集成孟子正義〔M〕，北京：中華書局，1954：573。
〔註37〕陸九淵，陸九淵集〔M〕，鍾哲點校，北京：中華書局，1980：98。

代主戶中的二三等中小地主，也包括主戶中四五等的自耕農民。只要存有憂國之心，就要把「民」放在首位，「民為邦本」是「憂國之心」的體現，懷有「憂國之心」就不可能看著民眾受苦而不加體恤。沒有能力使貪官污吏受到懲罰，也許還可以被寬恕；但如果加倍的聚斂財賦，使民眾一日比一日窮困無法生活下去，就不能被寬恕了。

　　陸九淵認為「民為邦本」是大義正理，主張「寬民力厚國本」。民與君共同構築了國家與社稷的體系，「『民為大，社稷次之，君為輕』，『民為邦本，得乎丘民為天子』，此大義正理也。」〔註38〕「孟子曰：『民為大，社稷次之，君為輕』。此卻知人主職分。」〔註39〕陸九淵堅持了孟子對與民、君、社稷的地位排序，認為民是第一位的，社稷次之，而人君排在最後的位置上。這種排序在明確人君地位的同時，也說明民與君是有著不同的職分的，民為國家之本，而君是為國與民盡職的。「得乎丘民為天子」，民與君的關係是水與舟的關係，水能載舟，亦能覆舟。國家就好比是大海，而水是大海的構成要素，但舟卻不是大海組成的根本。有了水的支持，舟才能夠順利的起航和運行，也就是說，只有取得了民眾的擁護，君主才能真正的掌握政權並行使權力。這種民、君、國的三者關係是「大義正理」，不可改變的。「今日邦計誠不充裕，賦取於民者誠不能不益於舊制。居計省者誠能推支費浮衍之由，察收斂滲漏之處，深求節約檢尼之方，時行施捨己責之政，以寬民力，以厚國本，則於今日誠為大善。若未能為此，則亦誠深計無慮者之所異。」〔註40〕陸九淵認為，現今國庫不充裕，而國家的稅收來源是取之於民的賦稅，那麼賦稅的收取就不能簡單的依賴於舊制。舊制國庫空虛則加重民眾的賦稅，國庫豐盈則減輕民眾的賦稅，這種方法要得到改善。收取民眾賦稅是一個方面，另一方面主管財政收支的官員也要避免透支浪費的情況發生，更要檢查賦稅收入的漏洞，如此才能真正保證「邦之充裕」。陸九淵把賦稅減少的原因更多的指向官吏和朝廷本身，認為只有官吏和統治者不斷的自省和自檢，才能真正的做到「寬民力」。只有「民力」得寬，才能君民一體，同心同德，從而實現「厚國本」之目的。「寬民力」以「厚國本」為目標，體現了陸九淵為民思想的同時，也更多的體現了其為君、為國的思想。因此，陸九淵對於奸胥污吏

〔註38〕陸九淵，陸九淵集〔M〕，鍾哲點校，北京：中華書局，1980：69。
〔註39〕陸九淵，陸九淵集〔M〕，鍾哲點校，北京：中華書局，1980：403。
〔註40〕陸九淵，陸九淵集〔M〕，鍾哲點校，北京：中華書局，1980：72。

的行爲深惡痛絕，認爲他們的橫征暴斂、迫害百姓的行爲是「蹶邦本，病國脈」。

陸九淵主張「張官置吏，所以爲民」。「天生民而立之君，使司牧之，張官置吏，所以爲民也。」〔註41〕陸九淵認爲「天生民」而後「立之君」，「君」是由「民」產生的並來治理國家。而「天生民而立之君」有兩層涵義，一是天生民，並由天從民中選出一人確立爲君主，而君主本身其實就是民中的一員；二是天生民，而後民眾選舉出一人立爲君主。古代封建社會的帝王往往選擇承認前者，認爲自己是由天指派而成爲帝王，統治國家的。但從「使司牧之，張官置吏，所以爲民」看來，陸九淵的表達中也潛在著由民選君主，君主爲民服務的「以民心爲主」的思想。這種思想與他主張變革思想是相互關聯的，他認爲如桀紂等不爲民之君王，是可以被推翻的，這就與「天命不可違」的思想是相悖的，君王並非是天所設定不變的，而是由民產生的，並爲民服務的。君主只有取得「民」的支持，才能成爲君主。所以君主只有以民心爲己心、以民爲本，才能治理好國家。「天以斯民付之吾君，吾君又以斯民付之守宰，故凡張官置吏者，爲民設也。無以厚民之生，而反以病之，是失朝廷所以張官置吏之本意矣。『無君子莫治野人，無野人莫養君子。』」〔註42〕陸九淵假借「天」之手，把民託付於君主，君主是民的守護者，「張官置吏」目的都是爲「民」。如果不「厚民之生」、「反以病之」，則君主或朝廷就喪失了它「張官置吏」的用意了。所以陸九淵引用孟子的「無君子莫治野人，無野人莫養君子」一句來概括說，沒有君主，就無法治理百姓；而沒有了百姓，就不可以養活君主。相比之下，民爲本，君爲末，「民」在政治活動中起到了根本的作用，既是國家的基石，又是國家的服務對象；而「君」只起到治理國家的作用。

陸九淵把民爲國本與君主權力統一起來。「民生不能無群，群不能無爭，爭則亂，亂則生不可以保。王者之作，蓋天生聰明，使之統理人群，息其爭，治其亂，而以保其生者。夫爭亂以戕其生，豈人情之所欲哉？……當此之時，有能以息爭治亂之道，拯斯民於水火之中，豈有不翕然而歸往之者？保民而王，信乎其莫之能禦也。」〔註43〕民眾生活是一種群體性的生活，而群體生

〔註41〕陸九淵，陸九淵集〔M〕，鍾哲點校，北京：中華書局，1980：69。

〔註42〕陸九淵，陸九淵集〔M〕，鍾哲點校，北京：中華書局，1980：116。

〔註43〕陸九淵，陸九淵集〔M〕，鍾哲點校，北京：中華書局，1980：382。

活就意味著要有鬥爭，鬥爭會產生混亂，而混亂的結果則是民眾無法正常的生存下去。由鬥爭產生的混亂對民眾的生存是一種危害，這是人們所不想看到的。而為了避免這種狀況的發生，就需要有一種權力來保護民眾，或者說，需要有一種權力來避免鬥爭，不管是內部的還是外部的鬥爭，也需要抑制混亂的產生。這種權力，就是治理國家的權力，君主的權力，君主是為了「保民而王」的，「保民」是君權的出發點和目標。而「民」之所以依附於「君」是為了換取「保護」，如果「君」不能盡到「保民以為安」的責任，則「民」必中止「依附」。「保民」的同時也表達了一種「為民」而「治民」的思想。「自古張官置吏，所以為民。為之圄圉，為之械繫，為之鞭箠，使長吏操之，以禁民為非，去其不善不仁者，而成其善政仁化，懲其邪惡，除亂禁暴，使上之德意布於天下，而無所壅底。」〔註44〕

　　陸九淵同其兄九韶的一段問答，松年問梭山（陸九韶）云：「有問松：『孟子說諸侯以王道，是行王道以尊周室？行王道以得天位？』當如何對。」梭山云：「得天位」。松曰：「卻如何解後世疑孟子教諸侯篡奪之罪？」梭山云：「民為貴，社稷次之，君為輕」。先生（陸九淵）再三稱歎曰：「家兄平日無此議論」。良久曰：「曠古以來無此議論」。松曰：「伯夷不見此理」。先生亦云。松又云：「武王見得此理」。先生曰：「伏羲以來皆見此理」。〔註45〕陸九韶認為，君主要實行王道，只有行君王應該有的的道，才會得到天授之王位。如果君主做不到實行王道，則民眾可以起而反之。陸九淵贊成其兄的說法，伏羲以來的所謂聖賢皆懂得這個道理，只有那個勸阻武王不要伐紂的伯夷不懂這個道理，而武王深知此理，所以順從民意，興師伐紂，推翻了不行王道的紂王統治。「安知天位非人君所可得而私」〔註46〕，國家和民眾不是君的私有財產，陸九淵強調君必須有利於民。他說：「孟子曰：『民為貴，社稷次之，君為輕』。此卻知人主職分。」〔註47〕君主必須明瞭自己的職責和本分，才能處理好君與民的關係。「然人之為人，則抑有其職矣。垂象而覆物，天之職也。成形而載物者，地之職也。裁成天地之道，輔相天地之宜，以左右民者，人君之職也。」人之所以為人，是各具其職的，君主就更不例外了。如：天的

〔註44〕陸九淵，陸九淵集〔M〕，鍾哲點校，北京：中華書局，1980：71～72。
〔註45〕陸九淵，陸九淵集〔M〕，鍾哲點校，北京：中華書局，1980：424。
〔註46〕陸九淵，陸九淵集〔M〕，鍾哲點校，北京：中華書局，1980：426。
〔註47〕陸九淵，陸九淵集〔M〕，鍾哲點校，北京：中華書局，1980：403。

職責是垂象覆物，地的職責是成形承載萬物，君主的職責就是順應天地之道，左右民眾。

「風俗積壞，人材積衰，郡縣積弊，事力積耗，民心積搖，和氣積傷，上虛下竭，雖得一稔，未敢多慶。如人形貌未改而髒氣積傷，此和扁之所憂也。比日所去之蠹，可謂大矣。燮調康濟，政而惟難。非君臣同德，洞見本末，豈易言此。」〔註 48〕陸九淵用了六個「積」字，概括了整個江西地區的政治，經濟，民心等情況。國家好比一人，而民好比人之內臟，內臟受傷是人所最為擔憂的事情，現今的情況乃國家之民心發生了動搖，而這是國之根本。養民與去蠹不同，只有民眾安居樂業，國家才能穩定、富強；而官吏則是國家的附屬品，並非國之本，而剔除那些有害於民眾的官吏，謂之「去蠹」，這只是國家的治理的輔助方面，與養民相比，民之事更為大也。製定政策，使民安康是國家政治中的最關鍵的一環。君主要治亂而救民於水火，必然要懲治邪惡，治理暴亂，而其方法即是要設囹圄，定制度和規則並輔之以一些武力的手段來限制不善行為，「去其不善不仁者，而成其善政仁化」。「不善不仁者」既指的是不為民之胥吏，亦指的是反對君主統治之民眾。在陸九淵看來，對他們的懲治是成「善政仁化」的必然需要，只有「去其不善不仁者」，才能維護國家統治，使更廣大的民眾享受到善政和仁愛。

「政遠，惟為國保愛，倚需柄用，以澤天下。」〔註 49〕陸九淵認為政治是為國家服務的，政治作為一種治國的手段方法，目的是為了使天下百姓能享受恩澤、安居樂業，國家穩定。

第四節 善政與君主的道德自覺

「君不可以有二心，政不可以有二本。君之心，政之本，不可以有二，而後世二之者，不根之說有以病之也。」〔註 50〕陸九淵依舊堅持「人君代天理物」〔註 51〕的思想，社會政治由君心所決定的，是君心的體現。社會政治法律、倫理綱常皆始於人君的意志，源於「君之心」。可以說，封建社會的君心即是政治。正因為君不可以有二心，而政也不會有兩個根本，君之一心，

〔註 48〕陸九淵，陸九淵集〔M〕，鍾哲點校，北京：中華書局，1980：121。
〔註 49〕陸九淵，陸九淵集〔M〕，鍾哲點校，北京：中華書局，1980：25。
〔註 50〕陸九淵，陸九淵集〔M〕，鍾哲點校，北京：中華書局，1980：356。
〔註 51〕陸九淵，陸九淵集〔M〕，鍾哲點校，北京：中華書局，1980：431。

而政之一本也，即政本於君之「本心」。「國以君爲主，則一國之事，莫不由君而出。」〔註52〕此處之「主」，爲主導之意，人君是國家的主導，決定了國家的政治方向，但人君並非是國家之根本。國家政治與社會事宜，皆是由人君來決定，各種政策皆是由人君來製定，人君主持著國家的大小事宜。

　　陸九淵認爲「君之心」爲寬仁之心，主張君主實行仁政。「嘗謂古先帝王未嘗廢刑，刑亦誠不可廢於天下，特其非君之心，非政之本焉耳。夫惟於用刑之際而見其寬仁之心，此則古先帝王之所以爲政者也。」〔註53〕雖然沒有聽說過古代的帝王廢除刑罰，而且刑罰對於天下來說確實是不能廢除的，但刑罰的保留並非是君王的「本心」，也不是爲政的根本。君王的「本心」爲從政之根本，此「本心」在陸九淵看來是寬仁之心，「仁」字從人從二，即愛人，愛他人；「仁」字從千心，即將心比心，心中有他人；「仁」字從屍從二，即能體察死人之心，心中擁有天地萬物。而把「仁」與政事相連，即把君與民相聯繫，君把民看作親人，把民放在心上，體察民之心情，愛護百姓。反之，民把君亦當作親人，對君愛戴，贊成擁護並積極配合君主的各項政事。而在封建社會中，君施仁政於民是主要的，也即要奉行民本思想。

　　陸九淵認爲「君之心」爲至仁之心。「堯舉舜，舜一起誅四凶。魯用孔子，孔子一起而誅少正卯。是二聖人者以至仁之心，恭行天討，致斯民無邪慝之害，惡懲善動，感得游泳乎洋溢之澤，則夫大舜孔子寬仁之心，吾於四裔兩觀之間而見之矣。」〔註54〕陸九淵以舜誅四部族首領和孔子誅少正卯來闡釋至仁之心。莊子有言：「聖人無名，神人無功，至人無己。」聖人、神人、聖人，三者逐層遞進，達到一種忘我的最高境界。陸九淵認爲「君之心」不但爲寬仁之心，更爲至仁之心，人群應該把仁心發揮到極致。寬仁之心，人君以寬闊的胸懷待民、愛民，這是仁愛的一種體現。而至仁之心，不局限於此，更要求人君要「恭行天討，致斯民無邪慝之害，惡懲善動」。對待民眾依然仁愛，但對待邪慝之輩則要「恭行天討」，如舜與孔子一樣誅之，使斯民免受其害。使惡得到嚴懲，使善得以伸張，在陸九淵看來，這樣才是人君之至仁之心。他對貪官污吏的嚴法制思想與他的人君至仁之心思想是統一的。

　　陸九淵認爲「君之心，政之本」，不可須臾分離。「然則君人者，豈可以

〔註52〕陸九淵，陸九淵集〔M〕，鍾哲點校，北京：中華書局，1980：375。
〔註53〕陸九淵，陸九淵集〔M〕，鍾哲點校，北京：中華書局，1980：358。
〔註54〕陸九淵，陸九淵集〔M〕，鍾哲點校，北京：中華書局，1980：358。

頃刻而無是心，而所謂政者，亦何適而不出於此也。故曰君不可以有二心，政不可以有二本。」〔註55〕人君在國家的政治體系中起到主導作用，國不可一日無君，人君是國家的代表。可見，人君在封建社會政治體制中的重要地位，封建政治與人君是不可分割的。「海內之責，當有在矣。」〔註56〕「民之弗率，吏之責也；吏之不良，君之責也。《書》曰：『萬方有罪，罪在朕躬』。又曰：『百姓有過，在予一人』。」〔註57〕百姓犯錯，問責於官吏；而官吏犯錯，則問責於君主。歸結起來，國家治理不好的最終原因歸結於人君身上。百姓有了過錯，可以被責怪和懲罰，那也僅限於一人；但如果人君有過錯，則會造成國家之大錯，人君由「本心」而展現出來的一言一行都與國家政治息息相關。「古人所以不屑於問政適人，而必務有格君心者，蓋君心未格，則一邪黜，一邪登，一弊去，一弊興，如循環然，何有窮已。及君心既格，則規模趨鄉有若燕越，邪正是非有若蒼素，大明既升，群陰畢伏，是瑣瑣者，亦何足復污人牙頰哉？〔註58〕所以古人不屑於問政是否適人，而把主要精力放在格君心上。格君心即格除君心之邪弊，邪弊是不斷出現的，格君心也是一個持續不斷的過程。「君之心，政之本」，只有格除君心的邪弊，保有君心之善端，才能使人君實行仁政。

　　陸九淵主張人君要守職分，不失其「本心」。「自周衰以來，人主之職分不明……孟子曰：民為貴，社稷次之，君為輕。此卻知人主職分。」孟子的「民貴君輕」說已經劃分了君與民的職分，如果君不能明瞭自己的職分，行使自己的職責，那麼民皆可以去之。故曰：「湯放桀，武五伐紂，即民貴君輕之義。孔子作春秋之言，亦是如此。」討伐無道之昏君，是「民貴君輕」的隱含之義，陸九淵贊成這一觀點。針對於人君如何守職分的問題，陸九淵認為關鍵在於人君要不失其「本心」。「古之人自其身達之家國天下而無愧焉者，不失其本心而已。凡今為縣者豈顯其心有不若是乎哉？然或者遏於勢而狃於習，則是心殆不可考。吏縱弗肅，則曰公取以足；貴勢富彊，雖奸弗治；貧羸孤弱，雖直弗信；習為故常。天子有勤恤之詔，迎宣拜伏，不為動心，曰奚獨我責。吏縱弗肅，民困弗蘇，奸弗治而直弗信，天子勤恤之意不宣於民，

〔註55〕陸九淵，陸九淵集〔M〕，鍾哲點校，北京：中華書局，1980：358。
〔註56〕陸九淵，陸九淵集〔M〕，鍾哲點校，北京：中華書局，1980：121。
〔註57〕陸九淵，陸九淵集〔M〕，鍾哲點校，北京：中華書局，1980：229。
〔註58〕陸九淵，陸九淵集〔M〕，鍾哲點校，北京：中華書局，1980：129。

是豈其本心也哉？勢或使之然也。」〔註59〕陸九淵指出吏縱弗肅、雖奸弗治、雖直弗信，皆是天子勤恤之意不宣於民的行為，這些行為並非天子之「本心」，而是勢使之然。對於這些行為，天子有必要去加以糾正，讓民瞭解到天子的勤恤之意，才是君主之「本心」。人只有不失其「本心」，才能無愧於家國天下，此「本心」亦適用於人君。

陸九淵以「成能之功卒歸之聖人」的思想期待聖君為政。「天地有待於聖人。」陸九淵認為天地不僅有待於聖人產生，而且有待於聖人展現其才能。也就是把天地之心傳佈於世間，而為政則是其最好的展示才能的方式。「天之高也，日月星辰繫焉，陰陽寒暑運焉，萬物覆焉。地之厚也，載華嶽而不重，振河海而不泄，萬物載焉。天地之間，何物而非天地之為者。然而覆載萬物之能，猶有待於聖人。聖人之政，有以當天地之心，則諸福百祥以嘉慶之，有以失天地之心，則妖孽災異以警懼之。」天地有天地之心，而人有人心，聖人為政，則是以天地之心為己之心，代替天治理國家。天地之心如日月星辰、陰陽寒暑運行一般是有其自身規律的，聖人為政就要順應這些固有之規律，才能做到諸福百祥。反之，如果聖君失天地之心，不依天地運行之規律治理國家，則妖孽災異就會出現警告之。在某種程度上，陸九淵認為歷史是由聖人創造的，把國家、社會所取得的進步歸功於聖人的有效治理，即「成能之功卒歸之聖人」。他在奉行孟子的「民貴君輕」思想的同時，也認為「君之心」對歷史發展起到了重要影響和作用。

陸九淵主要生活在南宋孝宗時代，相對來說，孝宗是南宋一位圖治有為的皇帝。淳熙九年，有人推薦陸九淵就任國子正。在此期間，陸九淵遷敕令所刪定官，有上殿輪對的機會。懷著「大攄素蘊，為明主忠言，動悟淵衷，以幸天下」〔註60〕的忠君愛民之心，有一次他向宋孝宗上箚子五篇來分析當時的政治形勢並闡述他對國家政事的獨到見解。五篇箚子既是陸九淵的上書建議，也是他立足現實革除弊政的政治方略，其中以論述君臣關係及權利職能為主。林繼平先生曾提出過：「象山以『道外無事，事外無道』的極詣，作為政治的根本，而具體展現於政治理論方面的，則為民主政治的職分論，而不是民主政治的權力論。」〔註61〕

〔註59〕陸九淵，陸九淵集〔M〕，鍾哲點校，北京：中華書局，1980：227。
〔註60〕陸九淵，陸九淵集〔M〕，鍾哲點校，北京：中華書局，1980：21。
〔註61〕林繼平，陸象山研究〔M〕，臺北：臺灣商務印書館，1983：280。

　　陸九淵主張君臣同德，相與盡誠。「臣讀曲謨大訓，見其君臣之間，都俞籲咈，相與論辯，各極其意，了無忌諱嫌疑。於是知事君之義，當無所不用其情。唐太宗即位，魏徵爲尙書右丞，或毀徵以阿黨親戚者。太宗使彥博按訊，非是。彥博言：『徵爲人臣，不能著形迹，遠嫌疑，心雖無私，亦有可責。』太宗使彥博責徵，且曰：『自今宜存形迹。』徵入見曰：『臣聞君臣同德，是謂一體，宜相與盡誠，若上下但存形迹，則邦之興衰，未可知也。』太宗瞿然曰：『吾已悔之。』數年之後，蠻夷君長，帶刀宿衛，外戶不閉，商旅野宿，非偶然也。唐太宗固未足爲陛下道，然其君臣之間，一能如此，即著成效。」〔註 62〕陸九淵認爲君臣之間可以相互論辯，可以完全而不保留的表達各自的意思，並且做到不相互猜疑。他以唐太宗與其臣子魏徵爲例，來說明君臣之間要相互信任、同心同德。對於整個國家的政治來說，君與臣是一體的，只有君臣同心才能使國家興旺發達。如果君臣之間相互猜忌，那麼「邦之興衰，未可知也」。由此，可見君臣關係處理的好壞，對於國家是至關重要的事情。正是因爲唐太宗給予了臣子極大的信任，把自己的生命都交託於臣子之手，才使得臣子眞心爲其效力，君臣同心，創造了一段宏偉的業績。在君主信任臣子的同時，臣子也要敢於進諫，要不畏懼君主的權勢，這一點在宋代文人中還是有所體現的，宋代君主對待文人的態度較爲寬容，很少出現由於上書諫言而獲罪受刑的情況。而只有臣子講明實情，讓君主瞭解眞實的社會狀況，眞誠對待君主，才能眞正實現君臣之間相與盡誠的關係，「然其君臣之間，一能如此，即著成效」。

　　陸九淵認爲君主必須正心修身、尊德樂道才能任用賢能、建功立業。「臣讀漢策賢良詔，至所謂任大而守重，常竊歎曰：漢武亦安知所謂任大而守重者。自秦而降，言治者稱漢唐。漢唐之治，雖其賢君，亦不過因陋就簡，無卓然志於道者。因陋就簡，何大何重之有？」〔註 63〕陸九淵認爲漢唐之君不足爲道，並非任大而守重者也，其原因則在於他們沒有志於道，陸九淵在此貶低漢唐君王的目的是顯而易見的。「今陛下獨卓然有志於道，眞所謂任大而守重。道在天下，固不可磨滅，然人能弘道，非道弘人。今陛下羽翼未成，則臣恐陛下此心亦不能自遂。陛下此志不遂，則宜其治功之不立，日月逾邁，而駸駸然反出漢唐賢君之下也。神龍棄滄海，釋風雲，而與鯢鰍校技於尺澤，

〔註62〕 陸九淵，陸九淵集〔M〕，鍾哲點校，北京：中華書局，1980：221。
〔註63〕 陸九淵，陸九淵集〔M〕，鍾哲點校，北京：中華書局，1980：222。

理必不如。臣願陛下致尊德樂道之誠，以遂初志，則豈惟今天下之幸，千古有光矣。」〔註 64〕陸九淵以漢唐君王作爲宋孝宗之襯托，以此來論證只要君主「志於道」並「尊德樂道」的話，就可以超過漢唐君主，成爲有道之明君。「道」存在於萬事萬物之中，於政中亦有「道」，「道」是不可磨滅的，也是不因人而改變的，所以只能是「人能弘道，非道弘人」。而弘道之本在於正心，如果君主心不能自遂，則志不遂，更談不上天下大治、建功立業了。只有正心修身，才能真正如神龍遊於滄海，而不與鯢鰍於尺澤中計較。所以，陸九淵把正心修身和尊德樂道作爲君主之所以爲君主，收復失地，雪國恥、創偉業的前提條件。

陸九淵認爲君主不但要正心修身，而且要能夠做知人、任賢、使能。陸九淵明確指出知人、識人、任賢、使能是一種能力，爲君主者所必須具備的一種能力，但具有這種能力卻並非是一件容易的事情。「臣嘗謂事之至難，莫如知人，事之至大，亦莫如知人。人主誠能知人，則天下無餘事矣。」〔註 65〕對於君王來說，知人既是最難的事情，也是面臨的最大的事情，如果能夠做到知人任賢，則國家就會被治理得井井有條，更無其它大事可言了。陸九淵列舉出管仲、韓信、陸遜、諸葛亮四人的例子，反覆說明賢君知人使能的重要性。「管仲常三戰三北，三見逐於君，鮑叔何所見而遽使小白置彎刀之怨，釋囚拘而相之。韓信家貧無行，不得推擇爲吏，不能自業，見厭於人，寄食於漂母，受辱於跨下，蕭相國何所見而必使漢王拔於亡卒之中。齋戒設壇而拜之？陸遜吳中年少書生耳，呂蒙何所見而必使孫仲謀度越諸老將而用之？諸葛孔明南陽耕夫，偃蹇爲大者耳，徐庶何所見而必欲屈蜀先主枉駕顧之？」〔註 66〕陸九淵認爲君主不但要有識人的能力，還要有挖掘人才爲我所用的能力。君主有求賢若渴之心，亦有得賢能之士爲國盡忠之能才好。他曾於《荊國王文公祠堂記》中稱歎宋神宗對王安石的任用，認爲如此任賢使能，則澤被於民。陸九淵也形象地描述了如果君主不能知人任賢的後果，「若猶屈鳳翼於雞鶩之群，日與瑣瑣者共事，信其俗耳庸目，以是非古今，臧否人物，則非臣之所敢知也」。〔註 67〕賢主如果被庸臣所圍繞，就好比是鳳凰屈尊處於群

〔註 64〕陸九淵，陸九淵集〔M〕，鍾哲點校，北京：中華書局，1980：222。
〔註 65〕陸九淵，陸九淵集〔M〕，鍾哲點校，北京：中華書局，1980：222。
〔註 66〕陸九淵，陸九淵集〔M〕，鍾哲點校，北京：中華書局，1980：222。
〔註 67〕陸九淵，陸九淵集〔M〕，鍾哲點校，北京：中華書局，1980：223。

雞之中，即使君主再賢能，其臣下都是庸才的話，國家興衰也是可以想像的。

　　陸九淵主張「人主不親細事」，放權於臣子。宋代君主大多不欲放權於大臣，往往親歷親為，此種作風，南宋之後，更為嚴重。自孝宗即位以後，「懲創紹興權臣之蔽，躬攬權綱，不以責任臣下」，由於孝宗直接插手各類事務，使政事發生紊亂。同時，孝宗對臣下缺乏足夠的信任，頻繁調換各類官員，使官員難以成就事功，最終也導致國家政治難有大進。針對於朝政的弊端，在淳熙七年時，朱熹曾以犀利激烈的言辭激怒皇帝，陸九淵則以委婉的「人主不親細事」的方式表達出來，而其實質是反對孝宗獨斷專行，要君主放權臣下，進行分層負責。「主好要則百事詳，主好詳則百事荒」〔註68〕，君主考慮的是國家大事，製定綱常，群臣各司其職，那麼各項事務就會做得很好。如果君主每件事上，都事必躬親，天下之大，國事之多，就會有許多事情由於等待君主去處理而荒廢著，是於國家不利的。陸九淵指出還列舉出人主好詳，上下職責不清所造成的弊端：「臣觀今日之事，有宜責之令者，令則曰我不得自行其事；有宜責之守者，守亦曰我不得自行其事；推而上之，莫不皆然。文移回覆，互相牽制，其說曰所以防私。而行私者方藉是以藏奸伏慝，使人不可致詰。惟盡忠竭力之人欲舉其職，則苦於隔絕而不得以遂志。以陛下之英明，焦勞於上，而事實之在天下者，皆不能如陛下之志，則豈非好詳之過耶？」〔註69〕君主親自處理每一件事，就會造成臣子辦事時相互推諉，沒有人對事情的辦理承擔責任，在這種互相牽制、互相推卸責任的過程中，必然會出現藏奸伏慝的情況。而另一方面，假使「天下米鹽靡密之務」，都要由君主親自過問，那麼，君主就不會有時間來考慮「論道經邦」的國家大事了。只有君主不必過問細事，才能夠「遂求道之志，致知人文明」〔註70〕。陸九淵期望的是君臣共同治理天下的局面，「人主高拱於上」和「其臣無掣肘之患」。他主張「人主不親細事」的背後實際上是包含著君臣各司其職的含義。他在輪對中委婉的要求孝宗「好要」不「好詳」，君主應管理大事，不必管理那些瑣碎的小事，而實際上是向君主索要本該屬於臣下的權力。臣子只有具有了與其職位相等的權力，才能「悉其心力，盡其才智」，在政治上有所作為。陸九淵主張「人主不親細事」，一方面反映出其對君主獨斷專行的反對，另一

〔註68〕陸九淵，陸九淵集〔M〕，鍾哲點校，北京：中華書局，1980：224。
〔註69〕陸九淵，陸九淵集〔M〕，鍾哲點校，北京：中華書局，1980：224。
〔註70〕陸九淵，陸九淵集〔M〕，鍾哲點校，北京：中華書局，1980：224。

方面也反映出其對於朝政的熱切關注和積極參與的態度以及他對君臣各司其職，共同治理國家，澤被民眾的期待。

宋孝宗對陸九淵的建議予以了肯定，並改授他爲承奉郎，又轉爲宣義郎。從輪對五劄，不難看出陸九淵的良苦用心，對君臣關係的深刻思考，但在當時的政治條件下卻沒法眞正得以施行。宋代自眞宗之後即位的皇帝多爲幼主，如仁宗年僅十三歲，哲宗年僅十歲，徽宗僅十九歲，而神宗也僅弱冠，並且前三位皇帝都經過了一個或長或短的太后垂簾聽政的階段。在宋代，君柔臣剛的狀態似乎已經成爲一種普遍的現象，即使君主的年齡不再幼小，這種現象也依舊存在了。《論語·衛靈公》云：「子曰：『無爲而治者，其舜也與？夫何爲哉？恭己正南面而已矣。」後世多解舜之「無爲而治」時，認爲由於舜舉眾賢在位，所以自己便可以無爲而天下治了。宋代思想家也是如此認爲，程頤理想中的君主只是一個以德居位而任賢的象徵性元首；通過「無爲而治」的觀念，他所嚮往的其實是重建一種虛君制度，一切「行道」之事都在賢士大夫之手。〔註71〕陸九淵曰：「又古所謂責成者，謂人君委任之道，當專一不疑貳，而後其臣得以展布四體以任君之事，悉其心力，盡其才智，而無不以之怨。人主高拱於上，不參以己意，不間以小人，不維制之以區區之繩約，使其臣無掣肘之患，然後可以責其成功。」〔註72〕陸九淵對程頤的觀點持贊成的態度，希望一方面抑制君權，一方面伸張士權。

宋代理學家將重建秩序的大任完全放在「士」的身上。孟子曾提出：「故士窮不失義，達不離道。窮不失義，故士得己焉；達不離道，故民不失望焉。古之人，得志，澤加於民；不得志，修身見於世。窮則獨善其身，達則兼善天下。」〔註73〕宋代思想家對此段「士」與「民」的關係持認同的態度，認爲「士」是爲「民」的利益而努力進取的領導階層，但又不是凌駕於「民」之上的特權階級，他們心中有「道」，並把「道」不斷的應用於實踐，「澤加於民」是他們追求的目標。「士」以「獨善其身」和「兼善天下」爲己任，「民」也同樣對「士」作如此期望，所以宋代的思想家把「士」看作是「民」的代言者。「士」在孟子時期與農、工、商合稱爲四民，並居四民之「首」，但「士」

〔註71〕 余英時，宋明理學與政治文化〔M〕，長春：吉林出版集團有限責任公司，2008：141。

〔註72〕 陸九淵，陸九淵集〔M〕，鍾哲點校，北京：中華書局，1980：146。

〔註73〕 焦循，諸子集成孟子正義〔M〕，北京：中華書局，1954：525。

與其它三者還是有所區分。北宋時期則農、工、商子弟皆可通過科舉而取得「士」的身份，也就是說，「士」來自於「民」，當然就有資格代表「民」，從而實現「澤加於民」。

第四章 立本求變：謀求善政的思想主張

　　陸九淵政治思想是立本求變的。「本」爲「本心」，即表現爲「民心」、「君心」，主張「民爲邦本」，堅持「君之心，政之本」。「民爲邦本」是就國家而言，「君之心，政之本」是就政事而言，二者是不相矛盾的。而「變」，則爲「變易」的思想，主要表現在他謀求善政的思想主張上。

第一節　從對王安石變法的態度看陸九淵的改革傾向

　　王安石變法是北宋時期的重要政治事件，對宋代政治產生了巨大影響。但宋代思想家大多對王安石的變法持否定態度，而陸九淵卻不然，他從改革弊政的角度對王安石變法本身持贊成態度。「陸九淵五十四歲卒。自五十歲正式講學於象山精舍起，這前後五、六年間乃是其生命之鼎盛時期，亦是最發皇時期。」〔註1〕而《荊國王文公祠堂記》寫於此時，即作於陸九淵思想非常成熟的時期。淳熙十五年，撫州知州錢伯同重修王安石祠堂，請陸九淵做文，於是有了這篇陸九淵自認爲「了斷了百餘年公案」的文章。「王文公祠記，乃是斷百餘年未了底大公案，自聖人復起，不吾言。餘子未嘗學問，妄肆指議，此無足多怪。同志之士猶或未能盡察，此良可慨歎！足下獨謂使荊公復生，亦將無以自解。精識如此，吾道之幸！」〔註2〕由此不難看出，陸九淵對此文

〔註1〕牟宗三，從陸象山到劉蕺山〔M〕，上海：上海古籍出版社，2001：26。
〔註2〕陸九淵，陸九淵集〔M〕，鍾哲點校，北京：中華書局，1980：7～8。

頗爲自得。陸九淵對王安石的思想和變法給予了全面的評價，其所持的觀點的確較爲公允，尤其比當時一般理學思想家對王安石的無理性的攻擊和謾罵要客觀得多。梁啓超曾說：「其於荊公可謂空谷之足音，而其言宜若可以取信於天下」。〔註3〕陸九淵不顧當時人們對王安石變法的反對，而獨樹一幟的肯定了王安石變法的目的和性質：「公疇昔之學問，熙寧之事業，興不遁乎使還之書。而排公者，或謂容悅，或謂迎合，或謂變其所守，或謂乖其所學，是尙得爲知公者乎？……英特邁往，不悄於流俗，聲色利達之習，介然無毫手得以入於其心。潔白之操，寒心冰霜，公之質也；掃俗學之凡陋，振弊法之因循，道術必爲孔孟，勳績必爲伊周，公之志也。不蘄人之知，而聲光燁奕，一進鉅公名賢爲之左次，公之得此，豈偶然哉？用逢其時，君不世出，學焉而後臣之，無愧成湯高宗。君或致疑，謝病求去，君爲責躬，始復視事，公之得君，可謂專矣。」〔註4〕陸九淵讚揚了王安石的高尙品格，高度評價了王安石變法的政治願望。

但針對於王安石變法中的具體事宜時，陸九淵還是認爲變法存在不足之處的。「裕陵之得公，問唐太宗何如主？公對曰：『陛下每事當以堯舜爲法，太宗所知不遠，所爲未盡合法度。』」〔註5〕王安石主張立法，認爲即使是唐太宗時期，雖然政事爲後世所稱道，但在法度上還是不完備的。「昭陵之日，使還獻書，指陳時事，剖析弊端，枝葉扶疎，往往切當。然覈其綱領，則曰：當今之法度不合乎先王之法度。公之不能究斯義而卒以自蔽者，固見於此矣。其告裕陵，蓋無異旨，勉其君以法堯舜是也。而謂每事當以爲法，此豈足以法堯舜者乎？謂太宗不足法，可也。而謂其所爲未盡合法度，此豈足以度越太宗者乎。不知言，無以知人也。」〔註6〕陸九淵贊成王安石設立法度，但不贊成無論多細微的事情都用法度來裁定，可以重法度，但不可以全盤的依賴法度。陸九淵舉例說堯舜三代之時，雖然也有法度，但聖賢之人君並不專恃於法度來統治天下，法度只是統治的工具而不是統治的根本所在。「爲政在人，取人以身，修身以道，修道以仁。仁，人心也，人者，政之本也，身者，人之本也，心者，身之本也，不造其本而從事其末，末不可得而治矣。」

〔註3〕梁啓超，王安石傳〔M〕，天津：百花文藝出版社，2006：3。

〔註4〕陸九淵，陸九淵集〔M〕，鍾哲點校，北京：中華書局，1980：232～233。

〔註5〕陸九淵，陸九淵集〔M〕，鍾哲點校，北京：中華書局，1980：231。

〔註6〕陸九淵，陸九淵集〔M〕，鍾哲點校，北京：中華書局，1980：232。

〔註7〕陸九淵在記文中著重表明了為政的根本在於人心的觀點，人心才是政之根本，而法度則是政之末也。如果不重本而求末，那是捨本逐末的做法，是不可能使政得而治的。只有以人心之本為根基，輔之以法度，國家之政才得以長治久安。陸九淵以此來說明王安石變法失敗的原因所在。

陸九淵在探究王安石變法失敗原因時，也認為當時反對變法的保守派熙寧諸君子也同樣應當分擔變法失敗的責任，而不應把所有使國家衰敗的責任歸於王安石一人身上。「熙寧排公者，大抵極詆訾之言，而不折之以至理，平者未一二，而激者居八九，上不足以取信於裕陵，下不足以解公之蔽，反以固其意，成其事，新法之罪，諸君子固分之矣。」〔註8〕陸九淵指出王安石變法是捨人心而逐法度的同時，也認為熙寧時反對王安石變法的諸人，論志向無法與王安石相比，論學識亦無法說服王安石，結果既不能阻擋新法的施行，又得過且過，沒有真正的對王安石變法提出合理的建議，他們對於變法失敗也負有不可推卸的責任。不但如此，熙寧諸君，出於某些目的，對變法百般阻撓，設置障礙，變法的失敗也許正中他們下懷，是他們所希望看到的結果。反對王安石變法的人有許多原因，「氣之相迕而不相悅，則必有相訾之言，此人之私也。」〔註9〕不同的人有不同的喜好，會有不同的觀點，就會有相互抵毀的言語，根源在於人有私心的緣故。有的人認為「祖宗之法不可變」，對王安石變法持有全盤否定的態度，如司馬光等；有的人認為新法推行過於急劇而不贊成變法的，如蘇軾等；有的是對王安石本人有看法，不贊成神宗對其任用而反對變法，如范純仁等；還有的只看到變法的一些表面的負面影響，認為新法只重聚斂而導致民不聊生，因而反對變法的。反對變法者之眾是無法想像的，這些都不可避免成為變法的掣肘，使王安石無法集中力量徹底的實行變法，而是陷入一些不必要的意氣之爭中。反對變法的程顥也如是評說：「新政之改，亦是吾黨爭之有太過，成就今日之事。塗炭天下，亦須兩分其罪可也。」〔註10〕

陸九淵對王安石人品給予了很高的評價：「而公以蓋世之英，絕俗之操，山川炳靈，殆不世有，其廟貌弗嚴，邦人無所致敬。無乃議論之不公，人心

〔註7〕陸九淵，陸九淵集〔M〕，鍾哲點校，北京：中華書局，1980：233。
〔註8〕陸九淵，陸九淵集〔M〕，鍾哲點校，北京：中華書局，1980：233。
〔註9〕陸九淵，陸九淵集〔M〕，鍾哲點校，北京：中華書局，1980：232。
〔註10〕程顥，程頤，二程集〔M〕，北京：中華書局，2004：258。

之畏疑，使至是耶？」〔註11〕陸九淵對王安石本人的尊敬和對熙寧變法的贊同都與當時大多數人對待變法的態度是迥然不同的。王安石變法失敗後，整個宋代都充斥著對變法的攻擊和批評之聲，二程和朱熹等都是持指責的態度。朱熹一直認爲王安石是「迷國誤朝」的罪魁禍首，還把一些反對王安石變法的言論編入到了《三朝名臣言行錄》中，其影響非常大。但陸九淵並未受這些思想的影響，相反地認爲王安石掃除凡陋的俗學，改變因循的弊法，其豐功偉績可與伊尹、周公相比。陸九淵對王安石的褒獎遭到了朱熹的強烈反對，認爲其所作的《荊國王文公祠堂記》爲「異論」，違反了聖賢之道。朱熹及其弟子的攻擊並沒有改變陸九淵的原意，反而更加堅定了爲王安石翻案的立場，彷彿眞正的體味到王安石變法時所面臨的眾人萬般阻撓的境況。對於王安石的評價，朱熹與陸九淵各持己見，終未統一。

　　陸九淵認識到「論古之是非得失者易，言今之施設措置者難」〔註12〕，他對王安石變法的品評和態度也表達的是他對南宋當時政治狀況的內心要求。他對南宋政治情況曾經有這樣的描述：「今日風俗已積壞，人才已積衰，公儲民力皆已積耗，惟新之政，方良難哉！」〔註13〕陸九淵嚴厲揭露和抨擊腐朽的現實政治。爲此，他主張變革祖法，實行新政。而當時人們攻擊王安石變法的理由主要是「祖宗之法」不可改變，但陸九淵認爲「祖宗之法」是可變的。「凡聖人之所爲，無非利天下也」，「習俗之弊，害義違禮，而非法制之所拘者，能徹而新之」，那些過時的不利天下的做法是可以改革和變更的。「堯舜三代雖有法度，亦何嘗專恃此。又未知戶馬、青苗等法，果合堯舜三代否？當時關介甫者，無一人就介甫法度中言其失。但云：『喜人同己』，『祖宗之法不可變』。夫堯之法，舜嘗變之。舜之法，禹嘗變之。祖宗法自有當變者，使其所變果善，何嫌於同？」〔註14〕陸九淵指出，在反對王安石變法的人中，沒有一個人是從王安石法度的本身找尋出其過失的；只是抓住「祖宗之法不可變」作爲反對變法的根據；認爲王安石的變法是在聚斂，是只重利而不言義的做法，這些都是片面、不客觀的評斷。陸九淵認爲變法是社會發展和歷史前進的必然趨勢，只有不斷的進行變革，才能使法度越來越適合當

〔註11〕陸九淵，陸九淵集〔M〕，鍾哲點校，北京：中華書局，1980：234。
〔註12〕陸九淵，陸九淵集〔M〕，鍾哲點校，北京：中華書局，1980：369。
〔註13〕陸九淵，陸九淵集〔M〕，鍾哲點校，北京：中華書局，1980：174。
〔註14〕陸九淵，陸九淵集〔M〕，鍾哲點校，北京：中華書局，1980：441～442。

時社會的發展，舜變堯法，禹變舜法就是一個例證，認爲「祖宗之法不可變」的見解是違背歷史前進方向的，法度是在不斷的變更中愈來愈完善的。所以他認爲，王安石變革祖宗之法，是正確的決策。

陸九淵在輪對箚子中，曾向孝宗皇帝提出過變法的建議：「凡事不合天理，不當人心者，必害天下；效驗之著，無愚智皆知其非。然或智不燭理，量不容物，一旦不勝其忿，驟爲變更，其禍敗往往甚於前日。後人懲之，乃謂無可變更之理，真所謂懲羹吹齏，因噎廢食者也。」〔註15〕任何事情如果不符合天理，不合乎民心，則對家國天下有害而無利的。所以當發現與天理民心相悖時，就要進行變革。他認爲變法應該採取循序漸進的緩和方式，反對一蹴而就的驟變形式。在變革過程中會出現一些由於方法不對而產生的不良後果，可以在漸進中不斷的改進，但不應該因噎廢食。所以他認爲循序漸進的改革方法更易於被人們所接受，更有利於政治改革和國家社會的發展。

第二節　以改善民眾生存條件爲核心的經濟改革主張

陸九淵堅持「民爲邦本」的政治思想，民是國家之本，而民眾的生存條件是國家和社會所面臨的重要問題。陸九淵對南宋王朝的內憂外患深爲關切，由於他本身即出身於沒落的士大夫家庭，所以他對民眾的疾苦深有體會和瞭解。在經過了深刻的思考後，他提出了一系列以改善民眾生存條件爲核心的經濟改革主張。

第一，「損上益下」的減租政策。南宋初年，皇親、貴戚、官吏、地主等，已開始了瘋狂的土地掠奪和兼併，而且這種趨勢愈演愈烈。陸九淵根據自己對金溪等地方土地情況的瞭解，發現大量土地被國家和官戶所佔有，「郡縣之間，官戶田居其半。」陸九淵非常重視土地問題，認爲土地是關乎民眾生存的大問題，主張土地是百姓活命之本，農民要有自己的私有「田畝」。

「某雖不能週知一邑之版籍，以所聞見計之，此邑之民耕屯田者，當不下三千石，以中農夫食七人爲率，則三七二十一，當二萬一千人。撫萬家之邑，而其良農三千戶，老稚二萬一千，一旦失職，凜凜有破家散業、流離死亡之憂也。」〔註16〕「屯田」是宋代掌握的官田，是唐代之後計口授田的均

〔註15〕陸九淵，陸九淵集〔M〕，鍾哲點校，北京：中華書局，1980：223。
〔註16〕陸九淵，陸九淵集〔M〕，鍾哲點校，北京：中華書局，1980：115～116。

田法破壞後所存在的一種土地佔有形式。在這裏，陸九淵是以家鄉金溪爲例，當地被屯田所控制的佃農，大概占總戶數的十分之三。這種屯田的佃農，一旦失去了土地，無田耕種，就將面臨家破業散、流離死亡的局面。「若其善良者，則困於官租，遂以流離死亡，田復荒棄。」〔註17〕即使佃農有地可種，但官租繁重，佃農往往會因爲繳納不起官租而被迫流亡。「今有屯田者，無非良農，入戶有資陪之價，著令有資陪之文，立契有牙稅之輸，租課未嘗逋負，郡縣賴以供億。一旦官復責括而賣之，則有是田者往往僅能自給，豈復能辦錢以買此田哉？縱或能買，是無故而使之再出買田之價，豈不困哉？豈不冤哉？其能買者固不百一，異時有錢以買者，必兼併豪植之家也。奪良農固有熟耕之田，以資兼併豪植之家，而使之流離困窮，銜冤茹痛，相枕藉爲溝中瘠，此何策也？」〔註18〕陸九淵充分的分析了佃農失去土地的過程，辛辛苦苦把政府的荒地開墾成爲熟田的佃農，由於各種官租和賦稅無法承擔，而迫於生計只能出賣土地；或是乾脆就拋荒流離。而眞正能有錢買得起田地或直接侵佔田地的，是那些兼併豪植之家，即一些享有免除賦稅和徭役的特權階級。至此，由於佃農離開土地無法向國家繳納賦稅，而佔有土地的特權階級又無需繳納國家的賦稅，所以國家稅收銳減。「租重之患，因而抵負不納，或以流亡拋荒，或致侵耕冒佃，而公私俱受其害。」〔註19〕陸九淵意識到了繁重的賦稅和官租是導致佃農喪失土地的根本原因，但也直接危害著國家的經濟收入和社會的鞏固安定。

陸九淵針對當時的土地狀況，提出了「損上益下」的減租建議。「今以租重之故，致前數弊，議者方建減租之策，乃不能因而推行之，而復爲出賣之說，可謂失於討論矣。」〔註20〕「詳計其利病，陳之上府，列之計臺，丐聞於朝，俾寢其議，以便邦計，以安民心。」〔註21〕陸九淵痛陳官租過於繁重的種種弊端，提出了減租的想法。減租的建議在他看來，既可以解決國家的府庫空虛，增加財政收入的問題，又可以安撫民心，使人們安居樂業，不流離失所。「百姓足，君孰與不足，損下益上謂之損，損上益下謂之益，理之不

〔註17〕 陸九淵，陸九淵集〔M〕，鍾哲點校，北京：中華書局，1980：114。
〔註18〕 陸九淵，陸九淵集〔M〕，鍾哲點校，北京：中華書局，1980：115。
〔註19〕 陸九淵，陸九淵集〔M〕，鍾哲點校，北京：中華書局，1980：114。
〔註20〕 陸九淵，陸九淵集〔M〕，鍾哲點校，北京：中華書局，1980：115。
〔註21〕 陸九淵，陸九淵集〔M〕，鍾哲點校，北京：中華書局，1980：115。

易者也。」〔註22〕減租的建議是爲了使百姓富足起來，不要出現拋荒棄田的情況。賦稅減少，百姓安於自己的土地上，就會向國家政策繳納賦稅，與國家無法收到賦稅相比，國家的稅收會增加很多，所以百姓富足了，那麼君主也就會富足了。而減租的方法必然會損害到一部分社會上層的特權階級的利益，而這種損害於國家是有利的，所以「損上益下謂之益」。如果不實施減租政策，損害民眾利益，讓特權階級獲利的同時也必然會有損國家的利益，那就是「損下益上謂之損」，這是不變的道理。

第二，「取予兩得」的收租方法。陸九淵宏觀的提出了「損上益下」減租政策的同時，針對於豪植之家與百姓之間的賦稅問題，提出了「取予兩得」的方法來化解矛盾。「今歲撫雖小稔，而連雨阻獲，損折者已十三四；今未獲者尚多，已獲者亦示得春造。苗限自當有展，而州縣殊無寬假之意。稅租折變，著令以納，月上旬時，估中價準折，而折穀折糯，侵民之直，至於再倍。」〔註23〕陸九淵以撫州爲例，當稻穀收穫的季節，卻遭遇連雨天氣，損失了十分之三四。但州縣官吏並無寬恤之意，卻利用把農產品折換成銀兩的時機，從中剝削農民，使本以糧食受損的農民負擔更重了。「某到此詢訪民間，但得二事：其一是稅錢役錢等，令民戶分納銅錢。比年銅錢之禁日嚴，此地已爲鐵錢地分，民戶艱得銅錢爲苦。官或出銅錢以易會子，收三分之息，而吏胥輩收其贏，故民以重困。其一是坊場買名錢，須納銀買名，人戶亦困於此。」〔註24〕湖北荊門在當時是使用鐵錢的地區，並嚴禁銅錢在此地區的流通，然而官府卻把稅錢役錢等以銅錢的方式收取，由於民戶只有鐵錢，沒有銅錢，所以很難繳納稅錢。官府此時就乘機提出以銅錢換會子的方法，但要收取三分的利息，胥吏從中牟取暴利，而民眾的負擔卻無形中加重了許多。既然嚴禁銅錢的流通，又要民眾以銅錢繳納稅役，於理不通，所以陸九淵主張廢除這種不合理的做法：「蓋以鐵錢地分，其銅錢之嚴禁，民不敢有此，義不當責之輸於公。」〔註25〕

陸九淵深刻的揭露了民眾繳納賦稅的不均狀況。「民戶秋苗，斛輸斛，斗輸斗，此定法也，常理也。撫之輸苗，往年惟吏胥之家與官戶有勢者，斛輸

〔註22〕陸九淵，陸九淵集〔M〕，鍾哲點校，北京：中華書局，1980：70。
〔註23〕陸九淵，陸九淵集〔M〕，鍾哲點校，北京：中華書局，1980：70。
〔註24〕陸九淵，陸九淵集〔M〕，鍾哲點校，北京：中華書局，1980：199。
〔註25〕陸九淵，陸九淵集〔M〕，鍾哲點校，北京：中華書局，1980：199。

斛，斗輸斗。若眾民戶，則率二斛而輸一斛，或又不啻，民甚苦之。」﹝註26﹞按照國家的規定，民戶的秋苗應該一斛算一斛，一斗算一斗，如此計算來上繳國家的賦稅。但在實施的過程，這種簡單的事情卻很難真正實現，只有那些少數與胥吏有關聯的人家和有勢力的官戶，才真的是斛輸斛，斗輸斗。而普通的百姓，卻以二斛當一斛計算，有時更甚，所以民眾苦不堪言。「辛巳、壬午間，張安國為太守，有陳鼎者為臨川知縣，甚賢。安國使人領納，於是盡取州之軍糧、州用、俸米等數，與漕司明會之數共會之，以民戶苗數計之，每碩加五斗而有餘。不問官民與吏胥之家，一切令二斛輸三斛，謂之加五。令官斗子上米，民戶自持斛概，見請概量，不得更有斛面。百姓皆大歡呼，大為民戶之利。張陳既皆滿罷，後來不得能守其法，於二斛輸三斛之上，又浸加斛面，民益以為困。」﹝註27﹞在張陳二人為官期間，正常計量民戶的苗數，無論官民還是吏胥皆以相同的方式進行計量，並且在形式上，把二斛按三斛計算，其中多出的一斛用軍糧和州用等加以補充。面對如此正直為民謀利的官吏，百姓皆是歡呼之聲。而張陳二人任職期滿後，繼任者並不能繼續實行他們的政策，於是民眾又陷入困苦當中。

　　針對於賦稅輕重不均的情況，陸九淵提出了「官得以足，民亦不病、取不傷民、予不傷國」的「取予兩得」之法。「取而傷民，非知取者也。予而傷國，非知予者也。操開闔斂散之權，總多寡盈縮之數，振弊舉廢，挹盈注虛，索之於人之所不見，圖之於人之所不慮，取焉而不傷民，予焉而不傷國，豈夫人而能知之者哉？」﹝註28﹞這是陸九淵對取與予的考慮，取指國家從民眾處索取所得，予指國家所給予給民眾的。國從民處索取賦稅，但過於繁重，嚴重的威脅到了民眾的生存，此為傷民，是不明智的索取。而國家體恤民情，一味的給予，以致於國庫空虛，此為傷國，則是不明智的給予。陸九淵提出的「取予兩得」是指國家的索取與民眾的付出，或者是國家的付出與民眾的受益，處於一個平衡點上，民眾既不因賦稅問題而流離失所，國家也不因賑濟民眾而國力衰退，利益的雙方各有所得，處於互利共贏的局面。「易之理財，周官之制國用，孟子之正經界，其取不傷民，予不傷國者，未始不與晏同。」﹝註29﹞古之聖人或聖世都贊同「取予兩得」的方法。「天下之事不兩得，知其

﹝註26﹞陸九淵，陸九淵集〔M〕，鍾哲點校，北京：中華書局，1980：105。
﹝註27﹞陸九淵，陸九淵集〔M〕，鍾哲點校，北京：中華書局，1980：105～106。
﹝註28﹞陸九淵，陸九淵集〔M〕，鍾哲點校，北京：中華書局，1980：353。
﹝註29﹞陸九淵，陸九淵集〔M〕，鍾哲點校，北京：中華書局，1980：355。

說者斯兩得之矣。取予之說，事之不兩得焉者也。民有餘而取，國有餘而予，此夫人而能知之者也。至於國之匱，方有待乎吾之取而濟；民之困，方有待乎吾之與而蘇。當是時，顧國之匱而取之乎？必不恤民焉而後可也；顧民之困而予之乎？必不恤國焉而後可也。事之不兩得孰有甚於此哉？使終於不兩得，則終無一得焉而矣。故取予之說，不可謂易知也。」〔註30〕但真正做到「取予兩得」卻並不容易。百姓有餘時，國家可以取之；國家有餘時，可以把福澤施於百姓。但是如果國家匱乏，需要要民眾接濟，而此時民眾亦困乏，需要國家幫助時，處理起來就很難做到「取予兩得」。統治階級爲了保全自己的統治地位，寧肯傷民而取，也決不會傷國而予。陸九淵雖然看到了這種情況，但仍試圖彌合國與民、取與予之間的矛盾。「取予兩得」只能在一定範圍內、一定狀況下才能實現，但「取予兩得」想法本身還是積極的、值得肯定的。

　　第三，「社倉」與「平糴」的方法。陸九淵針對於土地兼併嚴重和官租繁重等使民眾生活困窘的情況，贊成由朱熹提出的「社倉」方法。「社倉事，自元晦建請，幾年於此矣，有司不復此文，與同官咨歎者累日，遂編入廣賑恤門。今乃得執事發明之，此梭山兄弟所以樂就下風也。其間瑣細，敢不自竭。需公移之至，續得布稟。」〔註31〕陸九淵不但贊成「社倉」法，而且和其兄梭山等一起，在自己的家鄉積極開始了實踐活動。

　　「社倉」法的主旨是爲了抑制地方豪強乘青黃不接之機，對農民盤剝和兼併的企圖。「敝里社倉所及不過二都，然在一邑中，乃獨無富民大家處。所謂農民者，非佃客莊，則佃官莊，其爲下戶自有田者，亦無幾。所謂客莊，亦多僑寄官戶，平時不能贍恤其農者也。當春夏缺米時，皆四出告糴於他鄉之富民，極可憐也！此乃金溪之窮鄉，今社倉之立，固已變愁歎爲謳謠矣。」〔註32〕「二都」，指都保，約一千人。陸九淵指出所謂農民，不是佃客莊，就是佃官莊，而那些所謂的客莊也多是僑寄於官戶，所以並不富裕，也無法贍恤農民。因此，到了春夏缺米的季節，農民只能向他鄉的富民去買米以維持生計，非常的可憐。如今實行「社倉」，在青苗不接的時候，由所設立的「社倉」糴米給農民，雖然收取一定的利息，但比農民向他鄉富民糴米要有利得

〔註30〕陸九淵，陸九淵集〔M〕，鍾哲點校，北京：中華書局，1980：353。
〔註31〕陸九淵，陸九淵集〔M〕，鍾哲點校，北京：中華書局，1980：10。
〔註32〕陸九淵，陸九淵集〔M〕，鍾哲點校，北京：中華書局，1980：107～108。

多。「敝里社倉，目今固爲農之利，而愚見素有所未安。蓋年常豐，田常熟，則其利可久。苟非常熟之田，一遇歉歲，則有散而無全斂，來歲缺種糧時，乃無以賑之。」〔註33〕雖然「社倉」之法於民有利，如果年景好，糧食豐收，那麼春夏青苗不接時糶出去的糧食，會在秋天豐收時收回來，以充實「社倉」；但如果遇到年景差的荒年，糧食歉收的話，那麼糶出去的糧食就無法收回來，如果這樣歉收的年景接連幾年的話，那麼「社倉」就會被架空，無法再去糶米給百姓。「前歲梭山所掌社倉，已支八百碩矣。又遞年倉臺賑恤，皆取諸此，所存料亦無幾」〔註34〕陸九淵以其兄梭山的「社倉」狀況來說明「社倉」所面臨的困境。

　　爲了使「社倉」法能實行的更長久，陸九淵又相應的提出了「平糶」的辦法。「莫若兼置平糶一倉，豐時糶之，使無價賤傷農之患，缺時糶之，以摧富民閉廩騰價之計。析所糶爲二，每存其一，以備歉歲，代社倉之匱，實爲長積。」〔註35〕稻穀豐收的時候，以平價買入稻穀，不以低價來損害農民的利益；當春夏缺米的時候，又以平價把米賣給農民，這樣就使那些想借缺米之機高價賣米給農民的富民無計可施。而且在平價糶米之時，每次都糶二存一，這樣日益豐盈的社倉就會面對荒年的考驗時更爲持久些。「今農民皆貧，當收穫時，多不復能藏，亟須糶以給他用，以解逋責。使無以糶之，則價必甚賤，而粟泄於米商之舟與富民之廩，來歲必重困矣。」〔註36〕「平糶」的方法，是爲了避免在豐收之年，農民以賤價賣出糧食，因爲如果糧食豐收，沒有人買入糧食的話，那麼，糧食就會以極低的價格流入米商和富民的手中，而農民並未從豐收的糧食中獲益，境況並未有所改變。反之，當遭遇荒年時，農民手中一無糧食，二無豐年帶來的積蓄，又得高價從富民手中買入糧食，那麼農民的境況就會陷入更加嚴重的困乏之中。所以「平糶」的辦法深受農民的歡迎。

　　「社倉」法與「平糶」法並行，「平糶」法對「社倉」法的實施起到輔助作用。「社倉施於常熟鄉乃可久，田不常熟，則歉歲之後，無補於賑恤。平糶則豐時可以受農民之粟，無價賤傷農之患，歉時可以摧富民閉廩騰價之計，

〔註33〕陸九淵，陸九淵集〔M〕，鍾哲點校，北京：中華書局，1980：108。
〔註34〕陸九淵，陸九淵集〔M〕，鍾哲點校，北京：中華書局，1980：110。
〔註35〕陸九淵，陸九淵集〔M〕，鍾哲點校，北京：中華書局，1980：108。
〔註36〕陸九淵，陸九淵集〔M〕，鍾哲點校，北京：中華書局，1980：109。

政使獨行，亦爲長利。今以輔社倉之所不及，而彌縫其缺，又兩盡善矣。」〔註37〕「社倉」與「平糴」的方法各有其用，「平糴」之法起到了補益和彌補其缺的作用。雖然陸九淵的出發點是希望「社倉」之法可以施行得長久些，但有時卻受天時的限制。「然此霖霄稼之最良者，又有僕泥自萌之患。若此雨不止，大妨收穫，稼必重傷，民必重困，此策無所施矣。」〔註38〕如果眞的遇到持續的荒年情況，那麼「社倉」與「平糴」之法是無能爲力的。面對無法預料的災年情況，陸九淵並沒有放棄，認爲此種情形下，只能傾國家之力進行賑濟，或者迫於無奈則「取之富民」而恤百姓。「荒邑薦饑，生理日瘁。舊令尹未知加意，竭澤而漁。誠如來意，所以撫摩而使之蘇息者。」〔註39〕饑荒之年，如果不能體恤民情，而是一味的催繳賦稅，那是竭澤而漁的做法，必然後導致盜賊等鋌而走險之輩的不斷產生，這就會加劇社會的惡劣狀況。所以陸九淵認爲，國家面對此種災年，必須要賑濟百姓，甚至不惜損害富民之利益。「以公家之勢，發民之私藏，以濟賑食，不爲無義，顧其間尚多他利害。」〔註40〕陸九淵並不認爲「取之富民」而賑濟百姓的行爲是不義的，相反，考慮到其他的利害關係，此行爲是合乎國家大義的。

陸九淵的經濟思想偏重於農民和土地的問題，土地是農民賴以生存之本，而民則是國家之本，所以解決農民土地問題是關係到國家長治久安的大問題，陸九淵充分認識到了這一點。與此同時，陸九淵認爲談論經濟得失並不是可恥的事情。「世儒恥及簿書，獨不思伯禹作貢成賦，周公制國用，孔子會計當，洪範八政首食貨，孟子言王政亦先制民產、正經界，果皆可恥乎？」當文人皆把言談經濟事宜當作可恥的事情時，陸九淵並不這樣認爲，並舉出一系列歷史上的聖人，皆是關心經濟，關心民眾生活疾苦的。他反對離開了經濟基礎，而高談上層建築的做法。

第三節　從嚴治吏以改良政治過程

陸九淵所處的社會地位和環境，使其對社會政治狀況和民眾疾苦給予了

〔註37〕陸九淵，陸九淵集〔M〕，鍾哲點校，北京：中華書局，1980：125。
〔註38〕陸九淵，陸九淵集〔M〕，鍾哲點校，北京：中華書局，1980：109。
〔註39〕陸九淵，陸九淵集〔M〕，鍾哲點校，北京：中華書局，1980：103。
〔註40〕陸九淵，陸九淵集〔M〕，鍾哲點校，北京：中華書局，1980：366～367。

極大的關注，並對社會狀況的形成原因作以深刻的思考，而其中之一即是他對南宋時期吏制黑暗的揭露，他強烈建議南宋統治者加強對胥吏的治理，充分體現了他對民眾的體恤之情。

陸九淵在《與辛幼安》的信中針對於當時的胥吏問題寫到：「縣邑之間，貪饕矯虔之吏，方且用吾君禁非懲惡之具，以逞私濟欲，置民於圜圄、械繫、鞭棰之間，殘其支體，竭其膏血，頭會箕斂省，槌骨瀝髓，與奸胥猾徒厭飫咆哮其上。巧為文書，轉移出沒以欺上府，操其奇贏，與上府之左右締交合黨，以蔽上府之耳目。田畝之民，劫於刑威，小吏下片紙，因纍纍如驅羊。劫於庭廡械繫之威，心悸股栗，箠楚之慘，號呼籲天，隳家破產，質妻鬻子，僅以自免，而曾不是執一字之符以赴愬於上。」〔註 41〕兼併佃農土地的大地主與地方上的胥吏相勾結，營私舞弊，使人民深受其害。地方胥吏接受賄賂並與地主締交成為同黨，瞞上欺下，無所不為。他們「巧為文書」，把地主的賦稅轉嫁到「民」的身上，橫征暴斂，設立各種名目，任意增加賦稅，導致民眾傾家蕩產，賣地賣妻賣子，最終流離失所。他們對百姓無惡不作，「置民於圜圄、械繫、鞭棰之間，殘其支體，竭其膏血，頭會箕斂省，槌骨瀝髓」，「田畝之民，劫於刑威」，其對「民」殘忍、狠毒的程度讓人不寒而慄。

地方胥吏經常「巧為文書」，弄虛作假、中飽私囊。「吏胥欲作弊，只是要令吾無緣得知每日著實數目。若其具成文歷到吾眼前者，皆是已透漏數目，此事想已無及。是皆民之脂膏，若少稽之，或可為後圖而。」〔註 42〕地方胥吏如果想在呈文上作弊是一件很容易的事情，由於朝廷委任的地方官員對本地情況並不熟悉，所以胥吏所呈報的情況，官員是無法分辨其真假的，胥吏每日的呈文皆是不實之呈文，呈文中的各種數目都是經過更改後的虛假數字。「供公上者無幾，而入私囊者，或相十百，或相千萬矣」〔註 43〕，從百姓那裏收來的賦稅與所呈報的賦稅之間的差額皆成了胥吏的囊中之物，大部分的橫征暴斂所得的民之脂膏都被胥吏據為己有。「此數人雖下邑賤胥，然為蠹日久，凡邑之苛徵橫斂，類以供其賄謝囊橐，與上府之胥吏締交合黨，為不可拔之勢。官寺囚械之具，所以禁戢奸惡，彼反持之以劫脅齊民，抑絕赴愬

〔註41〕 陸九淵，陸九淵集〔M〕，鍾哲點校，北京：中華書局，1980：72。
〔註42〕 陸九淵，陸九淵集〔M〕，鍾哲點校，北京：中華書局，1980：99。
〔註43〕 陸九淵，陸九淵集〔M〕，鍾哲點校，北京：中華書局，1980：72。

之路，肆然以濟奸飽欲。」〔註44〕胥吏不但私吞民之脂膏，而且還接受大量的賄賂，胥吏手中所握有的權利成了他們謀取暴利的工具。陸九淵希望通過對百姓少徵賦稅來緩解胥吏的中飽私囊狀況，但卻是很難實現。

面對胥吏的種種作爲，陸九淵指出其根源是胥吏缺少「以民爲心」的思想。「今時郡縣能以民爲心者絕少，民之窮困日甚一日。撫字之道棄而不講，掊斂之策日益滋。甚哉！」〔註45〕陸九淵更直接的指出：「今日爲民之蠹者，吏也。民之困窮甚矣，而吏日以橫。議論主民者，必將檢吏奸而寬民力。」〔註46〕胥吏之所以做出如此多的惡行，是因爲胥吏並未把民衆作爲自己的「本心」，民衆並不是胥吏爲政的出發點，滿足個人私欲才是他們的目的，所以最終必然導致民衆的窮困程度一日勝過一日。胥吏的這些思想是普遍存在並且日益嚴重的，所以陸九淵毫不避諱的直接指出胥吏就是民之蠹蟲，由於胥吏的嚴苛盤剝，直接造成了民衆的困窘，而伴隨著民之窮困的卻是胥吏的越來越橫行無忌。所以，許多「以爲民心」者達成共識，必須要對奸吏加以懲治，才能夠真正的去除強加於民身上的枷鎖，而真正的解放民力。

「若其議論主身者，則必首以辦財賦爲在務，必假闕乏之說以腋削民，科條方略，必受成於吏，以吏爲師，與吏爲伍，甚者服役於吏。爲國家忠計，豈願此等人多也。」〔註47〕陸九淵認爲胥吏如果不「以民爲心」，而「以身爲心」，只在意自身的利益得失，那麼這樣的官吏上任後的第一要務就是斂取錢財，而且還會假借國家困乏的託辭來加倍的剝削百姓。各種各樣的、巧以名目的條例和法規是由官吏所製定的，如果這些條例不是爲民服務，而是爲其自身服務的話，那麼從國家的大局和長遠考慮，又怎麼能希望這樣的官吏太多呢？官吏的治理在陸九淵看來是解決民衆疾苦的重要政治手段。

陸九淵從民衆與國家的角度出發，對地方胥吏的危害認識非常深刻，因而十分重視對胥吏的治理，認爲統治者必須對胥吏加以整治，否則會給社會帶來非常大的弊病和危害。陸九淵曾以獄訟爲例來說明胥吏的危害：「今風俗弊甚，獄訟煩多，吏奸爲朋，民無所歸命。曲直不分，以賄爲勝負。獄訟之間，雖有善士臨之，亦未必能盡得其情。」〔註48〕胥吏多朋黨爲奸，導致曲

〔註44〕陸九淵，陸九淵集〔M〕，鍾哲點校，北京：中華書局，1980：99。
〔註45〕陸九淵，陸九淵集〔M〕，鍾哲點校，北京：中華書局，1980：98。
〔註46〕陸九淵，陸九淵集〔M〕，鍾哲點校，北京：中華書局，1980：99。
〔註47〕陸九淵，陸九淵集〔M〕，鍾哲點校，北京：中華書局，1980：99。
〔註48〕陸九淵，陸九淵集〔M〕，鍾哲點校，北京：中華書局，1980：111。

直不分，獄訟的結果，取決於胥吏收取賄賂的多少，而不取決於案件的原委，曲直不分，致使「民無所歸命」。「近見王吉州言監司太守不可輕置人於獄。蓋獄官多非其人，吏卒常司其權。平民一柢於獄，唯獄吏之所為，箠楚之下，何求不得？文案既上，從而察之，不能復有所見矣。蓋其詞情皆由於吏卒之所成練。」〔註49〕雖然官員看上去是獄官，是決定是非曲直的人。但實際上，吏卒是獄訟問題的關鍵，握有實權。假使平民入獄，則吏卒決定了其生死和案件的發展，在嚴刑拷問之下，吏卒可以得到他們想要得到的一切，可以根據他們的需要來撰寫供詞，由此來決定案件的審理和民眾的生死。而賄賂的多少決定了胥吏的取捨，而「吏奸為朋」決定了最終受害者只能是貧苦百姓。「若其聽訟之間，是非易位，善惡倒置，而曰自有使人無訟之道，無是理也。」〔註50〕訟以是為非，以非為是。是非不分，善惡顛倒，更有甚者可以有辦法使人無訟。陸九淵又舉宜黃縣尉何君坦和縣令臧氏子相爭的例子：「二人之爭，至於有司，有司不置白黑於其間，遂以俱罷。縣之士民，謂臧之罪不止於罷，而幸其去；謂何之過不至於罷，而惜其去。」〔註51〕二人相爭，到有司尋求評判，有司不分白黑，不辨是非，而罷去兩人，然而，縣令與縣尉的善惡、賢否曲直是不一致的。一者為民「幸其去」，一者為民「惜其去」。「幸其去」者，由貪而富，「式遏其歸矣」；「惜其去」者，因其廉而貧窮，「縣之士民，哀其窮而為之裹囊以餞之，思其賢而為歌詩以送之，何之歸亦榮矣」。〔註52〕獄訟的不公，進而導致民眾對於統治者統治的反感與置疑，這些是陸九淵所不願意看到的。

　　陸九淵認為保證國家安定和人民安居樂業的重點是要加強對胥吏的治理，他主張「革弊去蠹」，其中的「蠹」即是指胥吏。在陸九淵看來，整治胥吏並不單單依靠一個人的力量，而是需要法度和刑罰清明。陸九淵認為，宇宙之間存在著獨一無二之「理」，存在著萬物本源之「本心」，而此「本心」相對任何人是平等的。「本心」之於法度，陸九淵認為人們在法度面前是平等的。

　　秦漢以來，特別注重君臣上下的名分，而此名分大多針對的是官職爵位

〔註49〕陸九淵，陸九淵集〔M〕，鍾哲點校，北京：中華書局，1980：111。
〔註50〕陸九淵，陸九淵集〔M〕，鍾哲點校，北京：中華書局，1980：124～125。
〔註51〕陸九淵，陸九淵集〔M〕，鍾哲點校，北京：中華書局，1980：242。
〔註52〕陸九淵，陸九淵集〔M〕，鍾哲點校，北京：中華書局，1980：242。

而言。孟子以齒、德之尊與爵位之尊爲天下三達尊，但此時也去其二而僅存
其一。陸九淵並不贊成這種以爵位區分的名分之說。「來書所謂犯名分之語，
甚未當理。名分之說，自先儒尚未能窮究，某素欲著論以明之。流及近世，
爲弊益甚。至有郡守貪默庸繆，爲屬民之事，縣令以義理爭之，郡守輒以犯
名分劾令，朝廷肉食者不能明辨其事，令竟以罪去，此何理也？理之所在，
匹夫不可犯也。犯理之人，雖窮富極貴，世莫能難，當春秋之誅矣。際此道
不明不行之時，群小席勢以從事，亦何嘗不假道理以爲說，顧不知彼所謂道
理者，皆非理也。」〔註53〕陸九淵認爲名分要服從於理，任何人在理的面前
是平等的，理是不可侵犯的。此處之理既是倫理道德，亦是法令制度。犯理
的人，也許會由於其所處的權位或所具有的財富，而避免當世之處罰，但終
歸會受到春秋史筆的誅貶。在理不明的情況下，當權在勢之人假借自己的權
勢而設立之理並非是眞正的道理。理是不因所處的社會地位而有所改變的，
理的受眾是所有社會存在之人。陸九淵堅持人們面對共同之理的同時，也認
爲理對於人們所產生的作用是相同的，也內含著人們在法度面前的平等性，
這與同時代的人相比，確實具有著積極意義。

　　陸九淵不僅限於法度面前的平等，他也認爲法度在執行過程要清明。「如
曰：『道塞宇宙，非有所隱遁。在天曰陰陽，在地曰剛柔，在人曰仁義。仁義
者，人之本心也。』又曰：『是理充塞宇宙。天地順些而動，故日月不過而四
時不忒；聖人順此而動，故刑罰清而民服。』又曰：『此理塞宇宙，誰能逃之，
順之則吉，逆之則凶。』」〔註54〕如果說人們在法度面前平等是第一步的話，
那麼眞正平等的執行法度則是使民心臣服的重要一環。塞於宇宙之理使天地
萬物的運行井然有序，如日月的運行和四季的變化一樣，是清楚明瞭的。陸
九淵認爲刑罰也應如此，聖人只有以順應有序之理的方式來使刑罰的執行清
明，民心才能臣服，從而眞正的堅持和恪守聖人製定的各項法度，國家才能
穩定。如果聖人違背了理的規律，刑罰不清，則社會和國家就缺少了可以遵
循的制度，就會使國家走向混亂。

　　陸九淵主張以仁義之心來治理胥吏，但反對「寬仁之說」，認爲要嚴法
制。「後世言寬仁者類出於姑息。殊不知苟不出於文致，而當其情，是乃寬

〔註53〕陸九淵，陸九淵集〔M〕，鍾哲點校，北京：中華書局，1980：169。
〔註54〕陸九淵，陸九淵集〔M〕，鍾哲點校，北京：中華書局，1980：483。

仁也。故吾嘗云：『虞舜孔子之寬仁，吾於四裔兩觀之間見之。』」〔註55〕陸九淵認爲「本心」爲仁義、羞惡、恭敬、是非之心，並以此爲出發點來衡量胥吏的所作所爲，無「本心」者則「不以民爲心」之胥吏。針對此種胥吏，陸九淵認爲不能施以寬仁，對他們的寬仁不是眞的行仁義之心，而是姑息養奸。眞正的「寬仁」，乃是「當其情」，即當懲則懲處，對罪大惡極者決不姑息。他對朱熹劾唐與正之事頗爲讚賞：「朱元晦在浙東，大節殊偉，劾唐與正一事，尤快眾人之心。」〔註56〕陸九淵還多次提及舜除四凶和孔子誅少正卯等事件，也充分說明了他希望嚴厲懲處迫害百姓之胥吏的嚴法制思想。

　　陸九淵希望嚴懲酷吏的同時，也期望出現更多的具有仁義之「本心」的好官。在陸九淵看來，官吏並非一個概念，認爲官是官，吏是吏。針對「吏」的解釋，一說指舊時沒有品級的小公務人員，一說即泛指官吏。陸九淵對官與吏的區分與前者的解釋相似。「官人者，異鄉之人；吏人者，本鄉之人。官人年滿三考，成資者兩考。吏人則長子孫於其間。官人視事，則左右前後皆吏人也。故官人爲吏所欺，爲吏所賣，亦其勢然也。」〔註57〕南宋官員是由朝廷委派，統治者出於對自己穩定統治的考慮，這種委派官員大多被派往異鄉，而且任期有限，任期一滿就又要調離他處，所謂的地方主事之官大多是外鄉之人，對於本地情況很陌生，而經過一段時間熟悉情況後，又面臨著調任的情況，所以官員大多一直處於外鄉狀況，無論對人，還是對事情。而吏則不同，吏是本鄉之人，對本地的人與事都非常的熟悉。吏生於斯，長於斯，並且世代於本鄉任吏，並不因爲地方官員的調任而離職，世代的經營，致使吏在當地具有廣大的關係網，權勢很大。所以朝廷委派的地方官員上任之後，無論大事小情都必須倚仗當地吏的幫忙。所以，官員辦事受吏的包圍、左右和欺騙，就成了一種必然的趨勢，不可避免了。

　　「官人常欲知其實，吏人常不欲官人之知事實，故官人欲知事實甚難。官人問事於吏，吏效其說，必非其實，然必爲實形。欲爲實形，亦必稍假於實。蓋不爲實形，不能取信。官人或自能得事實，吏必多方以亂之，縱不能盡亂之，亦必稍亂之。蓋官人純得事實，非吏人之利也。故官人能得事實爲難，純以事實行之爲尤難。」〔註58〕陸九淵認爲官與吏是存在著很大矛盾的，

〔註55〕陸九淵，陸九淵集〔M〕，鍾哲點校，北京：中華書局，1980：411。
〔註56〕陸九淵，陸九淵集〔M〕，鍾哲點校，北京：中華書局，1980：97。
〔註57〕陸九淵，陸九淵集〔M〕，鍾哲點校，北京：中華書局，1980：112。
〔註58〕陸九淵，陸九淵集〔M〕，鍾哲點校，北京：中華書局，1980：112。

此處所言之官，大多指代那些以民爲本的理想之官。官員想要瞭解事情的眞實狀況，而胥吏卻不願意官員知道眞實情況，由於官員的外鄉人身份，所以在這種狀態下，官員是很難獲得其所轄範圍內民衆的眞實情況的。官員瞭解情況時必然要問詢於當地的胥吏，而胥吏所言往往是聽上去好像很眞實，而事實卻並不如胥吏所言那樣。胥吏在向官員彙報情況時，並非全是假話，在其中也會滲進少量眞實情況，以使其彙報更爲逼眞，如果全然編造的話，是很難被取信的。官員如果想親自去探究事實的話，胥吏必然會盡力的加以阻撓，依然使得官員無法得到事實眞相。因爲官員所要得到的事實是對胥吏不利的，所以官員很難得到全部事實的眞相，也就更無法根據眞實情況來製定合理的政策。由此不難看出，陸九淵對胥吏的態度是排斥的，認爲胥吏所代表的利益是與民衆利益相悖的，所以官員如果知道了事情眞相的話，就會危害到胥吏的利益。「吏人自食而辦公事，且樂爲之，爭爲之者，利在焉故也。故吏人之無良心，無公心，亦勢使之然也。」〔註 59〕胥吏很樂於做事，而且爭著辦公事，原因都在於利益。在陸九淵看來，胥吏是無良心和公心的，胥吏眼中只有自身的利益而已。官員由於不能知曉任內的眞實情況，以及對胥吏的倚仗，致使官員實際上是受到胥吏操縱的，在一定程度上成爲了胥吏謀取自身利益的工具，甚至有時會出現官與吏相勾結的狀況。因爲官員需要胥吏的幫助來完成朝廷所攤派給自己的任務，例如一些賦稅的收取和勞役的派遣。而反過來，胥吏又需要打著官員和國家的旗號來使得謀取自身利益合法化。在這種相互依賴和利用中，會不自然的結成利益聯盟。「十數年來，公人之化大行，官人皆受其陶冶，沈涵浸漬，靡然一律。而書生腐儒，又以經術爲之羽翼，爲之干城，沮正救之勢，塞懲治之路，潛禦其侮，陰助其瀾。故官人之才者，雖易以自見，易得盛譽，而無補風俗，無救大勢。至其不才，必至大亂。中人無以自立，皆從風而靡，隨波而流，守正而材術不足以自見者，其心僅不泯滅，而不復可伸，外之驅迫流徇者，不少矣。此今時之大勢。」〔註 60〕由此官與吏就不是爲民爲國服務的階層，而變成了矇騙統治者，大肆收刮民衆而只爲獲取自己利益的國家蠹蟲。

在《與楊守》篇中也說：「屬者郡政，不竟已甚。積弊宿蠹，殆難驅除。猾吏豪家，相爲表裏，根盤節錯，爲民蟊賊。」〔註 61〕百姓生活在胥吏的殘

〔註 59〕陸九淵，陸九淵集〔M〕，鍾哲點校，北京：中華書局，1980：112。
〔註 60〕陸九淵，陸九淵集〔M〕，鍾哲點校，北京：中華書局，1980：68。
〔註 61〕陸九淵，陸九淵集〔M〕，鍾哲點校，北京：中華書局，1980：124。

酷統治之下，面對百姓的疾苦，有的縣令不管不問，所以有「十餘年間不聞有賢令尹」之說法。雖然陸九淵認識到了胥吏是「民」與「君」的蠹蟲，主張「革弊去蠹」，但由於當時的政治情況限制，有權有勢的大地主、大官僚擁有絕對的特權，在實際的生活中，這種由於封建政治所導致的特權無法被觸及其根本，「國家所恃以辦事的是官僚。官僚在監督不及之處，是要求自利的。官僚的自利，是上無益於國，而下有損於民的。固然，官僚中也有好人；而一國中監督官僚的人，其利害也總是和國與民相一致的；然而這總只是少數。」〔註62〕所以陸九淵寄希望於官吏的自覺性，也就是期待有自覺爲「民」、爲「君」著想的好官出現。

針對於好官的標準，陸九淵從「民爲邦本」的思想出發，提出了一個評價地方官員的標準問題即「主民」還是「主身」。「大抵今時士大夫議論，先看他所主。有主民而議論者，有主身而議論者，邪正君子小人，於此可以已決矣。」〔註63〕現今的士大夫或者可以說官吏，針對於他們的評判標準，是看他以何爲主。以民爲主者和以身爲主者，通過對二者的取捨，可以很清楚的判斷出何爲君子，何爲小人。在《與李宰》篇的第一部分中，與李宰評論貴溪縣令陳顯公即陳宰時，認爲「陳宰所爲固多未滿人意，至其使此輩宿首屏迹，柔良陰受其惠，則亦其所長也。三邑十餘年間誠未見有此」。「此輩」在此指的就是胥吏，雖然陳宰的所爲並未讓人滿意，但胥吏的統治受到了打擊，百姓從中受益，也是貴溪、安仁、金溪三邑十餘年來前所未有的。陸九淵爲此給予了高度的評價：「視前政則優，視比縣則優，似未爲過許。」也就是說，陳宰所取得的政績要優於他的前任和鄰縣。爲百姓辦實事，使百姓眞正得到實惠，不盤剝百姓，爲百姓謀利的官吏，才是好的官員。陸九淵另對黃霸的爲官情況也加以讚賞：「黃霸爲潁川守，鰥寡孤獨死無以葬者，霸爲區處曰：『某所大木可以爲棺，某亭豬子可以爲祭。』吏往皆如其言。遣吏司察事，既還而勞，其食於道旁爲烏所攫肉事，第得實，人無敢欺，皆以爲神。」〔註64〕人們把不被地主胥吏所欺、以民爲心的理想中官員奉之爲神。陸九淵對百姓的疾苦充滿同情之心，但現實卻力所不及、無法改變，所以寄希望於好的官員出現，而科舉制度卻是封建社會主要的選官制度。但面對官吏的現

〔註62〕呂思勉，呂思勉講思想史〔M〕，南京：鳳凰出版社，2008：58。
〔註63〕陸九淵，陸九淵集〔M〕，鍾哲點校，北京：中華書局，1980：99。
〔註64〕陸九淵，陸九淵集〔M〕，鍾哲點校，北京：中華書局，1980：111。

實狀況，使他不得不對當時的科舉選官制度產生置疑。

第四節　對科舉制度的批判

宋代官吏在數量上看，是非常多的，冗官和浮吏的現象十分嚴重，官吏在數額上並沒有明確的限制。「唐虞百官，夏商官倍，周官三百六十。而唐承隋後，官不勝眾，驟而約之，七百有奇，則復古建官，亦莫近於唐矣。今之內而府寺場局，外而參幕佐貳，可以罷而省之者，蓋不爲少。天下莫不知之，而朝廷之憚爲此者，則懼夫衣裳之流離而無以生也。今雖不省，而受任者或數千里，需次者或八九年。奪園夫紅女之利，不復可以責士大夫。」〔註65〕陸九淵認爲南宋官吏數量龐大，並列舉唐虞、夏商等朝代作以比較。在唐代繼承隋朝的官吏狀況，官吏的數目與之前的朝代相比急劇增加。而宋代的情況比唐代更加嚴重，許多官吏是多餘並可以省略的。這種情況並非一日二日，事實上是天下人皆知的情況，但因爲官吏是食朝廷俸祿之人，如果輕易被削去俸祿，又面臨生存之憂，所以朝廷忌憚於此，也沒有很好的解決辦法。結果導致冗官越來越多，更出現了職滿候官八九年之久的情況。可想而知，冗官與浮吏現象的嚴重程度。

如此眾多的冗官浮吏，以及宋代官場中的黑暗狀況，使得陸九淵對官員的選取制度產生了置疑。在宋代，人才與官員的選拔，主要是通過科舉考試來實現的。宋代的科舉考試大多以規定「經義」爲考試的主要內容，這使得儒家經典的理論地位比宋以前的各個時期都更加崇高，也使儒家思想更爲普遍的被民眾所瞭解和接受。但另一方面，讀書人常把對儒家經典的學習看作是考取功名、謀取祿位的一種工具，從而忽視對它的眞正的理念價值理解和踐行。面對南宋時期，實行日久卻不斷僵化的科舉選官制度，陸九淵認爲其也是國家之蠹蟲，無法選拔出眞正的國家棟梁之才。

「取士之科，久渝古制，馴致其弊，於今已劇。稍有識者，必知患之。然不徇流俗，而正學以言者，豈皆有司之所棄，天命之所遣！先達之士由場屋而進者，既有大證矣。是固制時御俗者之責，爲士而託焉以自恕，安在其爲士也？二帝三王之書，先聖先師之訓，炳如日星。傳注益繁，論說益多，

〔註65〕陸九淵，陸九淵集〔M〕，鍾哲點校，北京：中華書局，1980：368～369。

無能發揮，而只以爲蔽。」〔註66〕科舉取士的做法已經沿續了很多年，其中的弊端日益顯現，到了宋代已經很嚴重了。陸九淵認爲稍微有點頭腦的人，就會認識到這一點。科舉使士人拘泥於師訓，注重對古文的傳注，思想非常僵化，人云亦云，雖然論說繁多，但也只是解說而無新意。「今天下士皆溺於科舉之習，觀其言，往往稱道《詩》、《書》、《論》、《孟》，綜其實，特藉以爲科舉之文，誰實爲眞知道者。口誦孔孟之言，身蹈楊墨之行者，蓋其高者也，其下則往往爲楊墨之罪人，尚何言哉！」〔註67〕陸九淵認爲當時的士人都沉溺於科舉考試所應用的文章之中，往往在言談中皆言科舉的特定之文，但其實並不知道所習的儒家經典的眞正內涵。雖然口中頌揚著孔孟之道，而卻行楊墨之實，科舉只流於形式，並未眞正深入士人之心。如此，士人讀聖賢書的目的是爲作時文，作時文是爲考科舉，考科舉是爲作官，而作官是爲了一人一家之榮華富貴、功名利祿。「先生與李尉曼卿言：『今人多被科舉之習壞。』」〔註68〕陸九淵贊成儒家思想，崇尚聖賢之道，但認爲科舉制度恰恰使聖賢之道成爲了一種功利工具，使儒家思想功利化的同時，也玷污了聖賢之道。所以他並不認爲儒家思想教壞了士人，而認爲是科舉這種選官的形式使士人功利化，成爲謀取自己私利的楊墨之輩。「今時士人讀書，其志在於學場屋之文，以取科第，安能有大志？」〔註69〕其弟子傅子淵問學於陸九淵以後，亦自悔曰：「向來只知有舉業，觀書不過資意見耳。」正是以這種只顧眼前私利的思想爲主導，士大夫很難有遠大的志向和抱負，以謀取私利爲目的又何談成爲好的官吏，而這是與儒家思想相悖離的，也是陸九淵置疑科舉選官的關鍵所在。

陸九淵極力的闢時文，以救人於溺爲己任，他從歷史的角度來考察科舉制度有無狀態下的利弊得失，認爲科舉制度使人喪失「本心」。「有議論者，先生曰：此是虛說，或云，此是時文之見。學者遂云：孟子闢楊孟，韓子闢佛老，陸先生闢時文。先生聞之云：此說也好，然闢楊墨佛老，猶有些氣道，吾卻只闢得時文！因一笑。」此處的「一笑」意味深長。白鹿洞書院講義有云：「科舉取士久矣，名儒巨公皆由此出，今爲士者固不能免，然場屋之得失，

〔註66〕陸九淵，陸九淵集〔M〕，鍾哲點校，北京：中華書局，1980：237。
〔註67〕陸九淵，陸九淵集〔M〕，鍾哲點校，北京：中華書局，1980：150。
〔註68〕陸九淵，陸九淵集〔M〕，鍾哲點校，北京：中華書局，1980：453。
〔註69〕陸九淵，陸九淵集〔M〕，鍾哲點校，北京：中華書局，1980：196。

顧其技與有司好惡如何耳，非所以爲君子小人之辯也。」陸九淵不忍心看著士人沉溺於場屋得失、一己私利之中，所以要費其心力以其救人於溺。「古之時，士無科舉之累，朝夕所講皆吾身吾心之事而達之天下者也，夫是以不喪其常心。後世弊於科舉，所鄉日陋，疾其驅於利欲之途，吾心吾身之事漫不復講，曠安宅而弗居，捨正路而弗由，於是有常心者不可以責士。」〔註70〕古代的士人沒有科舉的束縛，可以由自己的「本心」而達天下之事，由此而不喪失其「本心」。而後世的士人把科舉作爲追名逐利的途徑，從而失去「本心」。有幾人能眞的做到有大的宅院而不居住，有大的道路不走呢？人們在指責士人的同時，其意應在改革科舉選官的弊病。「古不以科舉取士，天下之從事者不專於文。至漢始射策決乎。然仕進者不一途，習其業者，未始專且重也。綿延以至於唐，進士爲重選，習其文者殆遍天下，到於今不變。」〔註71〕漢代雖然開始實行射策決科，但還沒有把科作爲進入仕途的唯一途徑。到了唐代，這種作時文而入仕的風氣才普及開來，並傳至宋代愈演愈烈。

　　鑒於此，陸九淵認爲科舉選官的方式要有所改變。「愚以爲仁宗英特之主，好賢之誠，蓋不後於堯舜三王，而乃使當時大臣有誤多士之論，制科之人有應故事之說者，是蓋其法之罪也。故天聖之法不可以不變。」〔註72〕「待賢衰而有若待胥吏徒得存焉，是尙爲不可變乎？齷齪庸陋之臣不知待賢者之禮，適以蕪累明君之政如是哉！故曰天聖製科之法，不可不變。」〔註73〕天聖制科之法是指北宋仁宗於天聖年間頒佈的「復科之詔」，到陸九淵時期已經有一百多年的時間了。陸九淵在《程文》中兩次用了「不可不變」一詞，說明了他對科舉選官制度改革的迫切心情。但心情雖迫切，陸九淵卻主張在變革上要採取漸變的方法。「科舉取士未遽可變，而諸公於科舉之習亦未能遽免。」〔註74〕「科舉之法，唐楊綰欲變之而不克變。」〔註75〕陸九淵認爲科舉改革不宜驟變，要採取漸進的方式，擔心驟然改變會適得其反，無法被士人所接受。針對於如何變科舉選官之制，陸九淵言：「制科不可以有法，制科而有法，吾不知制科之所取者何人也。以蝸蛭之餌，垂海而北冀吞舟之魚，

〔註70〕陸九淵，陸九淵集〔M〕，鍾哲點校，北京：中華書局，1980：241。
〔註71〕陸九淵，陸九淵集〔M〕，鍾哲點校，北京：中華書局，1980：291。
〔註72〕陸九淵，陸九淵集〔M〕，鍾哲點校，北京：中華書局，1980：364。
〔註73〕陸九淵，陸九淵集〔M〕，鍾哲點校，北京：中華書局，1980：364。
〔註74〕陸九淵，陸九淵集〔M〕，鍾哲點校，北京：中華書局，1980：291。
〔註75〕陸九淵，陸九淵集〔M〕，鍾哲點校，北京：中華書局，1980：49。

唐賈至猶以為諸科之病。今制科者，天子所自詔以待非常之才也。孰謂非常之才，而可以區區之法制束而取之乎？」〔註 76〕把科舉作為選官的方法，這就好比把官爵俸祿當作誘餌一樣，如此急功近利所選拔出的所謂人才一定不是非常之才。真正的國家棟梁之才是不受此種誘惑、不受思想束縛，發明「本心」、「以民為心」，具有「憂國之心」的人才。

隋唐至宋的科舉考試，給許多人帶來了仕途陞遷機會的同時，也是封建統治選拔人才的一種手段。陸九淵並非是徹底的否定科舉制度，他贊成科舉考試能在一定程度上為國家選拔出一些人才；同時他也認為這種科舉考試導致了大範圍的「疾其驅於利欲之途，吾心吾身之事漫不復講」的士人風氣，而這種風氣對社會和國家是有極大危害的，是國家必須進行改革的地方。如果不能從根本上廢除科舉制度，也就無法杜絕那種只讀科舉之文，而不知其真知的現象出現。由此，陸九淵才建議廢除科舉之法。但為了選拔出人才必然需要一種客觀公正的方式，陸九淵反對科舉選官，但又沒能明確的提出更加科學的選官方法。

陸九淵對科舉制度的態度也體現在他自己的身上。二十四歲時，陸九淵參加了解試。起初，他不肯赴考，五兄陸九齡多次相勸，並向自己的舊友侍郎李浩推薦自己的弟弟。同年春天，陸九齡讓侄子陸煥之陪同陸九淵去拜訪侍郎。贊見時，陸九淵呈上了一封信，其內容：「古之學者，汲汲焉惟君子之見。非以其位華要之地可援己也，然而人宜之。後世反此。凡有僕僕於人者、必其位華要之地者也；不然，則積實祿邑之贏者；不然，則妙速化之術者也。非以是三者，雖君子無見焉。有不是三者之為，而惟君子之從，必相與群而耶俞之，以為狂且怪。某生七歲讀書，十三志古人之學，今二十有四矣。而漫刺未嘗有所投，乃汲漢焉登閣下之門，固眾人之所耶俞以為狂且怪。然而甘心犯之，惟以古人自慰爾。教而進之，於閣下固宜。」〔註 77〕從這封贊見信不難看出，雖然處於有求於人並希望被提攜的狀況下，但陸九淵依然表達得落落大方、不卑不亢，足見年輕的陸九淵對自己學識的那份自信與為人的膽量和風度。但也從另一方面看出了他對科舉和官場的態度。

對科舉制度的批判，並不是因為陸九淵不適應科舉制度，而事實卻恰恰相反。贊見李浩侍郎後，李侍郎對其大為欣賞，並留其一連住了好幾天，反

〔註 76〕陸九淵，陸九淵集〔M〕，鍾哲點校，北京：中華書局，1980：363。
〔註 77〕陸九淵，陸九淵集〔M〕，鍾哲點校，北京：中華書局，1980：46。

覆勉勵陸九淵要用功讀書，看出陸九淵對科舉考試的猶豫，讓其一定要去參加考試，爭取中舉。到了秋試的日期，陸九淵順利參加考試。考試進行了三天，陸九淵把之前所學，一氣呵成。考官王景批語：「毫髮無遺恨，波瀾獨老成。」放榜結果，陸九淵中了第四名。同年其父去世，陸九淵丁父憂在家。三十三歲時，陸九淵第二次參加鄉舉，再次榜上有名，考官批語：「如端人士，衣冠佩玉。」隨後，第二年春試，更是驚動考場：「奏名時，尤延之袤知舉，呂伯恭祖謙爲考官。讀先生《易》卷，至『狎海上之鷗，遊呂梁之水，可以謂之無心，不可以謂之道心。以是而洗心退藏，吾見其過焉而溺矣。濟溱洧之車，移河內之粟，可以謂之仁術，不可以謂之仁道。以是而同乎民，交乎物，吾見其淺焉而膠矣。』擊節歎賞。又讀《天地之性人爲貴論》，至『嗚呼！循頂至踵，皆父母之遺體，俯仰乎天地之間，惕然朝夕，求寡乎愧怍而懼弗能，倘可以庶幾於孟子之塞乎天地，而與聞夫子人爲貴之說乎？』愈加歎賞。至策，文意俱高。伯恭遽以內難出院，乃囑尤公曰：『此卷超絕有學問者，必是江西陸於靜之文，此人斷不可失也。』又並囑考官趙汝愚子直。二公亦嘉其文，遂中選。他日伯恭會先生曰：『未嘗款承足下之教，一見高文、心開目明，知其爲江西陸子靜也。』」〔註78〕由此可知，陸九淵之科舉考試之文章受到眾人的肯定，其學識得到了大家的欽佩。科舉考試讓陸九淵得到他人的承認，中舉做官之於陸九淵其實並非難事，春試後的第二年，他就開始了仕官與講學相交織的生涯。

科舉制度，本意爲取士用賢，但其流弊，不但破壞了士大夫的人品，並且破壞了儒家文化精髓的傳承以及治國平天之事業。「象山面對的時代課題，一是將士人的精神生命，從科舉中拯救出來。二是從當時物欲意見之風習中，透出聖賢學問之眞精神。」〔註79〕這句話概括陸九淵對科舉制度的態度很是恰當。對科舉制度的態度表現了陸九淵作爲文人的教育思考，作爲哲人的學問思考，作爲士人的政治思考。從思考中能充分的體味到陸九淵的那份歷史責任和政治擔當，而身處官場中的陸九淵面臨是更多的政治思考。

陸九淵對南宋的封建統治是持有保留態度的。由於他身處社會的基層，對社會現實、官場黑暗和百姓的疾苦有著敏銳的觀察和深刻的思考，而且在

〔註78〕陸九淵，陸九淵集〔M〕，鍾哲點校，北京：中華書局，1980：486～487。
〔註79〕蔡仁厚，宋明理學・南宋篇〔M〕，長春：吉林出版集團有限責任公司，2009：140。

他思考中充滿著對百姓的同情之心，這些都讓他的政治思考更具有民眾性和積極意義。「事惟其宜，理惟其當。言論設施，不必在己。相期相勉，大抵以此。平居論事，始有未合，各獻其宜，侃然自竭，反覆之久，是非已明，伏義如鄉，人得所欲，殆莫知初說之爲誰主之也。仰視滅私之訓，妄謂或庶幾焉。」〔註80〕一切以理爲先，按照事情宜爲的方式而爲，按照正當之理而行，這其中表達了陸九淵的不惟神、不惟君、不惟上，只惟事、只惟理的積極政治思想。

陸九淵置疑和思考的態度也是值得稱讚的，他堅持追根溯源和力求革新。「變」爲「變易」，即變革的思想，變革即是一種創新思維，不拘泥於一成不變的、已經僵化的思想和政治局面，而希望有所改革和變化，希望給腐朽的思想注入新鮮血液，使軟弱的政治局面有所改觀，希望國富民強，不受外侮侵略，希望民眾過上安定幸福的生活。無論在經濟方面、君臣權利分配方面、治吏方面，還是科舉選官與變法等方面，陸九淵都在認識到局限的同時，力求在各個方面都有所變化。而立本求變的最終目的是爲實現復天下爲公的「三代之治」，以使得安民心、合君意，構建一個足以抵禦外侮、國富民強、安居樂業之社會。由此，陸九淵期待所謂好官、好君主的出現，他有著美好的理想和願望，但需要一系列完備的政策和制度作保障，這在當時所處的南宋社會是很難實現的。

陸九淵具有一種執著精神：「今之爲善者，猶持杯水救車薪之火也。然持杯水者常少，而抱薪者常多。某竊有區區之說，以爲可以絕薪而致水，要在於不厭詳復，不忽卑近，相與就實以求至理，研覈其實，毋遽以大意粗說蓋之，則至理可明，誠說破，則自其身達之家國天下，無不可爲者，君心國論，亦有致力處，豈直州縣官吏間哉？」〔註81〕陸九淵的政治擔當還是很讓人產生敬意的，雖然持杯水者少，抱薪者多，但仍堅持做那杯水救薪的爲善之人，爲家國天下計者。「此等皆非矜誇其功能，但直言其事，以著事理之當然。故君子所爲，不問其在人在己，當爲而爲，當言而言。人言之與吾言，一也。」〔註82〕表達了一種政治上有作爲與擔當，這與陸九淵的爲大人、做大事、成君子的倫理思想是相契合的。

〔註80〕陸九淵，陸九淵集〔M〕，鍾哲點校，北京：中華書局，1980：204。
〔註81〕陸九淵，陸九淵集〔M〕，鍾哲點校，北京：中華書局，1980：68～69。
〔註82〕陸九淵，陸九淵集〔M〕，鍾哲點校，北京：中華書局，1980：218。

第五章　陸九淵政治思想的理論價值及其局限

第一節　陸九淵政治思想的理論價值

陸九淵的政治思想與其心學思想一起對後世產生了重大的影響，但由於程朱理學思想的正統地位，陸九淵思想經過了好長一段時間的沉寂，直到明代王陽明時期，才重新走向政治舞臺。在明末清初之後，又歸於沉寂，但它內在強大的生命力卻一直沒有消失，當民族處於危亡之際，程朱理學思想無法解決面臨的政治危機之時，人們又重新轉向陸王心學之思想，以求能解決民族之困境。陸九淵政治思想是為維護封建統治者的階級統治服務的，這一點是無庸置疑的，但他政治思想中具有的合理而積極的因素卻是值得繼承和發展的。

一、陸九淵後學對其政治思想的傳承

陸九淵雖然一生中的大部分時間在家鄉金溪度過，而且他的講學也大多在家鄉進行，但他的思想卻在浙東四明一帶影響最大，這要歸功於陸九淵的弟子對其思想的傳播。楊簡、舒璘、沈煥、袁燮為陸九淵後學中最有代表性的四弟子，由於在南宋浙東四明地區非常有學術影響力，所以被稱為「四明學派」。而這四人也被尊稱為「四明四先生」或是「甬上四先生」。於四人中，楊簡的成就和影響最大，也最有代表性。

　　楊簡繼承了陸九淵由「本心」出發的民本思想。楊簡認爲，「人心即道心，心本常。故合乎天下之公心而爲政爲事，則其政可以常立，其事可以常行。不合乎天下之公心而爲政爲事，則其政不可以常立，其事不可以常行。」〔註1〕「天下之公心」爲從政之根本，符合了此「天下之公心」的要求，則政可以立，事情則可成。反之，違背了「天下之公心」，則政不可以立，事情不可成。他所謂的「天下之公心」即是「天心」與「民心」的結合，既照顧到「君心」的同時，更多的是指天下百姓之「民心」。楊簡認爲，從政與爲事是爲天下百姓謀福利爲目的，合人心的正義的事情。如果不能做到如此爲政，則會造成政事不順、國家混亂的局面。楊簡把陸九淵的「民爲邦本，憂國之心」的思想發展爲「天下之公心」，由此出發，楊簡強調指出「爲政之道，無出於德」〔註2〕，主張德政思想。楊簡認爲應當以德治國，待民以德，關心民眾疾苦，瞭解民眾所思所想，並眞正的爲百姓解決實際問題。楊簡認爲貧富不均的狀態是造成國家動蕩的重要原因，「田不井則貧富不均，貧民仰不足以事父母，俯不足以育妻子，樂歲終身苦，凶年不免於死亡。救死不瞻，奚暇治禮義，無禮義則亂，亂則國危」〔註3〕。土地問題是導致貧富不均的根源，百姓失去土地，則無法孝順父母、養育妻兒，而且遇到年景不好的情況，則將面臨死亡的危險。如果統治階級不能很好的解決這些問題，施之以禮義，則國家將出現混亂的局面，而這種混亂會直接威脅國家的存亡。民爲國之根本，民之生死與國之存亡相互依賴。楊簡認爲，與民息息相關的土地問題是國家統治者所要解決的首要問題，主張恢復井田制，限制地主富豪對土地的兼併和佔有，使百姓有田可種，緩解貧富不均的狀況。

　　楊簡在科舉選官問題上，明確的提出了罷科舉而行鄉舉的改革措施。楊簡繼承了陸九淵對科舉選官的置疑態度，認爲漢代之後，科舉的選官模式不但無法選賢、任能，相反使讀書的士人陷入了只重對經書的解釋，而不注重實際政治應用的局面。「士子所習唯曰舉業，不曰德業，高科前列多市井無賴子弟，篤實端士反見黜於有司。何以德行爲文，華而尊榮，相師成風，淪肌浹髓，欲使事君而君獲其忠，使臨民而民不被其害，可得哉？雖間得其人而亦無幾，仕官大概惟群飲、惟求舉、惟貨、惟色、惟苟且甚者，民思寢處其

〔註1〕楊簡，慈湖遺書〔M〕，臺北：臺灣新文豐出版公司：293。
〔註2〕楊簡，慈湖遺書〔M〕，臺北：臺灣新文豐出版公司：340。
〔註3〕楊簡，慈湖遺書〔M〕，臺北：臺灣新文豐出版公司：409。

皮而食其肉」〔註4〕。楊簡認爲，當時士人大多讀書的目的是爲了參加科舉考試，以博取功名利祿，所學之事不過是爲了迎合考官的口味，並未把聖賢之書的內涵用於自己的修德方面，所以科學考試中舉之人雖然學習了許多詩書，但卻無甚德性可言，甚至都可能是市井無賴之人。這樣只會應付科舉考試的，而並無眞才實學和德性的人來輔佐君主治理國家，百姓又豈能不受其害。楊簡把如此之官吏形容爲惟群飲、惟求舉、惟貨、惟色、惟苟且之輩，民眾恨之入骨。所以，楊簡認爲無法實現選賢任能之功用的科舉制度應該廢除，科舉不但不能促進國家的健康發展，反而成爲了國家發展的障礙，主張代之以鄉舉。鄉舉在一定程度上克服了科舉只重學識的弊端，可以在選拔人才之時注重德才兼備。德性和修養要在日常的生活中才能得到考查，科舉無法做到這一點，但鄉舉卻可以。陸九淵在科舉選官的制度上只是產生了許多置疑，但並未提出具體可行的措施，楊簡的廢除科舉，實行鄉舉的選官制度具有著一定的可行性，爲選拔既有學識，又有德性的治理國家的人才提供了一條途徑，由此實現他所謂「天下士心即趨於善」〔註5〕的目的，從而改善南宋黑暗的吏治狀況。

楊簡對教育改革尤其重視，可以被看作他對科舉選官制度改革的一種延伸。「夫聚賢士而教之，固已明聖道之大體，指異說之謬誤，而經子史集差失已久，其惑亂人心已深，不修成書則邪說不衰熄，正道不開明，人心乖亂，人心乖亂則禍作國危。」〔註6〕楊簡把對士人的教育和修書看作是「正人心」、使人心不亂的做法。人心亂則國家就將面臨禍患，所以必須要明聖道、識大體，弘揚聖賢修身之德性，反對異端邪說，從而創造一個人心向善、忠信孝悌、禮儀教化的社會。楊簡主張「擇賢士聚而教之於太學，教成使各掌其邑里之學」〔註7〕。他反對科舉選官，但教育的目的在他看來，依然是爲從政治國服務的，只不過此時教育所得爲眞正可以治國並具有德性的賢士。「掃雲翳，昭日月，斯任至重，非得有道盛德之大賢同寅協心，難乎有就。」〔註8〕楊簡對教育的思考，是爲國之政事「掃雲翳」，提高士人的道德修養，最終實現以德治國。

〔註4〕楊簡，慈湖遺書〔M〕，臺北：臺灣新文豐出版公司：408。
〔註5〕楊簡，慈湖遺書〔M〕，臺北：臺灣新文豐出版公司：408。
〔註6〕楊簡，慈湖遺書〔M〕，臺北：臺灣新文豐出版公司：411。
〔註7〕楊簡，慈湖遺書〔M〕，臺北：臺灣新文豐出版公司：408。
〔註8〕楊簡，慈湖遺書〔M〕，臺北：臺灣新文豐出版公司：412。

　　除此之外，楊簡還提倡教習諸葛武侯之用兵策略，募兵屯田以省養兵之費；建議君主要近賢臣、遠小人，謹選近臣，善任內外之官；主張節用愛民，使民生厚富來強國固本。他強烈反對暴政，認為應以德化民，要尊農、重農，關心民眾疾苦，由此，才能使民心臣服。總之，楊簡的政治思想是對陸九淵心學思想的繼承，主張政在君心、國在民心的政治思想，並提出了一些具體可行的政治措施。

二、王陽明對陸九淵政治思想的發展

　　蔡元培曾言，陸學自慈湖以後，幾無傳人。而朱學則自宋，而元，而明，流行益廣，其間亦復名儒輩出。而其學說，則無甚創見，其他循聲附和者，率不免流於支離煩瑣。而重以科舉之招，益滋言行鑿枘之弊。物極則反，明之中葉，王陽明出，中興陸學，而思想界之氣象又一新焉。陸九淵的思想在南宋時期有相當大的影響，然而在其死後的一段時期內，他所代表的「心學」相對於朱熹所代表的「理學」而言趨於沉寂，直到明代中期，在王陽明的提倡下得到了很大發展，重新走到歷史的前臺，對中國的政治發展產生了至深至遠的影響。

　　王守仁，字伯安，浙江餘姚人，因築室讀書於故鄉陽明洞，世稱陽明先生。王陽明推崇陸學，「象山之學，簡易直截，孟子之後一人。其學問思辨、致知格物之說，雖亦未免沿襲之累，然其大本大原，斷非餘子所及也。」〔註9〕他以陸學為基礎，創立以「致良知」為核心的「心學」哲學體系，上溯孟子，繼承陸學的「大本大原」的同時，也在不斷克服他所認為的「沿襲之累」，將宋之「心學」與「事功」兩大思想融會貫通，提出「心即理」、「知行合一」、「致良知」三大綱領性哲學命題，使心學體系更充實和完善，也使「心學」思想達到了一種極致，所以後人常把陸九淵與王陽明的「心學」思想合稱為「陸王心學」。

　　王陽明主張「知行合一」，認為人須在事上磨煉，方立得住，方能靜亦定，動亦定。「王陽明則進一步把陸象山的這些論點系統化、周密化、條理化，陸象山不講『工夫』，於是『道』的『本體』便似乎不可得而求；王陽明強調『工夫』，認為『工夫』即『本體』，這就一面保持了講求修養持敬的

〔註9〕王守仁，王陽明集〔M〕，上海：上海古籍出版社，1992：87。

理學本色，同時又論證了『知行合一』的哲學理論：『知』即是『行』，『行』不離『知』，『知是行之始，行是知之成』；『知』在這裏就不同於朱熹『格物致知』的客觀認識，而完全成爲道德意識的純粹自覺。王陽明最終把這一切集中在『致良知』這個綱領性的口號之上。」〔註10〕王陽明從「天地萬物本吾一體」出發，反對朱熹的「先知後行」的說法，認爲「知」與「行」爲一體。以事理爲例，知道了事理，而不實行，那麼不是眞的知道，「知」與「行」是同時發生的。王陽明的「知行合一」觀點更加促使他在「致良知」的基礎上，進一步進行政治實踐，以實現他的政治抱負。王陽明既是一位思想家，也是一位卓有建樹的政治家。在他爲官期間，曾與以宦官劉瑾爲首的政治惡勢力進行堅決的鬥爭，表現出剛正不阿的精神；他奉命平息寧王叛亂，具有著不同凡響的軍事指揮才能。

　　王陽明繼承和發展了陸九淵的民本思想，在對民政策上，主張先富而後教。他在平定寧王叛亂的過程中，發現民眾田地被強佔的情況非常嚴重。他深知，民眾如果無法安於生活，窮困日甚一日，或者是失掉了自己的土地，導致衣食沒有著落的話，那麼不擄掠就無法生活下去。所以百姓正是由於飢寒所迫，才鋌而走險，群起而爲盜賊。王陽明主張將強佔的田地歸還於百姓，減輕民眾負擔，罷除冗官的俸祿，減少百姓賦稅，要節用愛民，使民富裕而且安居樂業，然後實行教化。使民富，則減輕了民眾的生活負擔，緩和了社會矛盾；施以教化，則使民眾識得倫理道德，強化政治統治。王陽明把鄉里體制、保甲制度與鄉規民約相結合，創立了鄉約組織。這種組織是建立在封建家庭體制基礎之上的，通過立鄉約來規範鄉民行爲；建鄉政來維持鄉村秩序；辦鄉學來教化鄉民；恤鄉民來安撫人心。鄉約組織還設立了約長、約副、約正等職，並由當地人出任各種職位，以期達到以民治民的目的。王陽明十分注重對民眾的教化，在鎮壓了幾次農民起義之後，提出了「破山中賊易，破心中賊難」的觀點。同時，他也認爲，民者，邦之本也，本固則邦寧。他指出，人之所以犯上作亂、爲非作歹，是由於人的思想被物欲所遮蔽、被私欲所充塞，而喪失了自己的良知。所以他強調要加強對民眾的教化，以破除民眾的「心中賊」，只有如此，才能眞正做到「本固邦寧」。他自己就曾在貴陽書院、白鹿洞書院講學，並且創辦了稽山書院、陽明書院、敷文書院，而且不拘一格，廣招門徒。他甚至把書院、家庭與社會看作是一個有機的整體，

〔註10〕李澤厚，中國古代思想史論〔M〕，天津：天津社會科學院出版社，2003：230。

企圖通過教化提高民眾的道德倫理意識，從而達到息訟罷爭、化解社會矛盾的政治目的。

　　王陽明主張德主刑輔，用賞與罰來提高政治統治的效力。他認爲賞罰是治理國家的重要手段，應當受到足夠的重視，並且正確的加以應用。當時面對農民起義的現實，王陽明發現軍隊的招兵狀況太混亂。這種混亂的局面是由於兵力不足所導致的，而兵力不足恰恰是因爲沒有很好的實行賞罰制度，以至於出現「進而效死，無爵賞之勸；退而奔逃，無誅戮之及」的狀況。王陽明認爲，如果賞罰不清、法令不明，即使有再多的兵員，也會喪失作戰能力。所以，他主張「賞不逾時，罰不後事」，認爲獎賞要及時，過時的獎勵等於沒有獎賞；懲罰也要及時，過時的懲罰，等於沒有懲罰，都起不到勸善懲惡的作用。在賞罰問題上，王陽明認爲應該以賞爲主，以罰爲輔，讓士兵的生活有所保障，通過努力可以爭取更大的功勞，則會激發士兵的戰鬥能力。由治軍而治國，王陽明主張德刑兼備、德主刑輔。在立法問題上，他主張因地制宜的加以立法。由於他長期身處邊疆與少數民族多有交往，製定了一整套的進行邊疆治理的制度和方法。他認爲由於各地的現實情況不同，製定的政策也不應完全一致，邊疆有邊疆的政策，而地方有地方的政策。中央在製定政策時要考慮到各地方的具體情況，並要放權於地方，只有這樣，中央才能實現對地方的有效治理，才能獲得長治久安。在執法問題上，王陽明主張定罪量刑的同時，也提出了「情法交申」的執法原則。他反對「貪功妄殺，玉石不分」的處罰方式，例如在處理反叛人員時，主張只對主犯處以極刑，而對於那些從犯，則應實行相對較輕的刑罰，而不應與主犯一樣處以死刑。他甚至認爲對於那些被迫、受到威脅而參與叛亂的人員，應該免於追究，以顯示朝廷的仁慈。他在「行法以振威」的原則下，更注重「恤刑」和執行方式的靈活性。

　　王陽明雖主張「情法交申」，但卻十分重視「綱紀」和整肅執法之吏。他認爲「法之不行，自上犯之」，所以反對「法外之誅」，對於那些豪門權勢子弟違反綱紀的行爲，比如：仗勢奪功、無勞冒賞、懈戰士之心、興邊戍之怨等情況，要大加整肅，並且對執法的官吏嚴格要求。他指出，在司法審判中，進行執法的審判人員往往會受到很多因素的影響，比如權貴的拂抑和牽制，所以能夠使他們眞正的「不撓於理法，不罹於禍敗」是很難的。因此，王陽明主張整肅吏治、嚴明賞罰入手，消除法制執行過程中的阻礙。他主張加強

監獄的管理，還特別指出京師的「提牢廳」，是「天下之獄皆在焉」的重地，那麼，負責提牢的官吏，就必須要慎重對待。只有國家的司法機構做到「令不苟而密」，使囚犯同等對待，消除「法外之誅」的情況，才能避免「弊興害作」，也才能使國家的法令讓民眾信服，得以真正的實行，維護社會的合理秩序。

王陽明反對傳統的「重農抑商」的政策，繼承了陸九淵對商人較為寬容的做法，提高了商人的社會地位，主張實行「商賈疏通」的政策。王陽明認為「雖經日作買賣，不害其為聖為賢」，即使經商之人也可以成為聖賢之人。王陽明認為士、農、工、商四者「其歸要在於有益於生人之道，則一而已」，並且進一步指出「古者四民異業而同道，其盡心焉一也」，他把傳統觀念中一直被視作下等人的商人擺到與士、農、工同等的地位，此說被稱為「新四民論」。王陽明對商人採取同情而理解的態度，並在行為上加以照顧，其中有他解決經濟問題、維護社會穩定的考慮。這種思想上的轉變確實對社會經濟的發展起到了重要作用。

楊簡等後學和王陽明對陸九淵政治思想加以繼承和發展，而其它的大部分時間裏，陸九淵的思想都處於沉寂狀態，為統治者所拋棄，因為陸九淵政治思想中隱含著叛逆思想產生的因素，這是與統治階級利益相衝突的，所以在希望加強階級統治的明清時期，他的思想很難得到統治者的青睞。而這種帶有點叛逆的思想卻恰恰成為了早期啟蒙思想的源頭之一。黃宗羲反對天下為君主一人之天下的觀點，提出了「為天下之大害者，君而已矣」的非常大膽的論斷。他認為「天下之治亂不在一姓之興亡，而在萬民之憂樂」，主張對土地和賦稅制度加以改革，反對封建傳統的農本商末的觀點，認為工商皆為本，這在當時具有重大意義。魏源受陸王心學重實踐的影響，主張「以實事程實功，以實功程實事」，並提出了「師夷長技以制夷」的觀點，主張學習西方的技術，改革現有的武器裝備，加強國防，抵禦外侮侵略。康有為也提出「能變則存，不變則亡；全變則強，小變則亡」的變革思想。譚嗣同也對心學持贊同之意，抨擊程朱理學所崇尚的綱常名教治國的方法，提出「革去故，鼎取新」，認為「上權太重，民權喪盡」，體現了近代知識分子想要衝破封建束縛的積極進取精神。黃宗羲、魏源、康有為、譚嗣同等人都在各自的立場上或多或少的繼承和發展了陸九淵的政治思想。

第二節　陸九淵善政理念的意義

　　陸九淵身處南宋，在那樣的時代背景下產生那樣的思想，其中有必然因素，也有偶然因素。談評價，其實無所謂評價，只是用今天的視角談論昨天的事情。所以也就無所謂合理與局限，因為思想只是一個階段的產物，在那個階段，陸九淵做出了如是的想法而已。誰又能保證今天我們自認為合理的想法，明天是否依然被認為合理呢？因此，對陸九淵政治思想的評價，只是由我的理解視角，以今天的方式去審視昨天的陸九淵。

一、對主體意識的關注

　　陸九淵的民本思想與其對主體意識的關注相結合，產生了對平民意識的呼喚。相對於程朱理學而言，陸九淵心學思想，「特別注重道德主體精神的發揮，把道德主體性地位提到了空前的高度。嚴格地說，陸九淵的理學更映了以倫理為本位的儒學的基本特徵，反映了救世即治國平天下必須從修身即改造人自身開始的儒學特點。在相當的程度上說，他的心學可謂是真正的人學，是儒家倫理哲學現形的理論形態。」〔註11〕陸九淵的「本心」是人人皆有的惻隱之心、羞惡之心、恭敬之心、是非之心。「本心」所作用的個體，是包括君主與臣民在內的個體，然後由個體而群體。「本心」既為千萬個體之「本心」，也為天下君主與臣民共有之「本心」。儒家的民本思想發端於孔子，孔子是出於維護貴族統治秩序與利益的要求，對民眾所採取了一種複雜態度。一方面，孔子把貴族與平民進行嚴格的區分，認為「中人以下，不可以語上也」；另一方面，在涉及到現實政治的時候，又表現出對平民的利益傾向。比如對管仲的褒貶，即是以是否利民為衡量標準。孟子繼承孔子的這種政治思想，提出「民貴君輕」說，主張實行仁政。這種以民為本的思想為歷代統治者和思想家所實行與繼承。但此種民本，是以民為本，即民為客體，在「以」之前仍然有一個主體存在，即君主。連貫起來，即所謂的「以民為本」，即君主把民當作國家的根本。這也在一定程度上說明了民本與民主之間的區別，民本的主體是君，而民主的主體是民。而陸九淵的「本心」蘊含著對民由客體向主體轉換的潛在趨勢。「陸九淵的『心』為道德主體，實際上強調和凸顯了人的主體性地位。如果說程朱『理』的道德本原說忽視了道德主體的能動性和自

────────────

〔註11〕陳谷嘉，宋代理學倫理思想研究〔M〕，長沙：湖南大學出版社，2006：449。

覺性，所強調和依賴的是外在的『理』的約束和制裁。那麼，陸九淵所強調
的是道德主體的自律和主動精神，而這恰恰是發揮道德對社會生活調節功能
作用所極爲重要的。以『心』爲道德本體也反映了人的一種道德自覺，表明
了道德主體的精神的崛起。這對以後明代陽明心學理學產生了重大影響。可
以說陸九淵的心學倫理思想是宋代理學倫理思想的一大演變，反映出道德由
強調他律向強調自律的重大演變。」〔註 12〕這種心學思想的個體性原則的成
長直接對近代平民意識出現起到了啓蒙的作用。平民意識即是個體性原則在
現實政治中的展開，而它出現的根本標誌則是平等原則的建立。「聖人與我同
類，此心此理誰能異之。」〔註 13〕「心只是一個心，某之心，吾友之心，上
而千百載聖賢之心，下而千百載得有一聖賢，其心亦只如此。」〔註 14〕「蓋
心，一心也，理，一理也，至當歸一，精義無二，此心此理實不容有二。」〔註
15〕陸九淵肯定了平民與聖賢具有著相同的「本心」，也具有著相同的道德倫理
地位，儘管他也不否認現實中仍有賢與愚的區別。明清時期的統治者大多不
推崇甚至排斥陸九淵的學說，而他們所排斥的恰恰是陸九淵思想中的所謂精
華部分。陸九淵宣揚「人人皆可以爲堯舜」，強調「堯舜之道，不過如此」，
在某種程度上否定了封建統治者至高無上的地位，對傳統的天命思想造成了
極大的衝擊。喚醒民眾的自我認知，而這是封建統治者們不想看到的結果。
陸九淵不主張著書、立說，不主張多讀「聖賢之書」，認爲每個人皆可以成爲
聖賢，形成了對封建權威的無形挑戰，極大的衝擊了封建傳統的經學思想，
而封建傳統中被統治者奉爲經典的思想恰恰是統治者進行專治統治的工具。
陸九淵模糊了聖凡之分和現實政治層面的貴賤之分，這種個體本質上的平等
開啓了傳統的民本思想向平民意識的現實轉換。

二、切己重實，關注道德實踐

陸九淵政治思想以實爲主，切己重實。陸九淵由「本心」出發的政治思
想，注重躬行踐履，糾正宋學的空疏和漢學的煩瑣，是眞正適應了經世致用
需要的政治思想。「宇宙間自有實理，所貴乎學者，爲能明此理耳。此理苟明，

〔註 12〕陳谷嘉，宋代理學倫理思想研究〔M〕，長沙：湖南大學出版社，2006：459
　　　　～460。
〔註 13〕陸九淵，陸九淵集〔M〕，鍾哲點校，北京：中華書局，1980：171。
〔註 14〕陸九淵，陸九淵集〔M〕，鍾哲點校，北京：中華書局，1980：444。
〔註 15〕陸九淵，陸九淵集〔M〕，鍾哲點校，北京：中華書局，1980：5。

則自有實行，有實事。」〔註16〕「蓋古人皆實學，後人未免有議論辭說之累。」
〔註17〕「爲學有講明，有踐履。《大學》致知、格物，《中庸》博學、審問、
慎思、明辨，《孟子》始條理者智之事，此講明也。《大學》修身、正心，《中
庸》篤行之，《孟子》終條理者聖之事，此踐履也。」〔註18〕陸九淵形容自己
的學問，千虛不搏一實，吾平生學問無他，只是一實。徐復觀先生也曾經指
出陸學是重實理、實事與實行的，認爲由實理流出而爲實事實行，這是陸學
精神之所在。這種重實的精神應用於政治實踐中，陸九淵反對空談理論，更
多的強調把政治思想落於實處。他強調個人對事物的獨立思考和主觀能動作
用，提出了「六經注我，我注六經」的觀點，他反對坐而論道、不著實際、
不求開拓進取的士風和政風。「某常令後生讀書時，且精讀文義分明，事節易
曉者，優遊諷詠，使之浹洽，與日用相協，非但空言虛說。」〔註19〕陸九淵
強調士人讀書，要與日用生活相結合，而不是只作空言虛說而已。這種日用
之思，即是對家、對社會、對國家的政治思考，他更希望這些思考是切實可
行的。他認爲如果知識只停留在認識階段，而不能內化爲德性並對所生活的
世界產生作用的話，那也只是「閒議論」或是「口耳之說」，而這種「閒議論」
於己、於國皆是無用的。朝堂之上的輪對與荊門知軍的政治實踐即是陸九淵
政治思想中崇實黜虛和躬行踐履的眞實寫照。

三、疑而有進的革新精神

中國古代思想家，特別是歷代儒家大多注重「師古」，即認爲「祖宗之法
不可變」。凡古人所未言者，則後人不敢言；古人所未行者，則後人不敢行，
宋代很多思想家大多遵循此原則。但陸九淵對此持反對的態度，「自夫子之皇
皇，沮溺接輿之徒固已竊議其後。孟子言必稱堯舜，聽者爲之藐然。不絕如
線，未足以喻斯道之微也。陵夷數千百載，而卓然復見斯義，顧不偉哉。」〔註
20〕陸九淵對於眾人皆以楊朱墨翟爲私利之小人的態度所不同，承認其兼愛思
想存有道理，而不應因孟子之一言，不加考慮，而即斥之爲異端。陸九淵主

〔註16〕 陸九淵，陸九淵集〔M〕，鍾哲點校，北京：中華書局，1980：182。
〔註17〕 陸九淵，陸九淵集〔M〕，鍾哲點校，北京：中華書局，1980：97。
〔註18〕 陸九淵，陸九淵集〔M〕，鍾哲點校，北京：中華書局，1980：160。
〔註19〕 陸九淵，陸九淵集〔M〕，鍾哲點校，北京：中華書局，1980：143。
〔註20〕 陸九淵，陸九淵集〔M〕，鍾哲點校，北京：中華書局，1980：231。

張突破古人的藩籬，對古人思想持有一種懷疑的態度，政治上的表現即是對王安石的變法持有客觀而有選擇的贊成態度。陸九淵堅持追根溯源和力求革新，認爲「變」爲「變易」，即變革的思想，變革即是一種創新思維，不拘泥於一成不變的已經僵化的思想和政治局面，而希望有所改革和變化，希望給腐朽的思想注入新鮮血液，使軟弱的政治局面有所改觀，希望國富民強，不受外侮侵略，希望民眾過上安定幸福的生活。無論在經濟方面、君臣權利分配方面、治吏方面，還是科舉選官與變法等方面，陸九淵都在認識到腐朽的同時，力求在各個方面都有所變化。陸九淵的不惟神、不惟君、不惟上，只惟事、只惟理的置疑與思考兼備的政治態度是值得稱讚的。這種思想客觀上促進了思想解放，明清時代的一些思想家，如唐甄、李贄、譚嗣同等人，都曾運用這種思想批判封建專制主義，反對崇拜權威，主張破除教條，啓發思維並宣傳革新思想。

第三節　陸九淵政治思想的社會歷史局限

　　陸九淵政治思想是建立在「本心」基礎之上的，而「本心」本身確有局限之處。陸九淵以「本心」爲核心進行思想建構，「本心」之學與朱熹強化天理之學無疑呈現了不同的研究路徑。在強調和突出「本心」的地位和作用，糾朱學之偏的同時也走向另一個極端，暴露出自身的理論不足。陸九淵強調「心即理」，理之所以能夠成爲道德生活和政治制度的根源是由於理的絕對性和普遍性，陸九淵把天理融於人心提出的「本心」概念固然克服了天理與人的矛盾，卻也凸現出「本心」所具有的普遍性與每個人所擁有的「心」之個體之間的衝突：具有普遍性之「本心」在客觀上規定了人所應該具有的道德性是同一的，而個體之心又具有著與普遍性相異的特殊性。「心即理」，強調心與理的普遍性，就在一定程度上忽視了每個個體所具有的特殊性。而突出個體「心」的特殊性，則「心」的絕對性和普遍性則難以實現。陸九淵試圖賦予「本心」以超越時空的超驗性，但「心」之普遍性與個體性、絕對性與相對性的對立仍爲其難以解決的內部矛盾。陸九淵主張發明本心和切己自反的反觀內求，在形式上毫無疑問的具有直觀體悟的神秘主義色彩。他主張「易簡」直觀體悟的方式直接切入倫理道德，方式簡單易行的同時，也容易使倫理道德淪爲純粹的個人體驗。當「易簡」的方式讓人們更加關注自身體驗的

同時，也必然會使陸九淵所言之「本心」失去其普遍性和絕對性的最高地位。由於他主張「易簡」，其在世時就被朱熹評為「禪學」，其思想中的一些簡易方法確實讓人們聯想到禪的一些修行。陸九淵本人是以渾厚的儒學思想作為基礎，對佛老思想的合理吸收借鑒，其在世時雖然門徒眾多，但他去世以後，其弟子或改換門庭，或將心學引入歧途，輕易就落入了狂禪的陷阱之中，能真正繼承其思想的人數廖廖。陸九淵強調和突出「本心」的地位和作用，在思想和內容上確實略顯單一，也直接導致了其後學向唯我論的方向發展，直到明代王陽明批判的繼承朱子之學與陸學，才建立起完備的心學體系。「本心」的單一性也直接致使陸九淵思想在內容和規模上都不如朱子思想那樣醇厚宏博，所以其思想在外在形式上雖然與朱子學相抗衡並對後世產生深遠影響，但在政治地位上卻始終無法超越朱子學的官方正統的主導地位。

　　陸九淵對聖人出現寄予了過高的期望，其理想的復天下為公的「三代之治」是難於實現的。「自周衰以來，人主之職分不明。堯典命羲和敬人時，是為政首。後世乃付之星官、曆翁，蓋緣人主職分不明所致。孟子曰：『民為貴，社稷次之，君為輕。』此卻知人主職分。」〔註21〕陸九淵認為，自周代衰落以後，人君就很少清楚自己所處的位置和所擔負的職責。他把復天下為公的「三代之治」的理想寄託在類似於堯舜之流的聖君出現，而這種聖君要明白一切事理，更要明白自己的職分。陸九淵對後世不知職分之君主表示了自己的不滿，並進行了激烈的批評，認為後世之主，由於不知職分，不知好學和提高自身治理國家的能力，從而導致了人欲橫流。認為天把君位賦予人君，並非是把天下作為私物送於人君。「三代之時，遠近上下，皆講明扶持此理，其有不然者，眾從而斥之。後世遠近上下，皆無有及此者，有一人務此，眾反以為怪。故古之時比屋到於可封。後世雖能自立，然寡固不可以敵眾，非英才不能奮興。」〔註22〕南宋的各位君主既非英才，又非聖人，所以結果並不能如陸九淵所願。與此同時，陸九淵既沒有如王安石一樣的政治權力，也沒有提出一套完整變法的措施和方法，他是針對於所見之南宋政治弊端而提出一種政治理想狀態和所希望達到的政治目標。因此，陸九淵提出所謂復「三代之政」，只在自己荊門任上進行過一些現實嘗試，卻無法真的成為整個社會的努力方向，所以只不過是他自己心中的理想藍圖和美好願望而已。天

〔註21〕陸九淵，陸九淵集〔M〕，鍾哲點校，北京：中華書局，1980：403。
〔註22〕陸九淵，陸九淵集〔M〕，鍾哲點校，北京：中華書局，1980：409。

下為公的「三代之治」是與封建君主專制的社會制度相悖離的，不是通過聖君出現就能實現的。所以，不但天下為公的「三代之治」無法實現，他所寄予希望的客體君主也是不切實際的。

　　陸九淵提出的君權合理分配，限制君權的想法，在南宋的時代背景下是很難實現的。陸九淵按照自己所希望的君主形象來規範現實中的南宋統治者，他認為君主必須要正心修身、尊德樂道和任用賢能。陸九淵主張「人主不親細事」，其實質是反對君主的獨斷專行，要君主放權於臣下，進行分層負責。「主好要則百事詳，主好詳則百事荒」〔註23〕，君主考慮的是國家大事，製定綱常，群臣各司其職，那麼各項事務就會做得很好。如果君主每件事上，都事必躬親，天下之大，國事之多，就會有許多事情由於等待君主去處理而荒廢著，是於國家不利的。君主親自處理每一件事，就會造成臣子辦事的相互推諉，沒有人對事情的辦理承擔責任，在這種互相牽制、互相推卸責任的過程中，必然會出現藏奸伏慝的情況。雖然陸九淵列出種種弊端，試圖說服君主把手中的權力下放，但是最終的決定權在君主手中。宋代是古代封建專制集權的社會，君主的權利是高於一切的，社會中規範制度的建立是以君主的利益與意志為轉移的，社會中還不曾有制約君主權利的更高權利存在，君主手中的權利如何使用則取決於自己的意願，所以試圖通過諫言的方式來喚醒君主的思想自覺，以期達到放權於臣的想法是不可能實現的，是需要一系列完備的政策和制度作保障的。

　　陸九淵思想雖然有著種種的時代局限，但它與當今時代中的一些元素是相符合的。就小的個體來說，它讓人們正確的認識自我、發現自我，注重主體意識，並張揚個性與創新。就大的國家來說，他看重對「本心」的存養，主張切己自反，改過遷善，弘揚傳統的倫理道德思想，重義輕利。「孩提無不愛其親，不失其心即大人。從此勸君休外慕，悅親端的在誠身。」〔註24〕這是對我們這個時代飛快發展而逐漸遺失的倫理道德思想的最好定位。葛兆光先生說：「這種肯定超越時間與空間的真理的普遍主義思路，無意中瓦解了歷史與權力、經典和精英對真理的解釋權力，使得國家、民族、傳統對於來自其他文明系統的真理的限制化為烏有，於是知識、思想與信仰就處在了一個開放的多元世界中，任何拒絕真理的理由都統統被消解。雖然在陸九淵的時

〔註23〕陸九淵，陸九淵集〔M〕，鍾哲點校，北京：中華書局，1980：224。
〔註24〕陸九淵，陸九淵集〔M〕，鍾哲點校，北京：中華書局，1980：506。

代，這種思路並沒有導致傳統中國真理絕對意義的瓦解，但是，在當『中國』真正遭遇『世界』的進入、『傳統』真正遇到『現代』的挑戰的時候，它卻真的可能成為一種接受新知的思想資源，使傳統中國的思想世界產生了震撼性的危機。」〔註25〕

〔註25〕葛兆光，中國思想史（第2卷）〔M〕，上海：復旦大學出版社，2000：352～353。

結　論

　　陸九淵是宋代儒家著名的思想家。但在以往對陸九淵的研究中，大多局限在對他的哲學思想和教育思想的研究，而他的政治思想往往被人們所忽視。陸九淵提出了「心即理」、「宇宙即是吾心，吾心即是宇宙」等著名論斷，而這些論斷的核心概念即是「本心」。「學問之要，得其本心而已。」人們認爲陸九淵正是以「本心」爲基礎構建了自己的理論體系，但卻很少探究「本心」的具體內涵或者只把「本心」作爲不可分解的概念來使用。

　　「本心」概念是陸九淵思想的核心，所以人們也稱其思想爲「本心」之學，而其政治思想正是以「本心」爲基石，是「本心」的發皇。本文正是從不可分解之「本心」入手，從惻隱之心、羞惡之心、恭敬之心、是非之心的角度，全面而深刻的闡釋「本心」的內涵，並把陸九淵「本心」與「心」的概念加以比較，釐清二者的相同與相異之處，從而更好的理解「心即理」與「宇宙即是吾心，吾心即是宇宙」的眞正意蘊。「本心」倫理道德思想是陸九淵政治思想的前提，陸九淵主張發明「本心」、存養「本心」和「先立乎其大者」，從根本上確立了「本心」倫理主體的地位。陸九淵從「本心」出發，明確提出了「民心」、「君心」的問題，認爲「民爲邦本、憂國之心」和「君之心，政之本」，主張民爲國之本，而君爲政之本，二者並行不悖。政爲國之政，而君爲民之君，陸九淵堅持「民心」基礎上的民本思想，並主張實行愛民之仁政。據此，陸九淵提出了復天下爲公的「三代之治」的政治理想；抑制土地兼併的「損上益下」、「取予兩得」的經濟設想；君臣各司其職、權利進行合理分配的政治主張。針對於南宋現實的政治狀況，陸九淵提出了治吏與變革思想，認爲「養民重在治吏」，並對科舉選官制度產生置疑，對王安石的變

法持贊成態度。陸九淵不僅能坐而論道，更能起而行之。在他的晚年時期，把其一生的政治思想應用於荊門的政治實踐當中，取得了不斐的政治業績，本文把這些政治經歷作爲其政治思想背景加以介紹。陸九淵的政治思想與其心學思想一起對後世產生了重大的影響，但由於程朱理學思想的正統地位，陸九淵思想經過了好長一段時間的沉寂，直到明代王陽明時期，才重新走向政治舞臺。在明末清初之後，又歸於沉寂，但它內在強大的生命力卻一直沒有消失，當民族處於危亡之際，程朱理學思想無法解決所面臨的政治危機時，人們又重新轉向陸王心學之思想，以求能解決民族之困境。陸九淵政治思想是爲維護封建統治者的階級統治服務的，這一點是無庸置疑的。但他政治思想中的民本思想、治吏思想、變革思想等都具有著值得借鑒的合理內容。陸九淵不但是個思想家，更是一個實踐者，他主張內聖與外王相結合、道德與政治相一致的躬行實踐。本文試圖通過解讀陸九淵「本心」概念，在政治的層面上深入理解陸九淵的「心學」，進而對陸九淵的政治思想的理論價值及其局限做出恰如其分的評價。

本文從文本出發，研究陸九淵的政治思想，把他的政治思想與其整個思想體系的核心──「本心」聯繫在一起，並放在宋明理學的背景之下，對陸九淵思想本身進行探討。在以後進一步的研究中，可以把陸九淵思想與同時代的其他思想家作以比較，或者可以跨越時代的限制，放在儒家思想流變的整個大背景之下進行把握。雖然這個工程比較龐大，卻是對陸九淵進一步深入研究的方向。陸九淵以立心、明理、做人爲其思想之主旨，這三點不但適用於古之社會，亦適用於今之國家。林語堂在其《蘇東坡傳》中有這樣一段話，知道一個人，或不知道一個人，與他是否爲同代人沒有關係，主要的是他是否有同情的瞭解。林語堂表達出內心的那種無法抵達的無力感的仰望和傾慕。這些感覺，也充斥在此篇論文寫作過程始終。

參考文獻

1. 陸九淵，陸九淵集〔M〕，鍾哲點校，北京：中華書局，1980。
2. 劉寶楠，諸子集成論語正義〔M〕，北京：中華書局，1954。
3. 焦循，諸子集成孟子正義〔M〕，北京：中華書局，1954。
4. 楊伯峻，孟子譯注〔M〕，北京：中華書局，1960。
5. 程顥，程頤，二程集〔M〕，北京：中華書局，2004。
6. 朱熹，四書章句集注〔M〕，北京：中華書局，1983。
7. 黎靖德，朱子語類〔M〕，北京：中華書局，1986。
8. 王守仁，王陽明全集〔M〕，上海：上海古籍出版社，1992。
9. 朱熹，呂祖謙，於民雄譯，近思錄〔M〕，貴陽：貴州人民出版社，2009。
10. 黃宗羲，宋元學案〔M〕，北京：中華書局，1986。
11. 楊簡，慈湖遺書〔M〕，臺北：臺灣新文豐出版公司，1988。
12. 袁燮，絜齋集〔M〕，北京：中華書局，1985。
13. 王夫之，宋論〔M〕，北京：中華書局，2008。
14. 劉宗周，劉宗周全集〔M〕，杭州：浙江古籍出版社，2007。
15. 錢穆，宋代理學三書隨箚〔M〕，北京：生活・讀書・新知三聯書店，2002。
16. 錢穆，宋明理學概述〔M〕，臺北：臺灣聯經出版社，1997。
17. 錢穆，朱子學提綱〔M〕，北京：生活・讀書・新知三聯書店，2002。
18. 錢穆，現代中國學術論衡〔M〕，北京：生活・讀書・新知三聯書店，2001。
19. 陳榮捷，朱學論集〔M〕，上海：華東師範大學出版社，2007。
21. 徐梵澄，陸王學述：一系精神哲學〔M〕，上海：上海遠東出版社，1994。
22. 崔大華，南宋陸學〔M〕，北京：中國社會科學出版社，1984。

23. 王心田，陸九淵知軍著作研究〔M〕，武漢：武漢大學出版社，1999。

24. 劉宗賢，陸王心學研究〔M〕，濟南：山東人民出版社，1997。

25. 牟宗三，從陸象山到劉蕺山〔M〕，上海：上海古籍出版社，2001。

26. 牟宗三，宋明儒學的問題與發展〔M〕，上海：華東師範大學出版社，2004。

27. 牟宗三，心體與性體〔M〕，上海：上海古籍出版社，2001。

28. 牟宗三，才性與玄理〔M〕，桂林：廣西師範大學出版社，2006。

29. 牟宗三，政道與治道〔M〕，桂林：廣西師範大學出版社，2006。

30. 彭永捷，朱陸之辯——朱熹陸九淵哲學比較研究〔M〕，北京：人民出版社，2002。

31. 趙偉，心海禪舟——宋明心學與禪學研究〔M〕，北京：人民出版社，2008。

32. 〔美〕田浩（Hoyt Cleveland Tillman），宋代思想史論〔M〕，楊立華，吳艷紅譯，北京：社會科學文獻出版社，2003。

33. 胡哲敷，陸王哲學辯微〔M〕，北京：中華書局，1930。

34. 陳來，宋明理學〔M〕，瀋陽：遼寧教育出版社，1991。

35. 陳來，中國近世思想史研究〔M〕，北京：商務印書館，2003。

36. 祁潤興，陸九淵評傳〔M〕，南京：南京大學出版社，1998。

37. 汪傳發，陸九淵王陽明與中國文化〔M〕，貴陽：貴州人民出版社，2000。

38. 余英時，朱熹的歷史世界——宋代士大夫政治文化的研究〔M〕，北京：生活·讀書·新知三聯書店，2004。

39. 余英時，宋明理學與政治文化〔M〕，桂林：廣西師範大學出版社，2006。

40. 余英時，宋明理學與政治文化〔M〕，長春：吉林出版集團有限責任公司，2008。

41. 蔡仁厚，儒家心性之學論要〔M〕，臺北：文津出版社，1990。

42. 蔡仁厚，宋明理學·南宋篇〔M〕，長春：吉林出版集團有限責任公司，2009。

43. 林繼平，陸象山研究〔M〕，臺北：臺灣商務印書館，1983。

44. 曾春海，陸象山〔M〕，臺北：臺灣東大圖書出版公司，1988。

45. 徐紀芳，陸象山弟子研究〔M〕，臺北：文津出版社，1990。

46. 漆俠，宋學的發展和演變〔M〕，石家莊：河北人民出版社，2002。

47. 刑舒緒，陸九淵研究〔M〕，北京：人民出版社，2008。

48. 劉澤華主編，中國傳統政治哲學與社會整合〔M〕，北京：中國社會科學出版社，2000。

49. 劉澤華主編，中國政治思想史〔M〕，杭州：浙江人民出版社，1996。

50. 杜維明，人性與自我修養〔M〕，胡軍，於民雄譯，北京：中國和平出版社，1988。

51. 賴永海，佛學與儒學〔M〕，南京：南京大學出版社，1997。

52. 李之鑒，陸九淵哲學思想研究〔M〕，鄭州：河南人民出版社，1985。

53. 張立文，〔日〕福田殖主編，走向世界的陸象山心學〔M〕，北京：人民出版社，2008。

54. 張立文，心學之路——陸九淵思想研究〔M〕，北京：人民出版社，2008。

55. 張立文，宋明理學研究〔M〕，北京：人民出版社，2002。

56. 張立文，走向心學之路——陸象山思想的足迹〔M〕，北京：中華書局，1992。

57. 張立文，心〔M〕，北京：中國人民大學出版社，1993。

58. 張立文，理〔M〕，北京：中國人民大學出版社，1991。

59. 高全喜，理心之間——朱熹和陸九淵的理學〔M〕，北京：生活·讀書·新知三聯書店，2008。

60. 顧春，來源·爭論·特性——陸九淵教育思想三論〔M〕，北京：教育科學出版社，2003。

61. 朱漢民，宋明理學通論〔M〕，長沙：湖南教育出版社，2000。

62. 陳谷嘉，宋代理學倫理思想研究〔M〕，長沙：湖南大學出版社，2006。

63. 李澤厚，中國古代思想史論〔M〕，天津：天津社會科學院出版社，2003。

64. 羅光，生命哲學〔M〕，臺北：臺灣學生書局，1985。

65. 羅光，中國哲學思想史〔M〕，臺北：臺灣學生書局，1984。

66. 蔡方鹿，朱熹與中國文化〔M〕，貴陽：貴州人民出版社，2000。

67. 蔡方鹿，程顥程頤與中國文化〔M〕，貴陽：貴州人民出版社，2000。

68. 呂振羽，中國政治思想史〔M〕，北京：人民出版社，2008。

69. 褚柏思，中西文化論評集〔M〕，臺北：美國柏雪文化事業公司，1988。

70. 李曉春，宋代性二元論研究〔M〕，北京：中國社會科學出版社，2006。

71. 葛兆光，中國思想史〔M〕，上海：復旦大學出版社，2000。

72. 呂思勉，理學綱要〔M〕，北京：商務印書館，1934。

73. 呂思勉，呂思勉講思想史〔M〕，南京：鳳凰出版社，2008。

74. 趙士林，心學與美學〔M〕，北京：中國社會科學出版社，1992。

75. 趙士林，心靈學問：王陽明心學〔M〕，香港：中國香港地區中華書局，1993。

76. 楊國榮，心學之思 —— 王陽明哲學的闡釋〔M〕，上海：華東師範大學出版社，2009。

77. 楊國榮，孟子的哲學思想〔M〕，上海：華東師範大學出版社，2009。

78. 陳德仁，象山心學之比較研究〔M〕，臺北：臺灣學生書局，1975。

79. 甲凱，宋明心學評述〔M〕，臺北：臺灣商務印書館，1981。

80. 包偉民主編，宋代制度史研究百年〔M〕，北京：商務印書館，2004。

81. 薩孟武，中國政治思想史〔M〕，北京：東方出版社，2008。

82. 韋政通，中國思想史〔M〕，上海：上海書店出版社，2003。

83. 侯外廬，中國思想通史〔M〕，北京：人民出版社，1959。

84. 侯外廬，邱漢生，張豈之，宋明理學史〔M〕，北京：人民出版社，1997。

85. 侯外廬，中國思想史綱〔M〕，上海：上海書店出版社，2008。

86. 張豈之，中國思想學說史（宋元卷）〔M〕，桂林：廣西師範大學出版社，2008。

87. 張豈之，中國思想文化史〔M〕，北京：高等教育出版社，2006。

88. 張君勱，新儒家思想史〔M〕，保定：河北大學出版社，1996。

89. 成中英，合內外之道 —— 儒家哲學論〔M〕，北京：中國社會科學出版社，2001。

90. 張一兵，周憲主編，唐君毅新儒學論集〔M〕，南京：南京大學出版社，2008。

91. 徐復觀，中國思想史論集〔M〕，臺北：臺灣學生書局，1979。

92. 孫曉春，中國傳統政治哲學〔M〕，長春：吉林人民出版社，2003。

93. 孫曉春，中國政治思想史論〔M〕，長春：吉林人民出版社，2003。

94. 朱日耀，曹德本，孫曉春，中國傳統政治文化的現代思考〔M〕，長春：吉林大學出版社，1990。

95. 馮友蘭，中國哲學史〔M〕，上海：華東師範大學出版社，2000。

96. 范壽康，中國哲學史通論〔M〕，武漢：武漢大學出版社，2008。

97. 任繼愈，中國哲學史〔M〕，北京：人民出版社，1964。

98. 田文軍，吳根友，中國辯證法史〔M〕，鄭州：河南人民出版社，2005。

99. 趙旗，心學與禪學〔M〕，西安：陝西人民出版社，2001。

100. 蒙培元，理學範疇系統〔M〕，北京：人民出版社，1989。

101. 何忠禮，南宋史稿〔M〕，杭州：杭州大學出版社，1999。

102. 何忠禮，宋代政治史〔M〕，杭州：浙江大學出版社，2007。

103. 粟品孝，南宋軍事史〔M〕，上海：上海古籍出版社，2008。

104. 何兆武，步近智，唐宇元，孫開太，中國思想發展史〔M〕，武漢：湖北人民出版社，2007。

105. 任文利，心學的形上學問題探本〔M〕，鄭州：中州古籍出版社，2005。

106. 王國猛，徐華，朱熹與陸九淵心學〔M〕，成都：西南交通大學出版社，2006。

107. 吳言生，禪宗思想淵源〔M〕，北京：中華書局，2001。

108. 尹繼佐，周山，相爭與相融合：中國學術思潮史的主動脈〔M〕，上海：上海社會科學院出版社，2003。

109. 傅小凡，宋明道學新論〔M〕，北京：社會科學文獻出版社，2005。

110. 侯宏堂，「新宋學」之建構〔M〕，合肥：安徽教育出版社，2009。

111. 韓立紅，石田梅岩與陸象山思想比較研究〔M〕，天津：天津人民出版社，1999。

112. 何俊，南宋儒學的問題與發展〔M〕，上海：上海人民出版社，2004。

113. 陸玉林，本心的展蕩——陸九淵評傳〔M〕，南寧：廣西教育出版社，1996。

114. 陳鍾凡，兩宋思想述評〔M〕，北京：東方出版社，1996。

115. 鄭曉江主編，六經注我〔M〕，北京：社會科學文獻出版社，2006。

116. 趙偉，陸九淵門人〔M〕，北京：中國社會科學出版社，2009。

117. 蕭永明，陸九淵理論體系的建構與《四書》〔J〕，中國哲學史，2004（4）。

118. 楊柱才，陸九淵心學的兩個根本觀念〔J〕，江西社會科學，2000（5）。

119. 劉化兵，陸九淵「六經注我，我注六經」本義辨析〔J〕，中國文學研究，2008（2）。

120. 鄧樹英，陸九淵主體意識探微〔J〕，江西社會科學，1999（11）。

121. 張立文，儒佛之辯與宋明理學〔J〕，中國哲學史，2000（2）。

122. 何忠禮，論宋學的產生和衰落〔J〕，福建論壇，2001（5）。

123. 楊海文，「仁且智」與孟子的理想人格論〔J〕，孔子研究，2000（4）。

124. 張鵬偉，郭齊勇，孟子性善論新探〔J〕，齊魯學刊，2006（4）。

125. 張奇偉，仁義禮智四位一體——論孟子倫理哲學思想〔J〕，吉林大學學報，2001（5）。

126. 孫聚友，孟子人學思想探析〔J〕，孔子研究，1997（2）。

127. 謝遐齡，「心即理」辨〔J〕，雲南大學學報，2008（4）。

128. 蘇潔，陸九淵「吾心即是宇宙」的認識論意義〔J〕，中華文化論壇，2003（3）。

129. 劉宗賢，陸九淵心學源流辨析〔J〕，孔子研究，2005（3）。

130. 饒國賓，陸九淵主體思維芻議〔J〕，江西社會科學，2004（12）。

131. 李承貴，陸九淵佛教觀考論〔J〕，現代哲學，2004（4）。

132. 李振綱，象山心學與朱陸之辯〔J〕，河北大學學報，2004（4）。

133. 梁濤，孟子的「仁義內在」說〔J〕，燕山大學學報，2001（4）。

134. 燕國材，論孟子的「仁義禮智」四因素人格結構〔J〕，心理與行爲研究，2008（6）。

135. 蕭群忠，傳統「義」德析論〔J〕，中國人民大學學報，2008（5）。

136. 鄧球柏，「仁義禮智信」的由來、發展及其基本內涵〔J〕，長沙大學學報，2005（6）。

137. 焦克明，陸九淵哲學本體論的性質〔J〕，江西社會科學，1982（2）。

138. 屠承先，陸九淵的本體功夫論〔J〕，文史哲，2001（5）。

139. 朱漢民，朱、陸學術異同辨析〔J〕，船山學刊，1999（1）。

140. 鄭曉江，論生命的本眞與意義〔J〕，南昌大學學報，2007（1）。

141. 鄭曉江，陸象山「荊門之政」及其反思〔J〕，南昌大學學報，2003（2）。

142. 龐樸，試析仁義內外之辨〔J〕，文史哲，2006（5）。

143. 王新營，本心與自由──論陸九淵哲學的特徵與精神〔J〕，中州學刊，2005（3）。

144. 陳忻，論南宋心學領袖陸九淵的政治思想〔J〕，重慶師範大學學報，2006（5）。

145. 孫曉春，明末清初民本思潮初論〔J〕，史學集刊，1994（4）。

146. 孫曉春，儒家民本思想發微〔J〕，吉林大學社會科學學報，1995（5）。

147. 孫曉春，儒家人性學說與中國傳統政治哲學〔J〕，史學集刊，2002（1）。

148. 黃玉順，惻隱之「隱」考論〔J〕，北京青年政治學院學報，2007（3）。

149. 黃玉順，孟子正義論新解〔J〕，人文雜誌，2009（5）。

150. 安京，試析陸九淵的思想結構〔J〕，江西社會科學，1984（3）。

151. 馬振鐸，孟子關於「德慧」「術知」相區分及二者相統一思想〔J〕，齊魯學刊，1995（5）。

152. 貢華南，羞何以必要？〔J〕，孔子研究，2009（1）。

153. 饒國賓，「收拾精神自作主宰」──論陸九淵的倫理主體意識，〔J〕，社會科學家，2001（1）。

154. 〔日〕荒木見悟，心學與理學〔J〕，復旦學報，1998（5）。

155. 劉宗賢，陸九淵心學源流辨析〔J〕，孔子研究，2005（3）。

156. 劉宗賢，楊簡與陸九淵〔J〕，中國哲學史，1996（4）。

157. 劉宗賢，程顥『識仁』思想及其與陸王心學的關係〔J〕，文史哲，1994（1）。

158. 趙士林，從陸九淵到王守仁——論「心學」的徹底確立〔J〕，孔子研究，1989（4）。

159. 姜廣輝，陸學的立世精神〔J〕，河北學刊，1991（5）。

160. 楊安邦，陸九淵程文二題〔J〕，東華理工學院學報，2005（1）。

161. 李振綱，陸九淵與南宋心學〔J〕，河北大學學報，1993（1）。

162. 金春峰，朱熹思想之與陸象山〔J〕，中州學刊，1997（1）。

163. 惠吉興，陸九淵心學特徵探究〔J〕，江西社會科學，1993（5）。

164. 張學強，禪儒之爭：陸九淵教育思想與佛學關係考辨〔J〕，河北師範大學學報，1999（3）。

165. 趙偉，「天下皆說先生是禪學」：陸九淵與禪學〔J〕，東方論壇，2008（1）。

166. 蘇潔，象山心學與禪學關係新探〔J〕，重慶師範學院學報，2003（3）。

167. 陳來，南宋的心學與佛教〔J〕，世界宗教研究，1992（2）。

168. 范立舟、張偉，陸九淵對理想社會的構思〔J〕，江西社會科學，1998（4）。

169. 張義德，南宋學者如何看待王安石變法〔J〕，浙江社會科學，2003（2）。

170. 劉玉娥，論孟子的人學思想〔J〕，鄭州大學學報，2002（3）。

171. 遲汗青，傳統民本思想源流考評〔J〕，北方論叢，1995（2）。

172. 張分田，論中國古代政治調節理論——民本思想在中國古代政治學說中的核心地位〔J〕，天津社會科學，2007（2）。

173. 蔡方鹿，二程哲學的異同變化及其對陸王心學的影響〔J〕，河北學刊，1995（3）。

174. 鄧名瑛，論宋代理學發展的三個環節——兼評哲學史界關於宋代理學學派的一種劃分〔J〕，湖南師範大學社會科學學報，2004（1）。

175. 丁為祥，明代心學的形成機緣及其時代特色〔J〕，中國哲學史，2003（3）。

176. 刑東風，理學與心學的道德實踐分歧及禪學意思〔J〕，孔子研究，1993（1）。

177. 解光宇，鵝湖之分：心學與理學分野〔J〕，孔子研究，1999（2）。

178. 鄧廣銘，談談有關宋史研究的幾個問題〔J〕，社會科學戰線，1986（2）。

179. 策根洪，陸九淵哲學和貝克萊哲學的區別〔J〕，江西大學學報社科版，1989（1）。

180. 張士英，程朱陸王之學與西方近現代哲學〔J〕，文史哲，1992（5）。

181. 羅國傑，陸九淵倫理思想新探〔J〕，中國人民大學學報，1987（2）。

182. 許懷林，躬行踐履匡時救弊——陸象山政見、政績評述〔J〕，江西社會

科學，1997（6）。

183. 張立文，論陸九淵的人學倫理學〔J〕，東華理工學院學報，2004（2）。

184. 華啓和，陸象山生態倫理思想發微〔J〕，東華理工學院學報，2005（1）。

185. 沈善洪，王鳳賢，論陽明心學及其積極影響〔J〕，東南文化，1989（6）。

186. 華山，從陸象山到王陽明〔J〕，山東大學學報，1962（1）。

187. 樂文華，李承紅，鄉賢桑梓情深君子和而不同——陸九淵《荊國王文公祠堂記》讀後〔J〕，學術探討，2007（4）。

188. 錢同舟，陸象山心性説脈絡及其當代價值〔J〕，河南師範大學學報，2009（2）。

189. 高小康，心學與清代精英文化的凋落〔J〕，文史哲，2002（1）。

190. 修淦川，淺談陸象山的「尊德性」思想〔J〕，江西社會科學，1997（6）。

191. 王法貴，陸九淵的醫國之論與荊門之政〔J〕，理論月刊，1999（5）。

192. 董平，象山「心即理」説的本體論詮釋〔J〕，孔子研究，1999（2）。

193. 寧新昌，本體與境界——論宋明新儒學的精神〔J〕，孔子研究，1998（4）。

194. 何靜，論王陽明對陸九淵心學的揚棄和超越〔J〕，文史縱橫，2007（7）。

後　記

又是人生的一段旅程，有冬的等待、春的播種、夏的期冀、秋的收穫……

從未想過真的要走上學術研究這條路，攻讀博士學位之初，心中亦充滿了茫然。但前方文字與人物的吸引，還是無法徹底剔除我對探索的渴望。一個個繁體字，彷彿穿過歷史的塵埃，在我面前鮮活的跳起輕快的華爾茲，讓我無法移開視線。但學術研究的道路並非平坦，它有時可以帶給你桃花源的恬靜與快樂，有時可以帶給你徹悟後的喜悅，但更多的時候，卻需要你付出巨大的辛苦與努力，不時會遭遇瓶頸，個中滋味，走在學術研究之路上的人們應有同感吧。

所以無法抑制的想表達感謝。首先，要感謝我的導師孫曉春老師和師母，是他們給予了我極大的信任、寬容和幫助，讓我有足夠的時間和空間自由的思考，無論在學業上，還是生活上，句句話語都讓我倍感溫暖。導師智含淵藪、潔如珪璋、風格清淡、意趣高遠，言談舉止中流露出那份善良、靈性、高雅與飄逸的氣息；導師治學嚴謹、知識淵博、縝密思考、高超駕馭，於言傳身教中感受導師的高尚師德和人格魅力。其次，要感謝行政學院的各位老師，不想一一寫下他們的名字，只因都已銘刻在我的心上，無論從開題到論文撰寫，再到最終成稿，都無不滲透著他們的關懷與無私幫助，點點滴滴不會忘記。再次，要感謝生活在我身邊的朋友們，有他們的陪伴，讓我的學習生活多了許多色彩和值得回憶的瞬間。最後，要感謝我的家人，何其有幸，生活在這樣的家庭之中，更何其有幸，讓我擁有這樣的父母、兄長，大海一樣的胸襟，無時無刻不深情的包圍著如滴水一般的我，他們的心隨我漂泊，卻讓我依靠。如果沒有他們無語而微笑的支持，我的選擇不會如此堅定執著。

是他們，讓我知道，我可以選擇做我想做的事情，並爲此全身心的付出。特別還想在此鳴謝一位老師，他的諄諄教誨，殷殷期望，讓我受益匪淺的同時，也心生些許愧意，雖然論文最終成稿，但對自己的表現並不十分滿意，有負老師的厚望了。

平凡如我，如他人般以此篇論文爲我的博士生涯畫上句點，但學術研究的生涯卻以此爲開端。博士論文的撰寫過程是一次頓悟和精神洗禮，帶著嬰兒般純潔的心靈去叩開那一切皆是未知的大門。也許前方路途上遍滿荊棘與坎坷，但什麼又能阻擋一顆純淨仁愛之心對知識的渴望呢？不想讓那些時刻牽掛我的老師們、親人們、朋友們失望，無論五年、十年、二十年……希望在大家的幫助下，通過自己不懈的努力，眞的能爲後世留下點什麼，以承繼有著千年悠久歷史的中國文化。是夢想，是奢望，是內心的召喚，亦是前行的方向。

孫華

2010.04